As palavras no espelho

Copyright do texto ©2018 Manoel de Andrade
Copyright da edição ©2018 Escrituras Editora

Todos os direitos desta edição reservados à
Escrituras Editora e Distribuidora de Livros Ltda.
Rua Maestro Callia, 123 – Vila Mariana
São Paulo – SP – 04012-100
Tel.: (11) 5904-4499 / Fax: (11) 5904-4495
escrituras@escrituras.com.br
www.escrituras.com.br

Diretor editorial: Raimundo Gadelha
Coordenação editorial: Mariana Cardoso
Assistente editorial: Karen Suguira
Capa: Cleto de Assis
Projeto gráfico e diagramação: Vagner de Souza
Impressão: Forma Certa

Dados Internacionais de Catalogação na Publicação (CIP)
(Câmara Brasileira do Livro, SP, Brasil)

Andrade, Manoel de
As palavras no espelho: ensaios, poemas, artigos,
entrevistas, comentários e resenhas / Manoel de
Andrade. – São Paulo: Escrituras Editora, 2018.

ISBN 978-85-7531-778-5

1. Literatura brasileira – Miscelânea I. Título.

18-13426   CDD-869.8

Índices para catálogo sistemático:

1. Miscelânea: Literatura brasileira   869.8

Impresso no Brasil
Printed in Brazil

Manoel de Andrade

As palavras no espelho

Ensaios, poemas, artigos, entrevistas, comentários e resenhas

escrituras
São Paulo, 2018

Para Yasmine
e para Ana Lúcia,
migrantes das estrelas,
que vieram para regenerar o mundo
e para iluminar e colorir meus dias.

Agradecimentos

À Neiva,
pelo seu incansável desvelo em revisar
todas as páginas que escrevo.

E a
Maria José Vieira de Sousa,
Suely Reis Pinheiro,
Frederico Fullgraf,
João Bosco Vidal
e Cleto de Assis,
em cujos sites transitam meus passos de poeta.

SUMÁRIO

Nota do autor 13

ENSAIOS 17

1968: Uma revisão 19
Poesia e oralidade 55
Pierre Seghers: Uma aventura chamada poesia 65
Fogo sob cristal: Um filme de Frederico Füllgraf 69
Os poetas não morrem 73

ENTREVISTAS 87

Entrevista ao jornalista Jeferson Baldo da *Tribuna Catarinense* 89
Entrevista ao regente Rodrigo Garcia 97
Entrevista ao editor Julio Daio Borges do *Digestivo Cultural* 109
Entrevista à jornalista Cássia Candra do *A Tarde* (Salvador) 117
Entrevista ao crítico de arte Oscar D'Ambrosio da Rádio UNESP 125
Entrevista ao artista plástico Cleto de Assis do *Banco da Poesia* 127
Entrevista ao poeta Jairo Pereira da *Revista Clic Magazine* 135
Entrevista ao jornalista Felipe Kryminice da *Revista Ideias* 141

ARTIGOS 155

A Noite da Poesia no Teatro Guaíra 157
Inti Peredo: 40 anos da morte de um bravo 163
O significado do Natal 169
Zilda Arns: Deixai vir a mim as crianças... 173
Florence Nightingale: A lâmpada da caridade 177
Daniel Comboni: A vida pelo evangelho e pela África 183
Irmã Dulce: A vida pela caridade 189
Sérgio Rubens Sosséla 193

COMENTÁRIOS 201

Sobre a obra *O livreiro de Cabul* 203
Os piratas da Somália 205
Iman Maleki, o pintor hiperrealista do Irã 207
Siete puñales en el corazón de América 209
Extradição de militar torturador 211
Matadores de borboletas azuis 215
A longa despedida 219
Sobre a Lilli Marleen de Frederico Füllgraf 221
Meu encontro com Geraldo Vandré 225
Osama Bin Laden está morto 229
Coronel Brilhante Ustra é condenado por morte de
jornalista nos anos 70 233

NOVOS POEMAS 237

Bandeiras e máscaras 239
América, América... 243
O barco da memória 247
A moldura dos tempos 249
O desterro dos poetas 251
Prece de gratidão 255

FORTUNA CRÍTICA...259

Manoel de Andrade lança seu livro *Cantares* em
Camboriú...261
Meu nome é Legião...269
No primeiro post, uma homenagem...273
Os *Poemas para a Liberdade*, de Manoel de Andrade:
A poesia como arma...279
Palavras ao invés de fuzil...287
Manoel de Andrade, o poeta brasileiro que escreveu
para toda a América Latina...291
O poeta Manoel de Andrade é convidado para
participar de encontro latino-americano de literatura...295
A obra poética de Manoel de Andrade analisada no
JALLA 2010 de 2 a 6 de agosto no Rio de Janeiro...297
Os *Poemas para a Liberdade* de Manoel de Andrade...299
El cantor peregrino de América (Peru)...301
A poesia de Manoel de Andrade: Um canto de amor e
liberdade na América Latina...307
Manoel de Andrade – *En las huellas de la utopía – Nos
rastros da utopia*...323
Eu era um poeta engajado, um militante da poesia, e
me transformei em refugiado...327
Novo livro de Manoel de Andrade...329
Ler Manoel de Andrade (Portugal)...333
"Guerrilheiro" lírico ou agente da CIA?...339
Os excessos de um poeta utópico...343
Entre a resistência e a repressão: *Nos rastros da utopia*,
de Manoel de Andrade...349

Apêndice: O Bardo Errante: Exílio e Poesia de Manoel de
Andrade (1969-1972)...355

Sobre o autor...447

Nota do autor

A ideia de reunir este material surgiu ao ver que se aproxima o ano de 2018, quando, por certo, será comemorado o cinquentenário de um tempo que marcou a vida de todos aqueles que empunharam as bandeiras libertárias das lutas políticas, aqui no Brasil e no mundo inteiro: o ano de 1968. Quem, dentre os de minha geração, não se lembrará do significado e das proporções revolucionárias da rebelião estudantil de Paris, em maio de 1968, tida por historiadores e filósofos como o acontecimento social mais importante do século XX? Seu estopim incendiou o movimento estudantil em todos os continentes e, no Brasil, os fatos foram marcados por movimentações populares em quase todas as capitais, com destaque para a célebre Passeata dos Cem Mil, no Rio de Janeiro, em 26 de junho daquele ano. Um período em que, para muitos brasileiros, os gritos pela liberdade se transformaram em ecos de dor silenciados pelo suplício e pela morte, legalizados pela repressão cruel do Ato Institucional nº 5, o tenebroso AI-5, decretado em 13 de dezembro de 1968.

Suas consequências geraram uma transição longa e sombria, regada pelas lágrimas perenes de mães, viúvas e órfãos. Creio ser imprescindível reeditar o significado da História, sobretudo quando os fatos marcaram com a crueldade, o desaparecimento e a morte o destino dos vencidos e traumatizaram com o infortúnio a trajetória social, política e cultural de um povo.

Os materiais aqui escolhidos foram postados na internet a partir de 2007 e somente agora buscam seu espaço no papel.

Obviamente nem todos os temas se referem aos aspectos sociopolíticos com que me reporto aos anos de chumbo. Além desse histórico motivo, já em si tão solitário, outras razões me propuseram essas buscas, garimpando também os assuntos onde as evocações da paz e do amor, os traços biográficos da solidariedade humana e os acenos da esperança marcaram as postagens mais recentes. São ideias diversas onde a ideologia, o lirismo e a espiritualidade, na prosa e na poesia, permanecem expectantes, mas ocultadas por um clique na mágica instância dos sítios eletrônicos. Na verdade, alguns desses textos há anos perambulavam solitários na virtualidade, quais filhos errantes que agora se juntam para participar desse "fraterno" encontro e fazer dessas páginas um novo caminho para semear suas mensagens. Trata-se de ensaios, artigos, comentários, entrevistas, resenhas, novos poemas, assim como a fortuna crítica encontrada sobre meus livros.

Procurei indicar, criteriosamente, todas as procedências e datas, conectando às notas de referência os caminhos para legitimar suas fontes, onde se alternam as mídias digitais *Palavrastodaspalavras*, *Livres Pensantes*, *Füllgrafianas*, *Revista Hispanista*, *Banco da Poesia*, *Operamundi*, *Pátria Latina*, *Digestivo Cultural*, *Portal Vermelho*, *Diálogos do Sul*, *Revista Ideias*, *Jornal Rascunho*, *Jornal A TARDE online*, *Gazeta do Povo online*, *Blog do Aroldo Murá*, *Blog do Luiz Nassif*, *YouTube*, além de livros onde são citados textos meus.

O tempo, que tudo silencia, removendo lentamente nossos rastros, não "deleta" a palavra editada, razão pela qual não quero deixar essas páginas abertas somente na dimensão virtual, fonte inegável de vastos conhecimentos, mas também maculada por tantos equívocos e sujeita aos caprichos das modernidades e aos interesses imprevisíveis da tecnologia.

Não pretendo, nessa fronteira de surpresas e ante a chegada dos livros eletrônicos, pressupor uma disputa – ou, preferencialmente, um convívio – entre Gutenberg e Steve Jobs e nem uma relação dialógica sobre o papel indiscutível das tecnologias nas revoluções culturais, mas a rapidez com que as linguagens digitais ficam obsoletas nos remete a uma singela reflexão: o fato de saber que a durabilidade milenar dos papiros egípcios tem propiciado aos historiadores genuínas informações para reconstituir, por exemplo, a história da IV dinastia, construtora das grandes pirâmides e que floresceu há 3.700 anos antes de Cristo. Mas não é preciso ir tão longe se perguntarmos quais registros mais confiáveis teriam ficado dos fatos antigos sem os pergaminhos dos escribas e o paciente trabalho dos copistas. E quem melhor contaria os feitos heroicos da Guerra de Troia se Homero não os tivesse imortalizado nas páginas da Ilíada? Que imagem mais bela se teria da paixão incondicional dos amantes, sem as incontáveis edições de Romeu e Julieta?

O exemplar de um livro impresso – esse precioso objeto que para muitos é a parte sentimental do seu tesouro –, embora silencioso numa estante, desafia os séculos contando as venturas e desventuras da humanidade. Suas páginas, ao alcance prazeroso de nossas mãos, dizem de todos os tempos, de todas as coisas e em todos os idiomas, assim como registram para sempre os nossos sonhos como mensageiros do amanhã. Se "tudo vale a pena quando a alma não é pequena", creio que a condição de poeta e o despojado ideário com que colori minhas bandeiras podem apadrinhar o resgate editorial das reflexões que aqui entrego à consideração dos leitores.

Curitiba, novembro de 2017

ENSAIOS

1968: Uma revisão[1]

A Sexta-Feira Sangrenta

O ano chegava ao seu último quartel respirando o pressentimento de uma surda e sinistra ameaça por trás dos biombos do poder. O país, desde o golpe militar de 64, seguia sua trajetória nebulosa e imprevisível. Sentiam-se os agudos sintomas sociais de uma crise potencial que, dia a dia, ia cavando imperceptíveis trincheiras e radicalizando suas posições para o enfrentamento. As palavras, no plano político, haviam perdido a sua opção pelo diálogo e os atos e os fatos iam desfigurando sempre mais a face institucional da nação. Sob o pano de fundo deste cenário inquietante, um fenômeno social surge desafiante na ribalta nacional. O movimento estudantil que a partir de 1964 fora sistematicamente reprimido, com a própria sede da União Nacional dos Estudantes saqueada e incendiada no mesmo dia do golpe, retoma gradativamente o seu espaço político.

A UNE, a partir de 1966, desafiando proibições e ameaças, passa a realizar clandestinamente seus congressos

---

[1] Os quatro ensaios que se seguem foram publicados entre abril e maio de 2008, no Blogue *Palavrastodaspalavras* e, entre maio e junho, no blog *Minhas histórias*, rememorando, 40 anos depois, os fatos mais relevantes de 1968, no Brasil e no mundo. O autor, na época estudante de História e com sua poesia engajada na luta contra o regime militar, foi um observador atento dos graves acontecimentos que marcaram todo aquele ano, e que terminou, em 13 de dezembro, com a edição do sinistro Ato Institucional nº 5 – AI-5, oficializando o pânico e a brutal repressão política, lotando as prisões e obrigando milhares de brasileiros a entrar na clandestinidade ou a fugir do país, como ele mesmo teve que fazer, em março de 1969, em consequência da panfletagem dos seus poemas contra a ditadura.

e, a partir de 1968, integrando-se a uma onda mundial de protestos estudantis, ocupa no Brasil o principal papel no palco das grandes manifestações populares contra a Ditadura Militar.

O ano de 1968 foi um marco indelével em minha vida e creio que na vida de qualquer cidadão consciente, no Brasil e no mundo. Eu terminara o curso de Direito em 66 e cursava o segundo ano de História na Universidade Federal do Paraná. Nosso calendário estudantil iniciara o ano letivo marcado pelo luto nacional. Ele tinha apenas 17 anos e seu sangue de infante tingiu, indelevelmente, nossas vidas. Edson Luis de Lima Souto foi morto em março, no Rio de Janeiro, marcando o início de uma movimentação estudantil que envolveria, ao longo do ano, toda a vida nacional e que culminaria com a invasão e ocupação militar da Universidade de Brasília, em setembro e, em outubro, com a prisão de 920 estudantes no Congresso da UNE, em Ibiúna.

Na sexta-feira, 29 de março a cerimônia do seu sepultamento partiu da Cinelândia com um acompanhamento calculado em 50 mil pessoas. A vanguarda do cortejo ostentava uma faixa onde se lia: "Os velhos no poder, os jovens no caixão". O país estava perplexo. Como que acordava de um longo pesadelo. Parecia que aquela revolta, por tudo o que estava acontecendo no Brasil desde 64, fora preguiçosamente protelada, que cochilara por quatro anos e que agora finalmente despertava.

No dia 4 de abril, muitos de nós, estudantes e intelectuais, aqui em Curitiba, aguardávamos, apreensivos, o desfecho do que seria a tão anunciada missa de sétimo dia pela alma de Edson Luiz, na Igreja da Candelária. Às 18 horas, a Praça Pio X estava totalmente tomada pelos cavalarianos da PM e por fuzileiros navais, somando cerca de 2.000 soldados e mais os agentes do DOPS, todos em volta da igreja sitiada.

A celebração começou tranquila, com um estudante lendo o segundo versículo do capítulo 12, da Carta de Paulo de Tarso aos Romanos:

E não vos conformeis com este tempo, mas transformai-vos moralmente, renovando vosso espírito para compreender a vontade de Deus, que é boa, agradável e perfeita.

Se estas recomendações evangélicas tiveram alguma importância para um ateu como Otto Maria Carpeaux, para um trotskista como Mário Pedrosa, para um comunista como Oscar Niemeyer ou para os incrédulos, agnósticos, e esquerdistas de tantas dissidências ali presentes, é apenas uma singela ilação e, por isso mesmo, sem nenhuma relevância. Contudo, é relevante afirmar que todos estavam ali reunidos num gesto grandioso de solidariedade, acima de qualquer confissão religiosa ou ideologia política. Ali entraram, arriscando a própria pele, para prestar a última homenagem ao primeiro jovem mártir da Ditadura que, uma semana atrás, lutando contra o fechamento do restaurante Calabouço, tombara com o peito perfurado pela bala de um PM.

Dentro da igreja se comprimiam seiscentas pessoas amedrontadas, divididas entre as que confiavam no amparo divino, no bom senso da polícia ou magnetizadas por maus pressentimentos. Quando a missa chegava ao fim, os ruídos dos cascos dos cavalos e o ronco de um avião se ouviam entre as altas naves do templo, como se ouvia também um surdo murmúrio prenunciando o angustiante calvário da saída. Na cabeça de muitos ali presentes pairava a lembrança da missa na manhã daquele mesmo dia, encomendada pela Assembléia Legislativa em memória de Edson Luis, e cuja saída, calmamente iniciada, foi subitamente cercada pela Cavalaria, numa sinistra e calculada operação de encurralamento ante as portas já fechadas da igreja. Foi uma pancadaria ou um massacre, segundo os jornais da época.

Agora, ao anoitecer, se redesenhava uma nova *via crucis*. Os portões da igreja são novamente bloqueados pela Cavalaria da Polícia Militar. Na saída, o bispo auxiliar da cidade pede calma e os quinze padres de mãos dadas formam dois cordões por onde a multidão começa a sair espremida. As pessoas deixam a igreja com os olhares fixos nos cavalos e nos cavaleiros. Há em toda a praça uma tensão insuportável, alimentada pelo pânico das "vítimas" e a impaciência dos "algozes". E eis que surge o impasse, uma fronteira intransponível. Um limite para todos os passos. Ouve-se a ordem:

— Desembainhar!

Em seguida os gritos ordenam:

— Recuem, recuem…! Aqui ninguém passa…!

Diante da massa humana acuada, os padres, num gesto de imensa coragem, levantaram os braços e, em nome de Deus, se dirigem ao major dizendo que aquela manifestação não era uma passeata, que todos queriam apenas voltar para suas casas. Foram minutos intermináveis entre virtuais ofensores e ofendidos. Ninguém mais ousou intermediar o diálogo. Havia ali dezenas de intelectuais ilustres, políticos, líderes estudantis, professores universitários. Todos estavam paralisados. Finalmente, ante a iminência de um massacre, ouviu-se uma frase que soou como uma graça recebida, como uma resposta a tantas preces, explícitas ou inconfessáveis, mas que por certo foram ali silenciosamente pronunciadas, no imperscrutável sacrário da alma:

— Dispersar, dispersar… A ordem é dispersar.

Os sacerdotes, como que assistidos por uma força invisível, coordenaram a saída disciplinada e silenciosa pela calçada.

Postados num cruzamento da Avenida Rio Branco, todos paramentados, ali permaneceram até que passassem, sãos e salvos, todos os "sobreviventes" do ato religioso. Por certo, em suas orações, daquela esquina pra frente entregavam a sorte daqueles rapazes e moças, nas próprias mãos de Deus, sem imaginar que mais adiante muitos deles seriam brutalmente espancados e presos.

A classe estudantil em 68 simbolizava o mais belo estandarte de luta que se empunhava contra a Ditadura Militar. No embalo dos acontecimentos de maio, em Paris, que acendeu o pavio da revolta estudantil no mundo inteiro, aqui também tivemos, em junho daquele ano, no Rio de Janeiro, as nossas barricadas de Nanterre, levantadas na Avenida Rio Branco e nas ruas México e Graça Aranha.

Os protestos contra a repressão começaram no dia 19, e chegaram ao auge do enfretamento no dia 21, que ficou conhecido como a "Sexta-Feira Sangrenta".

Logo depois das 13 horas os fatos se precipitaram num desesperante torvelinho de violência. Os ânimos, sobrecarregados pela repressão oficial de três dias, uniram populares e estudantes que avançaram contra os batalhões da polícia. O centro do Rio se transformou num original cenário de batalha, com gente correndo em todas as direções. Em dado momento surge a Cavalaria e depois os batalhões de choque que, que *pari passu*, vão ocupando a Avenida Rio Branco até encontrar as barricadas. A polícia, sob a chuva dos mais variados objetos atirados do alto dos edifícios, avança abrindo fogo e ultrapassa a primeira barricada. Os agentes do DOPS chegam atirando contra os manifestantes em disparada pela rua, e contra os que se postam nas janelas dos prédios. Zuenir Ventura, numa das mais dramáticas referências que se escreveu sobre aquele ano, ao registrar a memória daquele dia, no seu livro *1968: O ano que não terminou*, relata que:

Ao contrário do movimento francês, não se lutava no Brasil contra abstrações como a "sociedade de opulência" ou a "unidimensionalidade da sociedade burguesa", mas contra uma ditadura de carne, osso e muita disposição para reagir. As barricadas de Paris talvez não tenham causado tantos feridos quanto a "Sexta-Feira Sangrenta" do Rio, para citar apenas um dia de uma semana que ainda teve uma quinta e uma quarta quase tão violentas. [...] Durante quase dez horas, o povo lutou contra a polícia nas ruas, com paus e pedras, e do alto dos edifícios, jogando garrafas, cinzeiros, cadeiras, vasos de flores e até uma máquina de escrever.

O saldo doloroso dos fatos ocorridos na "Sexta-Feira Sangrenta" deixou uma declarada indignação entre estudantes, intelectuais e em muitas categorias profissionais da população carioca. Como conter tanta revolta? Aquilo não poderia ficar por isso mesmo. Artistas, jornalistas, escritores e professores começaram a articular alguma forma de manifestação que lavasse a alma de tantos ofendidos. Naquela mesma noite algumas reuniões paralelas foram feitas e nelas protagonizaram as ideias de Ferreira Gullar, Gláuber Rocha, Arnaldo Jabor, Hélio Pellegrino, Cacá Diegues, Luís Carlos Barreto, Ziraldo e outros.

Na manhã seguinte, no Salão Nobre do Palácio Guanabara, o psicanalista e escritor Hélio Pellegrino, à frente de trezentos intelectuais, entre os quais Oscar Niemeyer, Clarice Lispector, Paulo Autran, Tônia Carrero, Milton Nascimento, Nara Leão etc..., solicitava ao Governador Negrão de Lima a autorização oficial para realizar uma passeata pacífica, no centro do Rio, sem a presença dos policiais na rua. Depois de uma longa e difícil negociação, em que foi exigida, também, a libertação de presos políticos – numa referência ao diretor de teatro Flávio Rangel e ao arquiteto Bernardo Figueiredo – o Governador, esmagado pela argumentação de Pellegrino, concordou em liberar a passeata. Na quarta-feira, 26 de junho de 1968, depois de três dias de tensas negociações com autoridades municipais e federais pela segurança do trajeto, o Rio de Janeiro iria assistir uma das maiores, senão a maior, manifestação popular de sua história: A Passeata dos Cem Mil.

1968: A Passeata dos Cem Mil

A estratégica aparição daquele estudante de 23 anos provocou uma apoteose de gritos e palmas na imensa multidão que, por volta do meio-dia, ocupava inteiramente a Praça Floriano Peixoto, na Cinelândia. O presidente da UME, Vladimir Palmeira, disfarçado pelo penteado, barba feita, terno e gravata, subiu as escadarias da Assembléia Legislativa, e com alguns gestos interrompeu as palmas, pediu silêncio e que todos se sentassem e, em seguida, começou o seu primeiro discurso do dia dizendo:

— Pessoal, a gente é a favor da violência quando ela é aplicada para fins maiores. No momento, ninguém deve usar a força contra a Polícia, pois a violência é própria das autoridades, que tentam por todos os meios calar a voz do povo. Somos a favor da violência quando, através de um processo longo, chegar a hora de pegar nas armas. Aí, nem a polícia, nem qualquer outra força repressiva da ditadura, poderá deter o avanço do povo.

Enquanto os discursos se sucederam mais e mais populares iam se juntando à concentração. De todas as partes chegavam comitivas de estudantes com faixas e bandeiras. Emissários e "batedores" saíam e chegavam com notícias sobre a segurança do percurso da passeata prestes a começar. Por trás de toda essa organização estavam os estudantes Franklin Martins e Marcos Medeiros, comandando outras lideranças estudantis encarregadas de controlar todos que participavam do ato, evitando, com isso, qualquer incidente com pessoas infiltradas. No final dos discursos Vladimir Palmeira tira o paletó, afrouxa a gravata e retoma a palavra para dizer:

— Nós queremos os cadáveres dos estudantes que foram mortos durante as últimas manifestações. Todos viram seus corpos, ao vivo e nos jornais, e não é possível que o governador e as outras forças repressivas continuem a esconder os seus corpos para iludir a população.

Seu discurso foi interrompido pelo ronco ensurdecedor dos aviões da FAB que passavam em voo rasante em franca provocação. Com isso terminaram os discursos e começou a passeata. A multidão comandada pelos estudantes e de mãos dadas, seguiu ordeira e alegre para a Avenida Rio Branco, cujo trânsito havia sido interditado pelas autoridades. As grandes lideranças estudantis do país estavam ali representadas por Luís Travassos, e José Roberto Arantes, respectivamente presidente e vice-presidente da UNE.

Pela grande avenida desfilava uma massa humana sempre mais engrossada pelo imenso fluxo de pessoas que vinham da Cinelândia. Como ao longo de todo o percurso houve provocações de agentes do DOPS e de policiais, os líderes estudantis tiveram o cuidado de reiterar aos manifestantes que mantivessem a calma e a vigilância. Aquela inacreditável massa humana penetrou pela tarde atravessando o centro do Rio num gesto grandioso de indignação, mas sobretudo de esperança no retorno ao estado democrático de direito.

Quando chegou à Candelária, Vladimir subiu na capota de um carro e disse:

— Este lugar tem um significado muito grande para nós. Na missa de Édson, foi aqui que fomos violentamente reprimidos. Hoje o panorama é diferente. Prova de que a potencialidade de luta popular é maior do que as forças da repressão. Hoje damos uma demonstração de força e de fraqueza ao mesmo tempo. Temos força para retomar a praça, mas ainda não podemos tomar o poder que eles usurparam.

Naquele longo percurso que se entende desde a Candelária até a Rua Uruguaiana, toda a Avenida Presidente Vargas foi ocupada pela imensa multidão em movimento.

Elio Gaspari, referindo-se ao fato na sua *Ditadura envergonhada*, descreve:

Olhada, a passeata era uma festa. Manifestação de gente alegre, mulheres bonitas com pernas de fora, juventude e poesia. Caminhava em cordões. Havia nela a ala dos artistas, o bloco dos padres (150), a linha dos deputados. Ia abençoada pelo cardeal do Rio de Janeiro, o arquiconservador D. Jaime Câmara, que em abril de 1964 benzera a Marcha da Vitória. Muitas pessoas andavam de mãos dadas. Todo o Rio de Janeiro parecia estar na avenida. A serena figura da escritora Clarice Lispector e Norma Bengell, a desesperada de Terra em Transe; Nara Leão, Vinicius de Moraes e Chico Buarque de Hollanda, que com a poesia "Carolina", e seus olhos verdes, encantava toda uma geração. Personagens saídos da crônica social misturavam-se com estudantes saídos do DOPS. Do alto das janelas a cidade jogava papel picado. [...] a Passeata dos Cem Mil saiu da Cinelândia, jovem, bela e poderosa. [...] Depois de parar gloriosamente na Presidente Vargas, vagou emagrecida até os pés da estátua de Tiradentes, em frente ao prédio da Câmara dos Deputados.

Lá Vladimir Palmeira, o mais popular dos dirigentes estudantis, ameaçou: A partir de hoje, para cada estudante preso, as entidades estudantis promoverão o encarceramento de um policial.

Depois de passar pela Sete de Setembro e o Largo da Misericórdia, a passeata chegou à Praça Tiradentes onde se seguiram uma dezena de discursos das lideranças estudantis, sindicais e intelectuais. Ali mesmo foi proposta e criada uma comissão com representação dos intelectuais, dos professores, do clero, dos estudantes e das mães para intervir junto às autoridades pela libertação dos estudantes presos nas recentes manifestações.

Passava das cinco da tarde quando os estudantes queimaram uma bandeira americana em frente do Palácio Tiradentes. Ali mesmo Vladimir retomou a palavra para encerrar a manifestação num tom de advertência, dizendo:

— Voltaremos sempre para exigir nossos direitos. Pacificamente, se não formos reprimidos pela Polícia. Agressivamente, se tentarem nos agredir, como fizeram algumas vezes.

Neste ano de 2008, há quarenta anos da Passeata dos Cem Mil, podemos ter uma clara perspectiva dos fatos e analisar aquele acontecimento como um dos mais belos e corajosos gestos políticos da cidadania recrutando os mais lúcidos representantes da intelectualidade brasileira que marcaram, com a sua presença, as mais variadas tendências da esquerda nacional. Este fato por si só nos convida a tirar algumas ilações sobre a importância do debate político daquela época em que os termos "revolucionário" e "reformista" eram usados com ironia em nossos bancos acadêmicos. Nesse mesmo enfoque, não se podia confundir "revolucionário" com "rebelde sem causa" sem reconhecê-los, respectivamente, pela legítima contradição dialética e pela mera formalidade das ideias. Ainda nesse contexto é pertinente relembrar que, na célebre Passeata do Rio de Janeiro, havia uma aberta disputa programática entre os cartazes e *slogans* das dissidências da esquerda, e quando os radicais gritavam: "Só a luta armada derruba a ditadura", os militantes do Partidão respondiam: "Só o povo organizado conquista o poder". Isto vale dizer que cada grupo disputava no grito a hegemonia daquele extraordinário acontecimento político. Eram já os efeitos das grandes cisões que estavam acontecendo no Partido Comunista. Os primeiros representavam os estudantes que já tinham feito sua opção pelo enfrentamento direto com o regime e sonhavam com uma pátria socialista dirigida pela classe operária. Os segundos encaravam o fenômeno revolucionário como um processo lento onde a ruptura com o sistema e a consequente transformação estrutural da sociedade ocorreria como resultado da organização das próprias forças sociais. Uns seguiam a orientação de Cuba e outros, a de Moscou.

Para quem foi um estudante na década de 60 é estimulante recordar que ninguém queria ficar à margem do engajamento político, e era uma ofensa esmagadora ser chamado de "reacionário", ou seja, ser de direita. Na verdade todo aquele saudável "romantismo" deixou, no que tange à mera postura intelectual, uma imensa saudade. Quem não tinha na parede do seu quarto uma gravura do Che, de Mao ou de Ho Chi Minh? Como ser um autêntico radical de esquerda sem conhecer a "teoria do foco" de Régis Debray, sem conhecer a história da Revolução Russa, sem ter lido os patriarcas do pensamento revolucionário, sem ter compulsado Marcuse, Lukács, Gramsci. Como criticar um reformista sem conhecer os insuperáveis argumentos de Rosa Luxemburgo. Era tudo isso e muito..., muito mais, porque a bibliografia revolucionária era enorme e também não se podia deixar de ler a nossa brilhante "prata de casa" como Caio Prado Junior, Celso Furtado e Nelson Werneck Sodré.

E eis porque hoje, nesse imenso distanciamento, ao relembrarmos aquele 26 de junho de 68, relembramos também que todos os estudantes brasileiros marcharam, em espírito, com os estudantes cariocas, e a Passeata dos Cem Mil ficou na história como uma referência indelével do poder de mobilização dos estudantes e da força que o pacifismo pode ter quando uma ampla frente popular pode ser bem organizada e bem representada. Naquele momento o Movimento Estudantil atuou como o mais legítimo porta-voz da sociedade contra a Ditadura. Ele representava, por um lado, a radicalização de um conflito expresso pelas contradições contidas nas frustrações da classe média emergente em sua busca de um lugar ao sol. Por outro lado representava as tensões crescentes que essa mesma classe média – que em parte apoiou o golpe militar – e a classe operária passam a ter com o poder, cada vez mais agravadas pelo estado de exceção e pelo apoio dos segmentos mais conservadores das classes dominantes (leia-se a Marcha da Família com Deus pela Liberdade, apoiando, em 64, o golpe militar). Embutida neste amplo questionamento estudantil estava também a velha estratégia do capitalismo moreno, sempre empenhado em manter uma política educacional dependente, promovendo uma educação acadêmica alienante ao limitar a capacidade crítica do indivíduo para questionar o mundo em suas contradições sócio-políticas e ideológicas e, consequentemente, formar profissionais que se amoldem culturalmente ao sistema.

Por trás dessa invisível feição sociológica o movimento queria, na verdade, mostrar, explicitamente, a sua mais bela imagem: a face despojada do idealismo empunhando pacificamente o lábaro da justiça e da liberdade.

Contudo, seus sonhos, legitimados por essa fé e esse compromisso, não puderam se realizar. À medida que o ano chegava ao seu final iam-se esgotando as esperanças de se reconquistar o estado de direito por meios democráticos. O nosso drama político representava as últimas cenas do seu primeiro ato e a decretação do AI-5 baixou as negras cortinas ante uma plateia assustada. Os espectadores mais atentos não esperaram para ver como seria o segundo ato. Sabiam que ali se apagavam as últimas luzes da ribalta e somente as sombras iriam invadir o palco da tragédia. Foi a gota d'água para que muitas organizações de esquerda se decidissem pela luta armada. A partir daí a repressão caiu como uma rede sobre a classe estudantil e suas principais lideranças não encontraram outro caminho para a sua militância política fora da clandestinidade. Seus sonhos de mudar o mundo começaram muito antes, quando em 1961 a UNE fundou o Centro Popular de Cultura (CPC) cujo propósito era despertar pacificamente, com a arte, a consciência política do povo. Sob a direção do dramaturgo Oduvaldo Viana Filho foram encenadas dezenas de peças, publicados livros, produzidos filmes e discos e promovidos shows, cursos e debates. Nessa saga cultural sem precedentes da nossa história se engajaram, ao lado de estudantes, artistas e intelectuais, figuras emblemáticas do teatro brasileiro como Augusto Boal e Gianfrancesco Guarnieri. Quando as sementes dessa utopia começavam a abrir suas flores e a colher seus frutos com a presença cada vez mais contagiante da população em seus espetáculos, o golpe militar de 64 colocou a UNE na ilegalidade e toda essa fogueira de sonhos e esperanças, cujo imenso clarão iluminou a geração de nossos anos dourados, foi abafada bruscamente pelo manto tenebroso da opressão. Quando no fim de 68 arrancaram das mãos do Movimento Estudantil as suas últimas bandeiras democráticas, não restou a eles outra expressão de bom combate que não fosse a luta armada. O que aconteceu depois, todos nós sabemos. Centenas deles foram presos, barbaramente torturados e mortos nas prisões do Regime Militar. Deram a vida para que sobrevivesse um sonho e para que continuassem abertas as trincheiras de luta que escavaram, em nome de um homem novo e de um mundo melhor. Esta é a triste memória que a história recente do país tenta resgatar pelos depoimentos dos que sobreviveram, pela escavação dos cemitérios clandestinos e na voz silenciosa dos desaparecidos. Eu bem quisera enumerar aqui os nomes da bravura. Dos que resistiram até o último golpe e caíram aureolados com a coroa do martírio. Mas todos os seus nomes somente podem ser escritos com a dimensão da palavra: *legião*. Porque sempre faltaria ainda um nome ou um codinome de alguém cujo coração materno poderia derramar a derradeira lágrima, motivada pelo meu esquecimento.

1968: Partidão versus Foquismo

O ano de 1968 tinha ainda pela frente um longo percurso assinalado pela importância dos fatos políticos que marcavam sua excepcionalidade na recente história do Brasil e do mundo. Entre nós, brasileiros, o que estava por trás desses dos fatos foi, em grande parte, a decisão das esquerdas de se armarem e saírem para o confronto direto com a Ditadura. Cada vez mais afastadas do Partido Comunista (PC) e ideologicamente divididas entre Moscou e Pequim, elas perceberam que todos os caminhos das lutas de liberação nacional começavam e terminavam no próprio território latino-americano. As trincheiras dessa luta foram escavadas pelo continente inteiro. Começaram no extremo sul, em 63, com os Tupamaros uruguaios, e com o peruano Hugo Blanco, que em maio daquele ano caiu no vale do Cuzco. Em 65, Héctor Béjar rompe com o PC e retoma a guerrilha peruana. Essa imensa trincheira abre, ainda em 65, novos sulcos pelas mãos dadas dos socialistas e comunistas chilenos em torno do MIR. Na mesma época o venezuelano Douglas Bravo, expulso do Partido Comunista, definia o conceito de Revolução Bolivariana dentro da estratégia guerrilheira com o apoio de Fidel Castro. Em 15 de fevereiro de 65 o padre Camilo Torres morre em combate à frente do Exército de Libertação Nacional na Colômbia. Em 66 o Comandante Turcios Lima comandava a luta feroz contra o Exército e os grandes latifúndios na Guatemala. Em 67, a Frente Sandinista de Libertação Nacional decide declarar a guerra revolucionária contra a somozismo, na Nicarágua e naquele ano a bandeira cravada em Ñancahuazú por Che Guevara e a simbologia gloriosa de sua morte em combate são os traços indeléveis de uma paisagem revolucionária que, iluminada pelas luzes ofuscantes do Caribe, iriam agora abrir suas trincheiras na esquerda urbana do Brasil.

A luta armada

No começo de 68 se discutia muito por aqui o livro *Revolução na Revolução* de Régis Debray. Publicado em inícios de 67, em Cuba, numa edição de duzentas mil cópias, a obra se espalhou pela América Latina e os primeiros exemplares que chegaram ao Brasil foram enviados pelos nossos exilados de 64, do Chile. Debray, que em meados da década de 60 estivera observando a guerrilha venezuelana comandada por Douglas Bravo, – onde conheceu sua mulher, a então guerrilheira e hoje antropóloga Elisabeth Burgos, tristemente célebre pela falsa biografia que escreveu sobre a gualtemateca Rigoberta Manchú, Nobel da paz de 1998 – foi colher os subsídios para o seu livro, na experiência cubana em Sierra Maestra. O disputado livro *Revolução na Revolução*, escrito pelo intelectual francês aos 26 anos, propunha a Teoria do "foco guerrilheiro", baseado num "foco militar rural" como a melhor estratégia para se iniciar a vanguarda da luta revolucionária e a tomada posterior do poder pelas massas.

Neste sentido, e pela sua importância nessa cronologia, é sintomático dizer que em janeiro daquele ano, – apesar da malograda aventura armada de Jefferson Cardin, no noroeste do Rio Grande do Sul, em 65 e do fiasco da guerrilha brizolista de Caparaó, abortada em abril de 67 –, o Partido Comunista do Brasil (PC do B), começava a montar sua base guerrilheira na margem esquerda do Rio Araguaia, e por aquelas matas já transitava meia dúzia de seus quadros disfarçados. Entre eles, o "Osvaldão", o Maurício Grabois e o grande João Amazonas. Por outro lado a Ação Libertadora Nacional (ALN), de Carlos Marighella, – que após participar da reunião da OLAS em meados de 67 , em Cuba, rompera com o Partidão – buscou seus próprios caminhos e tomou a dianteira, "na ação e na vanguarda" fazendo sua primeira "expropriação" a um carro pagador em novembro de 67 e em março de 68 explodindo uma bomba no consulado americano em São Paulo. Em junho a Vanguarda Popular Revolucionária (VPR), formada de uma dissidência radical da Política Operária (POLOP) e dos remanescentes brizolistas do MNR, explode uma bomba no Quartel General do II Exército. Em julho, o Comando de Libertação Nacional (COLINA), também uma dissidência da POLOP, faz uma equivocada execução política no Rio de Janeiro confundindo o major alemão Edward von Westernhagen, com o major boliviano Gary Prado, tido como o matador de Che Guevara. Em agosto a ALN faz uma nova "expropriação" ao vagão pagador do trem Santos-Jundiaí. Entre muitas outras ações realizadas em 68 por comandos revolucionários, destaca-se o julgamento e a execução pela VPR do capitão americano Charles Chandler, no mês de outubro em São Paulo, tido, pela organização, como agente da CIA e torturador de vietcongues, no Vietnã. Assim as organizações de esquerda tomaram a ofensiva na luta revolucionária tanto nas ações com objetivos logísticos para a compra de arma e de apoio aos seus quadros clandestinos, como nessas discutíveis execuções, ações de caráter político retaliatórias que não tiveram os efeitos publicitários que buscavam. Os sequestros, porém, que tiveram início em setembro de 69 com o embaixador Elbrick, eram ações políticas inteligentes e justificáveis para libertar prisioneiros barbaramente torturados. Neste sentido a conotação que o Regime dava para o termo terrorismo ao referir-se às ações políticas de sobrevivência da esquerda revolucionária era um eufemismo, se comparada com os planos diabólicos da Ditadura. O caso Para-Sar, em 68, já prenunciava o que seria a dimensão da tortura e das execuções, com requintes de crueldade, perpetradas pelos órgãos de segurança em todo o país.

Outras bandeiras de luta

No amplo contexto deste enfrentamento com a Ditadura muitas outras bandeiras foram levantadas. No plano sindical a mobilização popular começa a mostrar a sua cara em abril de 68 com a greve de Contagem, em Minas Gerais e em maio em São Bernardo do Campo. O grande destaque, contudo, foi dado pela greve de 1º de maio em Osasco, que mobilizou operários, camponeses, estudantes e intelectuais. Os metalúrgicos tomaram a fábrica que depois foi invadida pelo exército e os trabalhadores foram presos.

No plano cultural, a partir de julho o alvo da Ditadura passa a ser a atividade teatral, ainda traumatizada com o desmantelamento, em 64, do Centro Popular de Cultura (CPC). O questionamento político, através da dramaturgia, recuperava-se gradativamente. Lembro-me que, em meados de 65, assisti aqui em Curitiba à peça *Liberdade, Liberdade.* Escrita por Millôr Fernandes e montada pelo grupo Opinião, sob a direção de Flávio Rangel, o espetáculo era protagonizado por Paulo Autran e Tereza Raquel. Com ela se inaugura o teatro de resistência, dramatizando um apanhado de textos retirados da Literatura universal sobre o tema Liberdade onde os atores representavam uma postura explícita de enfrentamento à Ditadura.

Assim, nessa linha de questionamentos o cinema empunha também sua bandeira ideológica e o filme *Terra em transe* de Glauber Rocha, propõe, hipoteticamente, as duas saídas para a tomada do poder: ou pela lenta organização política das massas, proposta pelo Partidão ou através da luta armada, segundo a Teoria do Foco. Já o propósito do teatro era despertar, a qualquer preço, a consciência política da plateia, como fizera, com irreverente dramaticidade, na apresentação de Roda Viva, em São Paulo. No ritmo dessa saudável disputa, a música popular deixou um rastro de luminosa beleza nas composições de Chico Buarque e sobretudo de Geraldo Vandré, com quem a nação inteira cantou "Caminhando" e "Pra não dizer que não falei de flores". A nota dissonante nesse engajamento foi dada pelos efeitos anarquistas, e da nascente anti-cultura que os versos de Allen Ginsberg e a prosa rebelde de Jack Kerouac –, os pais intelectuais da Beat Generation – por certo deixaram em parte daquela geração musical, levando a consciência política da juventude de 68, a proibir, com suas vaias, no festival da canção, a música "É proibido proibir", de Caetano Veloso.

A reação do regime a todo este desafiante fenômeno cultural começa em julho com a participação do CCC (Comando de Caça aos Comunistas) depredando o teatro e espancando os atores da peça Roda-Viva em São Paulo. Posteriormente houve o atentado à peça *O burguês fidalgo* e a explosão do Teatro Opinião, no Rio. Em outubro, um comando de oficiais do Centro de Informações do Exército lançam uma bomba na Editora Civilização Brasileira, dirigida por Ênio Silveira, que naquele ano publicava um livro por dia, com ênfase para grandes escritores de esquerda como Nelson Werneck Sodré, Hélio Jaguaribe, Isaac Deutscher, George Lukács, Antônio Gramsci, e outros, cujas obras – para ficarmos apenas nas editadas pela Civilização – estiveram na formação da cultura política de toda uma geração.

O Ato Institucional nº 5

Naquele 2 de setembro, logo após a pancadaria, invasão e prisão de estudantes na Universidade de Brasília pela PM e pelo DOPS, o deputado carioca Marcio Moreira Alves, fazendo coro com outros parlamentares, denunciou com veemência, no Congresso, a verdadeira operação de guerra usada contra os universitários. Convocou, com seu discurso, os brasileiros a não participar dos festejos de 7 de setembro como um "boicote ao militarismo" e, num rasgo extravagante de eloquência perguntou: Até quando o Exército será o valhacouto de torturadores? A frase que passou quase despercebida pelos seus pares e não teve nenhum destaque da imprensa nacional, provocou, posteriormente, profundos ressentimentos entre os militares. A partir daí começou a fermentar aquele prato cheio que os radicais do Regime estavam esperando como pretexto para oficializar a repressão. Enfim, a despeito da sua boa intenção, o seu discurso gerou o mais grave fato político de 68 e a maior crise institucional na história da Ditadura. Mas quem era afinal o pivô da crise que levou ao AI-5? Marcio Moreira Alves, descendente dos Mello Franco, fizera brilhante carreira como jornalista do Correio da Manhã, trincheira ideológica de onde se esgrimiam contra o Regime Militar os afiados artigos de Paulo Francis, Otto Maria Carpeaux, Antônio Callado, Carlos Heitor Cony, Hermano Alves e dele próprio. Em 66 publicou o livro Torturas e Torturados, denunciando, com farta documentação, as torturas e as inomináveis injustiças que se cometeram nos primeiros meses após o golpe de 64. Com base na ofensa que o discurso de Marcio causara nas Formas Armadas, forças estranhas e inconfessáveis passaram a atuar para precipitar a radicalização do Regime. À medida que o ano terminava se fechava o cerco sobre o próprio Congresso, e por trás desse impasse estava o Ministro da Justiça, Gama e Silva – que, embora não atuasse à sombra do poder, pelos seus insidiosos conselhos ao Presidente Costa e Silva, era a eminência parda do Regime, na época. E assim, em fins de novembro, o pedido para condenar Marcio, já passara pelo Supremo, mas encontrava a resistência dos próprios parlamentares governistas na Comissão de Constituição e Justiça. No dia 10 de dezembro o insuspeitável deputado governista Djalma Marinho, presidente daquela Comissão e amigo leal de Costa e Silva, vai à tribuna, renuncia à presidência e, em seu discurso, citando Calderón de la Barca, diz com todas as letras: "Ao rei, tudo; menos a honra". Este foi um dos raros gestos de honra política na nossa história parlamentar – numa época ainda sem fisiologismo, pró-labore mensal e varejo do voto – e o aval que muitos deputados da Arena precisavam para derrotar o próprio governo. Na tarde de 12 de dezembro o pedido foi negado por ampla maioria e, no dia seguinte, uma sexta-feira 13 de um ano bissexto, foi promulgado o Ato Institucional nº 5, o AI-5.

A Repressão

O AI-5 levou à prisão centenas de pessoas no país inteiro. Políticos como JK e Carlos Lacerda; juristas como Heleno Fragoso e Sobral Pinto, preso em Goiânia, aos 75 anos de idade; intelectuais como Antônio Callado, Ênio Silveira, Paulo Francis, Carlos Heitor Cony, Glauber Rocha, Millôr Fernandes, e muitos outros.

Aqui no Paraná, e particularmente em Curitiba, não foi diferente. O Coronel Bianco pôs todo o seu pessoal na rua em busca dos subversivos. O golpe, no golpe, quatro dias depois, atingiu em cheio uma reunião regional da UNE, realizada na chamada Chácara do Alemão, no bairro Boqueirão, em 17 de dezembro. Foram presos 42 estudantes e entre eles o cearense João de Paula, um sobrevivente da UNE que não foi a Ibiúna. Caíram também Berto Luiz Curvo, presidente da União Paranaense de Estudantes (UPE), Vitório Sorotiuk, presidente do Diretório Central dos Estudantes (DCE), João Bonifácio Cabral Junior, do Diretório de Direito da PUC, e outros dirigentes. Todos foram condenados pela Auditoria da 5ª Região Militar, a 2 e 4 anos de prisão.

Entre os militantes, um dos primeiros a cair foi Aluizio Palmar, do MR-8, que em 2005 publicou o livro *Onde foi que vocês enterraram nossos mortos,* relatando o trágico destino que teve o grupo guerrilheiro de Onofre Pinto, traído e executado ao entrar em Foz do Iguaçu, em 1974. Oriundo do primeiro MR-8, de Niterói, Aluizio desmobilizava as bases da organização no Oeste do Paraná, quando foi preso em abril de 69. Depois dele caíram mais quatro na região, e os demais em Curitiba e no Rio. Enfim, por aqui foi um corre-corre geral. O autor destas linhas deixou o país em março de 69. Seu poema "Saudação a Che Guevara", pregando a luta armada e panfletado antes do AI-5, foi parar no DOPS, nas mãos do Coronel Bianco. Ninguém mais sabia de ninguém. Os que não foram presos, se esconderam ou fugiram. Daquela turma de Curitiba muitos nos reencontraríamos anos depois e longe daqui. Só fui rever o Vitório Sorotiuk e o Luiz Felipe Ribeiro, companheiros de Direito da Federal, no Chile socialista de Salvador Allende, em abril de 72, naquela bela Santiago, florida de revolucionários.

O AI-5 sufocou os últimos suspiros da democracia. Fechou o Congresso, rasgou a Constituição, amordaçou a imprensa, suspendeu o hábeas corpus, cassou políticos, demitiu funcionários, transferiu e reformou militares, foi enchendo as prisões e abrindo os caminhos do anonimato, os becos da clandestinidade e a via crucis da perseguição, da incomunicabilidade, da tortura, do desaparecimento e da morte. Fora desse contexto a vida do povo corria normalmente. Sem uma visão crítica do processo histórico, tudo fluía sem maiores questionamentos. "A massa não pensa", como dizia Gustave Le Bon. Estávamos às vésperas do carnaval de 69, a Copa de 70 estava a caminho e a televisão se instalando no país. Cada cidadão tinha o seu dia a dia: alienado ou engajado. Era, por outro lado, também tudo aquilo que Jamil Snege retratou no seu grande livro *Tempo sujo* publicado naquele ano. Quarenta anos depois, muitos de nós que testemunhamos tantos fatos, podemos afirmar que 1968 foi o ano que tatuou nossas almas com as tintas luminosas da paixão revolucionária e com as cicatrizes indeléveis da perplexidade, do pânico e do sofrimento. Hoje aqui viemos, alegres por podermos partilhar nossas lembranças, por ainda preservarmos nossos sonhos e estender, com estas palavras, nossas mãos solidárias aos sobreviventes de tantas trincheiras. Mas estamos aqui, também e, sobretudo, para rogar a um poder maior que leve para além das fronteiras do encanto o nosso imperecível reconhecimento àqueles que nunca hesitaram em comprometer seus passos, àqueles que nos ensinaram a dizer sim-sim e não-não. Aqueles que rumaram para as estrelas para semear o amanhã. Aqueles cuja bandeira tremula nos punhos da pátria agradecida e a quem o próprio Che nos ensinou a dizer: hasta siempre.

1968: As barricadas que abalaram o mundo

O palco da história

Ante o cenário imenso da Guerra Fria e a disputa pela corrida espacial, o mundo, em 1968, parecia um grande teatro onde, bem distante das fronteiras de Saigon, se representavam as dramáticas cenas de muitos outros vietnãs. Por trás do enredo de tantas tragédias, os atores mais jovens, empunhando suas bandeiras de sonhos, disputavam seu inefável território de esperanças contra os velhos generais que defendiam as milenares trincheiras do poder, da ganância e do preconceito. Das barricadas de Paris às agitações de Berlim, de Varsóvia, de Beirute, do Cairo, de Caracas, de Jacarta…; do outono carioca à primavera de Praga; da oratória inflamada de Rudi Dutschke ao lirismo armado de Evtuchenko; da Sexta-Feira Sangrenta ao Massacre de Tlatelolco; da filosofia de Marcuse ao teatro de Brecht; da Marcha sobre o Pentágono, em fins de 67, à Passeata dos Cem Mil, em 68; dos mandamentos da Anti--Cultura aos postulados socialistas; da inconsequência política da geração hippie ao pragmatismo das barricadas estudantis;

das trincheiras abertas na América Latina às guerras contra o colonialismo português na África; do Apartheid às lutas contra a segregação dos negros, chicanos e porto-riquenhos nos EE.UU., por tudo isso e muito mais, o ano de 68 marcou historicamente todos os quadrantes do mundo.

Todos sabem que os protagonistas que brilharam na ribalta daquele imenso drama chamado 1968 foram os estudantes do mundo inteiro. Não me estenderei sobre os acontecimentos que antecederam aquele ano, mas acho importante comentar que a revolta dos estudantes em Paris era apenas parte de um longo processo. Tudo isso começou em Roma, em 1960, continuou na agitada Berkeley de 62, seguiu-se 63, em Pisa e Florença, com as primeiras ocupações da Universidade. Em 64, os estudantes americanos, liderados por Mário Selvo, fazem uma imensa manifestação ultrapassando os limites da famosa Universidade de Berkeley. Em junho de 67, por ocasião da visita do Xá da Pérsia (Irã) a Berlim Ocidental, a morte do estudante Benno Chnesorge incendiou a revolta no país inteiro e em dezembro, em Munique, o estudante Rudi Dutschke pintou, num memorável discurso – que já anunciava a sua grande liderança na Europa – a Guerra do Vietnã com as cores mais sinistras. Contudo, foi somente no ano seguinte que todo este cenário se incendiou pelas barricadas em luta.

Os primeiros atos

Já em janeiro, essa imensa bronca começou na Polônia, quando interditaram a apresentação da peça *Dziady*, do grande poeta romântico polonês Adam Mickiewicz. Na última representação, sob o reiterado grito de "liberdade artística", muitos estudantes foram presos e posteriormente expulsos da Universidade de Varsóvia. Em consequência, na primeira semana de março, os escritores e trabalhadores se reúnem aos cinco mil estudantes no pátio da Universidade para exigir "liberdade de expressão" e entram em choque com a polícia. Nos dias seguintes, a revolta se estende à Gdansk, Cracóvia e outras cidades, onde grandes manifestações marcharam sustentando a bandeira da Polônia e ao som da Internacional Socialista.

Em fevereiro, em frente à Ópera de Berlim Ocidental, cerca de dois mil estudantes protestam com veemência contra a Guerra do Vietnã e dois deles sobem ao alto de um guindaste onde agitam a bandeira vietnamita. Ainda em fevereiro, uma pesquisa na Universidade de Harvard constatava que 69% dos estudantes procuravam por todas as formas escapar do alistamento para o Vietnã. Como se sabe, os estudantes de Harvard, que fecharam o campus da Universidade em 69 pelo comprometimento da instituição com a guerra, estiveram na vanguarda das grandes "marchas da paz" e das marchas contra a segregação racial nos Estados Unidos.

Em março, além das manifestações em Varsóvia, ocorrem também revoltas estudantis em Roma, Londres, Milão e Nanterre. Na Espanha, antigas reivindicações ecoaram entre os estudantes quando a Ditadura de Francisco Franco impôs o policiamento interno nas universidades. A Universidade de Madrid é fechada, mas a panfletagem anti-franquista e as grandes barricadas marcam o enfrentamento brutal entre estudantes e policiais nas cidades de Valência, São Tiago de Compostela, Sevilha e outras. No Brasil, em fins de março, a morte do estudante Edson Luiz e a sua missa de 7º dia, no Rio, acenderiam um rastilho de revoltas que explodiram em grandes batalhas campais de estudantes contra policiais em São Paulo, Brasília, Porto Alegre, Belo Horizonte, Fortaleza, quando destruíram o Centro Cultural Brasil-Estados Unidos (Os fatos mais relevantes dessas manifestações no Rio de Janeiro foram descritos nos dois primeiros artigos dessa série: a Sexta-Feira Sangrenta e a Passeata dos Cem Mil).

Em abril, o grande fato político que abalou todo o movimento estudantil europeu foi o atentado, no dia 11 daquele mês, contra o jovem orador Rudi Dutschke, líder da União Socialista dos Universitários da Alemanha (SDS). Planejado pela polícia secreta da Alemanha Ocidental e pelo magnata da imprensa Axel Caser Springer, o atentado provocou violentas manifestações estudantis em todo o país, impedindo a circulação dos jornais do "grupo Springer". O fato motivou manifestações em Roma, Paris, Londres, Florença e Rudi morreu onze anos depois, em consequência dos ferimentos recebidos. Naquele mês de abril estavam também em pé de guerra os estudantes de Caracas, Bagdá e Beirute.

Os grandes atores

Em maio os atos mais dramáticos da revolta estudantil ocorreram no mais belo palco da cultura do planeta e quem sabe por isso, e também pelo charme parisiense, teve um destaque tão grande. Em poucos dias as manifestações paralisaram a França. Os operários se uniram ao movimento estudantil entrando em greve e ocupando as fábricas. Os estudantes de Nanterre se tornaram os donos do Quartier Latin. Interrogado sobre os destinos das manifestações pelo filósofo Jean-Paul Sartre, o líder da revolta, Daniel Cohn-Bendit responde:

O movimento tomou uma extensão que nós não podíamos prever no início. O objetivo é, agora, a derrubada do regime. Se conseguimos isso ou não, independe de nós. Se fosse também esse o objetivo do Partido Comunista, da CGT e de outras centrais sindicais, não haveria problema: o regime cairia em quinze dias, porque ele não tem nada para enfrentar uma prova de força contra todas as forças trabalhadoras.

Cohn-Bendit, aos 23 anos, celebrizado como líder do Movimento 22 de Março, cursava o 2º ano de Sociologia na Faculdade de Letras em Nanterre. Entre outros líderes como Jacques Sauvageot, com 25 anos e dirigente da União Nacional dos Estudantes Franceses e Jean-Pierre Duteuil, com 22 anos e um dos mais importantes líderes do movimento, Cohn-Bendit era o mais radical. Acreditava que a luta estudantil era apenas o primeiro passo para a contestação de toda a sociedade burguesa. Os estudantes seriam apenas o estopim deflagrador da revolução operária.

A revolta estudantil na França teve um curioso desenvolvimento. Suas reivindicações iniciais eram apenas o questionamento das relações opressivas dos professores para com os alunos e as questões relativas à estrutura, gestão e autonomia das Universidades. Mas em face do apoio popular, dos próprios professores e a violência da repressão policial, em duas semanas a situação mudou rapidamente e o que se pôs em cheque foi a política do General De Gaulle e o próprio sistema capitalista promotor da dependência, da alienação e da exploração da classe operária.

Em junho, o grande destaque da luta estudantil no mundo foi a célebre Passeata dos Cem Mil nas ruas centrais do Rio de Janeiro. Foi, por certo, o maior movimento de massa que a cidade já teve em sua história. Celebrizou-se pela adesão dos mais variados segmentos da sociedade carioca integrando intelectuais, artistas, professores, jornalistas, religiosos, profissionais liberais e o povo representado pelas mais variadas organizações de classe que de braços dados com os estudantes desfilaram em sucessivos cordões pelas grandes avenidas. O grande destaque foi o papel que teve Vladimir Palmeira, presidente da UME, por seus vários e inflamados discursos ao longo de todo o percurso e pela sua condição de maior líder estudantil da época.

Em fins de <u>agosto</u>, a Universidade de Brasília foi invadida e com o pretexto de prender estudantes procurados por subversão houve espancamento de alunos, professores e até de parlamentares que tentaram intervir.

Em <u>setembro</u>, o exército ocupou o *campus* da Universidade Nacional Autônoma do México (UNAM), a maior da América Latina. Os estudantes foram espancados e presos, e o reitor, como protesto, renunciou.

No dia 2 de <u>outubro</u>, os estudantes de esquerda da Universidade de São Paulo entram em conflito com os estudantes de direita da Universidade Mackenzie. Nos violentos confrontos, que se seguiram no dia seguinte, além dos feridos, o estudante Jose Guimarães, de 20 anos, da USP, caiu morto por um tiro na Rua Maria Antônia, no centro de São Paulo. Ainda em outubro, no dia 12, realizou-se em Ibiúna, SP, o trigésimo Congresso da UNE. A polícia faz o cerco da região e prende 920 estudantes. Levados para a prisão, muitos deles, mesmo feridos, são torturados e as mulheres violentadas sexualmente. Os parentes dos estudantes presos são ameaçados e fichados pelo SNI ao entrar com *habeas corpus*. Foram demitidos do serviço públicos muitos pais de estudantes presos e repórteres que presenciaram cenas de violência tiveram seus equipamentos apreendidos e a proibição de publicar suas matérias.

As cenas da tragédia

Contudo, foi ainda naquele mês de outubro, enquanto estudantes da esquerda e da direita se enfrentavam na Rua Maria Antônia que aconteceu o mais trágico e sinistro acontecimento na história dos estudantes em todo o mundo. Em consequência da ocupação da UNAM e da longa repressão policial no governo de Díaz Ordaz, 15 mil estudantes de várias universidades mexicanas saíram numa marcha de protesto no dia 2 de outubro, cruzaram o centro da Cidade do México e no fim da tarde, cerca de 5.000 estudantes e trabalhadores chegaram à Praça das Três Culturas no Bairro Tlatelolco. Os estudantes traziam cravos vermelhos e entoavam canções de liberdade. Ao anoitecer, forças militares e policiais cercaram a praça com carros blindados e tanques, posicionaram-se e começaram a abrir fogo contra a multidão, onde se encontravam não só estudantes mas também mulheres, crianças e transeuntes que atravessavam o local. Apesar de vários corpos caídos ao longo da praça, o som de fuzis e metralhadoras continuou ante a população tentando fugir, mas encontrando todas as saídas da praça bloqueadas. Os policiais invadiam apartamentos do grande bloco de edifícios populares que rodeava a praça em busca de estudantes. Testemunhas oculares dos fatos relataram que os cadáveres eram tantos que foram recolhidos em caminhões de lixo. Nunca se chegou a um número exato de mortos. Algumas fontes chegaram a calcular em 1.000 mortos, mas há um consenso entre 200 e 300 vítimas. Muitos estudantes foram presos e jamais apareceram (vivos ou mortos). O massacre ocorreu sob o governo do presidente Gustavo Díaz Ordaz Bolaños. O escritor Octavio Paz deixa, naquele ano, o serviço diplomático em protesto contra o massacre. O autor destas linhas passou o primeiro semestre de 1971 no México, morou na praça do massacre e teve contato com pessoas que presenciaram os fatos mas infelizmente o espaço limitado deste artigo não permite que se relate considerações particularizadas sobre aquela tragédia. Em 1971, o presidente do país era Luis Echeverría Alvarez, que fora Ministro do Interior de Díaz Ordaz, e que transmitiu a ordem para reprimir a manifestação. Durante seu governo se lançou uma forte cortina de silêncio sobre o assunto. Somente em outubro de 1997 foi criada uma comissão parlamentar para investigar o ocorrido.

Echeverría reconheceu que os estudantes não portavam armas e deu a entender que tudo havia sido militarmente planejado para destruir o movimento estudantil, o qual ameaçava fazer protestos durante os Jogos Olímpicos do México que se realizaram naquele ano de 12 a 27 de outubro. Em junho de 2006, Echeverría foi acusado de genocídio e colocado, *sob judice*, em prisão familiar. No mês seguinte foi inocentado da acusação com base numa legislaçao mexicana de exceção. Sobre o massacre muito se tem escrito. A escritora mexicana Elena Poniatowska publicou em 75 *La noche de Tlatelolco*, e o premiado cineasta mexicano Jorge Fons Pérez, em seu filme *Rojo Amanecer,* conta, através de uma família mexicana, moradora num apartamento da praça, todo o enredo dos fatos com base nos depoimentos de vítimas e testemunhas.

Sobre o ano de 1968 há muitas outras barricadas além daquelas levantadas pelos estudantes em todo o mundo, mas o espaço que disponho não permite outra linha de comentários. Quero apenas registrar que em fins de janeiro a guerra do Vietnã foi marcada pela grande ofensiva norte-vietnamita contra os americanos e contra 36 cidades do Vietnã do Sul. Naquele início de ano a Checoslováquia tem a sua bela primavera socialista de reformas e liberdade mas em agosto começa a sua estação de horror com tanques e paraquedistas invadindo Praga na calada da noite e, posteriormente, a cidade ocupada por 600.000 soldados, 7.500 tanques e 11.000 canhões. Em abril, assassinam Luther King e infelizmente a sua bandeira de luta ainda tem muitas barricadas pela frente.

A crítica do espetáculo

1968-2008: São quarenta anos de um processo histórico cada vez mais crítico e acelerado e a mobilidade conjuntural desse processo nos pede uma revisão periódica de valores.

Nesse sentido é indispensável dizer que nem todas as sementes lançadas nas décadas de 50 e 60 geraram bons frutos. Muitos daqueles atalhos trilhados em viagens para o "paraíso" levaram quimicamente ao "inferno". "As portas da percepção" – abertas com o aval da melhor literatura – se fecharam, posteriormente, no embotamento e na morte. Por outro lado, a formosa bandeira da emancipação da mulher – desfraldada com inadiável coragem ante uma cultura machista e de dependência – foi, em algumas de suas trincheiras, hasteada somente em nome da mera sensualidade. O que equivale dizer que por trás das intenções inconfessáveis do erotismo, se lutava para dar cidadania a liberalidades que debocharam das razões do coração e jogaram no lixo o significado ontogênico da vida. Desfilando de mãos dadas, na ampla alameda dessas últimas décadas, a anti-cultura e a pós-modernidade exibiram – e ainda exibem – as aberrações conceituais da arte e uma sofisticada linguagem nas letras. Estes falaciosos paradigmas foram paridos pelo puro intelectualismo, pela irreverência e por uma obsessiva concepção de vanguarda. Chegaram afrontando os valores imperecíveis da estesia plástica e do discurso literário, descartando a expressão figurativa da própria arte e, sobretudo, maculando o encanto e o lirismo da poesia..., levando-a ao descrédito no qual se encontra. No campo ideológico nem todas as sementes caíram em terra fértil e muitos daqueles que, há quarenta anos, hipotecaram a própria vida por um estandarte de luta, não resistiram às seduções insinuantes do poder. Poucos foram os que não negociaram suas convicções e se preservaram inteiramente da lama. E eis porque a época que herdamos traz as pegadas de heróis e de vilões. Um tempo em que os que mantiveram seus sonhos são governados pelos "sábios" de coração vazio. E num mundo comandado pela esperteza e pelo hedonismo, é indispensável folhear os anais do pretérito para que as valores humanos, seus militantes e suas trincheiras não sejam esquecidos.

O ano de 1968 sobreviveu na memória de uma geração como um legítimo calendário de lutas. Aqueles que alistaram seus gestos e emoções, palavras e pensamentos não limitaram a dimensão de sua entrega. Prisão, tortura, desaparecimento, desterro e morte foi o preço incondicional de um sonho. O movimento estudantil, como um todo, causou um profundo impacto no mundo inteiro e notadamente na política francesa e norte-americana. O que caracteriza o ano de 68 é a sintonia. O misterioso fenômeno de uma revolta partilhada simultaneamente pelos estudantes de todos os quadrantes da Terra. No leste europeu contra o regime soviético e em todo o ocidente contra o capitalismo e seus prepostos militarizados, e contra um inimigo comum identificado pela unanimidade no repúdio a Guerra do Vietnã. Quarenta anos depois nos perguntamos: o que ficou de toda aquela paixão pela justiça e pela liberdade? Ficou a mágica paisagem de um inconquistável território, de uma bandeira de luta que contagiou o mundo, mas restou, também, um desnorteado individualismo, um espírito de competição fechando os caminhos da solidariedade humana.

O resgate da história

O individualismo contaminou nossa consciência da realidade. A noção de tempo está adoecendo. O mundo está presentificado, agorificado pela cultura da aparência e por um sofisticado e decadente consumismo. É contra esses vírus que temos de nos vacinar. Essa patologia está se tornando endêmica e ela é vital para a sobrevivência dos interesses manipuladores e perigosamente alienantes da globalização. Nossos problemas de hoje não podem ser resolvidos somente no hoje, somente pelas suas implicações imediatas, sem pensar nas suas causas e efeitos. Não somos saudosistas e nem somos descartáveis. Somos antes, durante e depois e por isso não podemos perder nosso sentido de historicidade e de transcendência. Nossa noção de tempo não deve ter um significado meramente cronológico – de um tempo que passa e se esvai – mas uma consciência de duração. O tempo atemporal. O tempo que permanece. O tempo bergsoniano. Os nossos jovens de hoje já não têm mais sonhos, nem caminhos para o amanhã e eis porque se cansam e se irritam tão facilmente com tudo. Estão aprisionados pelo presente, pelas algemas da transitoriedade e pela agenda do entretenimento. E eis porque a vida de muitos se transforma numa aventura sem destino, numa estrada para o desencanto, na busca da liberdade por caminhos equivocados e impossíveis. Esse é, para eles, um momento difícil. Não só para eles, para todos os homens. Todos estamos vencidos. Vencidos pela insegurança. Vencidos pela corrupção. Vencidos pela impunidade. Essa é a hora da transição e do impasse e é urgente recolocar nas mãos da juventude, uma bandeira. Em alguma parte da pátria, em alguma parte do mundo, alguém deve estar abrindo novos sulcos e, por certo, já existem sementes germinando, mas a mídia não nos traz essas notícias. Cabe a cada um arar sua própria alma. A psicanálise do nosso tempo deve ser feita sobre o divã da filosofia das ciências humanas e, particularmente, pela História que, como já dizia Cícero, "é a mãe de todas as ciências". Em todo o continente abrem-se as Caixas de Pandora e temos hoje muitos documentos e bons historiadores que leem, denunciam e nos ensinam a compreender criticamente o passado, não permitindo que ele seja amordaçado mas sim interpretado dialeticamente como uma nova tese. Nesta ótica dos fatos deve-se salientar que apesar de todos os avanços que ultimamente se tem feito na integração geopolítica latino-americana, apesar da confortável presença de governos populistas na América do Sul e apesar dos governos do Uruguai, Argentina e Chile já terem abertos os escabrosos dossiês de suas ditaduras, é lamentável dizer que o Brasil é o único país da região que, inexplicavelmente, ainda não abriu os arquivos do regime militar. São chegados os tempos de reler a história, de rever nossas ações e omissões e dos pecadores buscarem o confessionário. Quanto aos sobreviventes, devem assumir com humildade essa trégua ou, se preferirem, essa retirada estratégica. As velhas ideologias agonizam em todo o mundo. Estamos no limiar da orfandade e, nessa transição, sequer esperamos por um Messias político. Alguém que nos acene com a redenção social, intelectual e moral da humanidade. Numa época em que nossos arquétipos antropogênicos parecem falar mais alto, é imprescindível redigir um novo código de ética que mostre, implicitamente, a todos nós o próprio significado darwiniano da evolução humana e nos ensine a praticar as imperecíveis verdades do Sermão da Montanha, como queria Gandhi.

Somos os sobreviventes da geração de 68, os herdeiros da saudade e da esperança e não sabemos como encontrar a porta de saída desse imenso shopping de ilusões em que se transformou o mundo. Sobrevivemos num tempo de perplexidades, pressentimentos e indagações. Diante desse angustiante impasse, perguntamos: como será o amanhã se já não temos hoje uma utopia? E eis porque é necessário participar com consciência desse torvelinho inquietante que é o tempo em que nos toca viver. É necessário lembrar aos nossos filhos as barricadas levantadas no passado. É também importante dizer a todos que é necessário perseverarem ainda…, porque num mundo sem utopia é imprescindível não esquecer os que sonharam.

Poesia e oralidade[2]

A Poesia, ao longo do tempo, foi perdendo a nítida feição com que nasceu: a oralidade. Conta-se que há 2.500 anos, o poeta grego Simónides de Ceos – célebre pelo hino que compôs aos heróis das Termópilas e que treinou sua memória para correr a Grécia declamando os poemas de Homero, de Safo e de poetas que o antecederam – encontrou um dia seu discípulo e conterrâneo Baquílides, escrevendo suas odes sobre uma placa de cera e o acusou de trair a poesia cuja magia e encanto, dizia, estava em sua expressão declamatória e não na palavra escrita. "A Poesia, afirmava ele, é uma pintura que fala". A poesia oral consta dos mais antigos registros literários da Grécia micênica e embora, no terceiro mundo, ainda se encontrem hoje culturas ágrafas, cuja expressão poética se manifesta apenas pela oralidade, é necessário lembrar que a literatura nasce da *littera* (letra), como pressuposto da escrita e da leitura. Assim, um fenômeno não pode excluir o outro e é tão importante valorizar a tradição oral da poesia, quanto reconhecer que sem a escrita, parte de todo o seu acervo histórico se perderia com o tempo. Nesse sentido tanto a poesia escrita, como a vocalizada ou dramatizada são expressões por onde permeia a mágica dimensão poética. Nas antigas culturas de tradição oral os poetas eram tidos como os receptores e transmissores do Conhecimento e reverenciados como os guardiões da Sabedoria e por isso considerados tão importantes

---

2   Texto originalmente publicado em novembro de 2008, no número 35 da *Revista Hispanista*, em português e na versão castelhana com tradução e notas de Cleto de Assis, assim como publicado em dezembro de 2008 no blog *Palavrastodaspalavras* e em dezembro de 2010 no blog *Livres Pensantes* (Portugal).

como os reis, sendo que os reis podiam ser mortos, mas matar um poeta era considerado um sacrilégio. O premiado poeta nicaraguense Ernesto Cardenal, em seu notável *Prólogo a la antología de la poesía primitiva*, afirma que:

El verso es el primer linguaje de la humanidad. Siempre ha aparecido primero el verso, y después la prosa; y ésta es una espécie de currupción del verso. En la antigua Grécia todo estaba escrito en verso, aun las leyes: y en muchos pueblos primitivos no existe más que el verso. El verso parece que es la forma más natural del lenguaje.

O que se pretende hoje, quando a própria literatura tem que competir com outras formas poderosas de expressão, e a televisão chegou para ocupar um vastíssimo território da leitura, é tentar recuperar um pouco da oralidade da poesia que, desde Mallarmé, vem abrindo caminhos para o "espaço" e a "visualidade". Disse em Curitiba o poeta Affonso Romano de Sant'anna, no segundo Paiol Literário de 2006:

Um dos problemas da poesia moderna é que ela não soube recuperar essa coisa tão primitiva – e tão moderna – que é a oralidade da poesia modernista. De alguma maneira, ela se desviou; em certo momento virou algo prosaico e se afastou da declamação. [...] Um dos problemas da poesia de vanguarda no Brasil, no rastro da década de 50, é achar que poesia era visualidade, e só. Pode ser, também, mas isso é uma redução, um empobrecimento. Há vários tipos de enfoques, de dicções, e a oralidade é fundamental.

Quando se pensa no grande esforço que faziam Castro Alves, declamando seus poemas em praças ou grandes auditórios e Maiakowski, ante as multidões nas fábricas, assembleias ou teatros russos, imagina-se o que fariam eles com um microfone na mão. Hoje com a sonoridade eletrônica tudo isso foi facilitado mas, na ausência de uma cultura poética vocalizada, esses recursos têm beneficiado sobretudo a música e os cantores, e muito pouco a poesia e os poetas. É indispensável também salientar que a "postura oral" da poesia, mesmo ampliada pelos recursos eletrônicos, vai muito além da simples leitura ou da mera declamação de versos, para ensaiar-se num contexto em que a "palavra" e o "gesto" devem transcender para o encantamento, para o seu significado potencial de beleza, como um ato emocional de busca e de encontro do poeta consigo mesmo, porque é nesse exato momento que o poema realmente está "vivo". Nesse contexto cabe aqui registrar a importância que Paulo Autran deu à oralidade poética, não obviamente pelo seu ofício de ator, mas pela sua imensa paixão pela poesia. Nos últimos anos de sua vida, no programa *Quadrante*, declamava diariamente (pela rede Band News) poemas de Drummond, Bandeira, Quintana, Pessoa, Casimiro, Varela e tantos outros. Iniciativas como essa e similares são partes de uma ofensiva para reconquistar um território onde a poesia, por um lado, foi perdendo seu *status* cultural, abalado, ao longo de várias décadas, pelos exageros intelectualistas de tantas vanguardas, e por outro, ao ter seus segmentos gradativamente eliminados pela indústria editorial, num "mercado" onde as tiragens são cada vez menores e a custos insuportáveis para os autores. Na ponta desse "balcão" estão ainda as grandes livrarias que, além de não correr riscos com o sistema de consignação, não dão visibilidade aos títulos de poesia.

Diante dos atos e dos fatos, a partir da década de 90, a reação surgiu com os ciclos de leitura, oficinas de poesia, encontros poéticos semanais ou mensais e os festivais nacionais e internacionais de poesia. Isso sem desconsiderar outras formas metapoéticas contemporâneas com amplos recursos áudio-visuais digitalizados com que a ciência eletrônica vai aculturando as novas gerações. Esta ânsia de dar voz para a poesia não é, por certo, apenas um grito contra a indiferença editorial, mas também um oportuno pretexto para um saudoso reencontro da poesia com seus legítimos e milenares arquétipos. Um reencontro com o encantamento do verso pronunciado e também a reconquista de sua fraterna beleza num mundo onde a competição vai fechando os caminhos da solidariedade humana e as expressões superiores do espírito.

Nesse sentido o Festival Internacional de Poesia de Medellín, na Colômbia, organizado pela revista *Prometeo,* a partir de 1990, é o maior evento mundial do gênero. Em 2001, lá estavam inscritos 107 poetas, vindos de 70 países, que, durante 10 dias encantaram cerca de 150 mil amantes da poesia. Como se sabe, o Festival de Medellín foi agraciado em 2006 com o Prêmio Nobel Alternativo oferecido pelo Parlamento da Suécia. Esse reconhecimento é um indiscutível aval ao significado internacional da poesia e à importância que a palavra pode ter num mundo marcado pela violência e pelo desamor. Acredito, porém, que um dos primeiros fóruns latino-americanos pela oralidade poética se instalou na Casa del Lago, em 1959, no México, pela iniciativa do escritor Juan José Arreola. Sob a denominação de PoesíaEnVozAlta, onde a leitura literária contracenava com textos de teatro, este experimento intelectual – no qual pontificaram escritores como Carlos Fuentes, Octavio Paz, entre outros – continua sua trajetória na atualidade com o nome de PoesíaEnVozAlta.05, integrando poetas mexicanos de diversas tradições orais e poetas estadunidenses vinculados ao movimento Spoken Word. Um destaque aqui para os Jograis de São Paulo que já a partir de 1955, num gesto inovador e perseverante, dão início à declamação da poesia de língua portuguesa, apresentando-se em todo o Brasil, bem como em Portugal, Angola e no México, somando, no período de cinquenta anos, mais de mil e duzentos recitais pela viva--voz da poesia.

Depois do Festival de Medellín, os encontros poéticos começam a surgir, destacando-se o Festival Internacional de Poesia de Granada, na Nicarágua, onde no ano passado se reuniram cerca de 150 poetas vindos de 40 países. Destacam-se também O Festival Internacional de Poesia de Havana; de Rosário, na Argentina: de Zagreb, na Croácia, e o de Berlim, considerado o maior festival de poesia da Europa. Aqui, no Brasil, desde o Salão Nacional de Poesia de Montes Claros iniciado há vinte anos, os festivais começam também a se multiplicar.

Tudo isso indica que existe uma imensa e qualificada atividade poética no Brasil, na América Latina e no mundo, contrastando com a insensibilidade dos grandes trustes editoriais, que alegam ausência de público para a poesia. O que há, sim, nessa "aldeia global" de que nos fala McLuhan, é um cadinho de transformações culturais aceleradamente angustiantes. Por um lado uma imensa produção editorial publicada com critérios exclusivamente mercadológicos onde pontificam autores de ficção consagrados pelo mau gosto dos leitores, abundantes títulos de autoajuda movimentando o varejo das livrarias, além de uma galeria de publicações periódicas focadas em atualidades, entretenimento e veleidades sociais com que certas editoras, convenientemente, "alimentam" uma ampla subcultura. Por outro lado as novas gerações, manipuladas pelas grandes gravadoras, o rádio, a televisão e tecnologias auditivas, já chegam marcando seu território com uma certa cultura musical de mercado. São nestes disputados balcões que a poesia é naturalmente descartada. Nesse jogo cultural globalizado, onde seus marqueteiros impõem o modismo e a aparência, surgem os mais irreverentes e alienantes paradigmas de consumo, maculando o significado da estesia literária como um todo e da poesia em particular. Solitária, contagiada pelo vírus do hermetismo, fragilizada pela dispersão e o isolamento de sua própria confraria e, assim, sem norte cultural, a poesia, contudo, segue fiel à sua própria beleza nessa estranha sociedade de espetáculo. Avança confiante em cada verso que nasce, em cada poema declamado, em cada livro publicado, em cada poeta que ainda sonha, em cada apoio da cultura oficial, buscando punhos para segurar sua inefável bandeira, para semear o seu renascimento num tempo ainda por vir.

O que se propõe é seguir os passos dessa vanguarda solitária de poetas que cruzam continentes e seus próprios países para se reunirem em nome da beleza da poesia. Nesse sentido, aqui no Brasil, pela sua importância demográfica, existem, relativamente, poucas iniciativas. Desde 1986 acontece anualmente o Salão Nacional de Poesia Psiu Poético, organizado pelo poeta Aroldo Pereira, em Montes Claros, Minas Gerais. O Festival Nacional de Poesia de Goyaz e de Osasco. Na cidade de São Paulo mensalmente acontece na Casa das Rosas a Quinta Poética organizada pelo poeta e editor Raimundo Gadelha e anualmente o Encontro de Poesia Faladescrita, organizado pela FAAP e coordenado pelo poeta Omar Khouri. Em setembro deste ano realizou-se a I Bienal Internacional de Poesia, um super evento cultural de poesia organizado pela Biblioteca Nacional de Brasília. Seria motivador enumerar alguns outros eventos poéticos semelhantes que começam a surgir pelo Brasil afora, mas seria uma pesquisa exaustiva para ser declinada nos limites deste texto. Já aqui no Paraná, tudo ainda está por fazer. Não existem acontecimentos poéticos com dimensões internacionais, nacionais e nem locais.

Em Curitiba, salvo melhores informações, existem reuniões de leitura de grupos de poetas e trovadores independentes e uma Oficina de Poesia, que acontece semanalmente na Biblioteca Pública do Paraná.

A 1ª Semana da Poesia Paranaense, realizado neste setembro de 2008, no Centro Cultural Alberto Massuda, foi uma tentativa bem sucedida de reunir alguns grupos curitibanos e convocar os poetas do interior do estado. Com 20 poetas inscritos e oito livros lançados, o objetivo do evento foi colocar o poeta em contato com o público e criar um fato cultural que venha a ser incorporado oficialmente na agenda anual da cidade. O entusiasmo com que o público aplaudiu os discursos poéticos e o ambiente fraterno que contagiou os poetas participantes, dizem bem do acerto desse primeiro passo. Fica aqui anotado nosso bem intencionado apelo para que a cultura oficial e acadêmica amplie essa modesta iniciativa – limitada em sua convocação pelas dimensões físicas do ambiente – com eventos semelhantes e maiores. O estado tem seu grande Teatro onde em 1965 realizou-se o mais belo espetáculo de poesia já realizado no Paraná. O município tem um amplo local, privilegiado pela natureza com uma antiga pedreira já com nome de poeta, e a iniciativa privada, há um ano, presenteou Curitiba com um grande teatro universitário.

Nós, os poetas, temos plena consciência de que não podemos mudar o mundo, embora nosso DNA seja feito de sonhos. Por isso somos tão poucos e estamos cada vez mais sozinhos. Quem sabe por sermos os herdeiros solitários de tantas utopias!? A pós-modernidade aniquilou o homem. Tentou matar Deus, tentou matar a Verdade, está tentando matar a Arte e a Poesia. Na década de 70 perguntaram a Pablo Neruda o que aconteceria com a poesia no ano 2000. Ele respondeu que, com certeza, não se celebraria a morte da poesia.

Que em todas as épocas deram por morta a poesia, mas que ela está sempre sendo ressuscitada e que parece ser eterna. O grande poeta e revolucionário argentino Juan Gelman, prêmio Cervantes de 2007, afirma que:

Lo extraordinário es como la poesía, pese a todo, a las catástrofes de todo tipo, humanas, naturales, viene del fondo de los siglos y sigue existiendo. Ese es el gran consuelo para mí. Va a seguir existiendo hasta que el mundo se acabe si es que se acaba alguna vez.

A poesia está inscrita no âmago da alma humana e ela é de todos os tempos. Desde Homero, há 3.000 anos, cantando as peripécias de Ulisses e os combates de Aquiles; desde Camões cantando a saga dos grandes descobrimentos, até Castro Alves cantando a liberdade para os escravos e Drummond de Andrade, dizendo-nos, poeticamente, que há sempre "uma pedra no caminho" de nossas vidas. A palavra, na poesia, foi e será sempre a mais bela forma de resistência contra um mundo desumano, e um profético aceno para um tempo melhor.

Eis porque nós, os poetas, sentimos que só resta nossa própria plenitude, esse misterioso monólogo com a história e o incognoscível, porque habitamos o território do encanto e do amanhecer. Cantamos porque "vivemos dessa partícula de sonho que nos sobrepõe ao real", como disse Ingenieros. Cantamos porque acreditamos na missão imperecível da beleza, apesar de todo esse desamparo e essa perplexidade ante um mundo cada vez mais violento e cruel. Cantamos "porque a canção existe" e essa é a nossa fortuna. Cantamos para dizer nossas verdades e repartirmo-nos em cada verso. Cantamos porque cada palavra, cada poema nosso é uma esperança de busca e de encontro, um mágico roteiro para a liberdade, uma proposta de diálogo com o mundo, um gesto de amor para legitimar a condição humana e também nossa gota de lirismo para salvar a poesia de sua angustiante agonia.

Pierre Seghers: Uma aventura chamada poesia[3]

Si la poésie ne vous aide pas à vivre,
faites autre chose.
Je la tiens pour essentielle à l'homme
autant que les battements de son cour

Pierre Seghers, em *Le temps des merveilles*

Neste verão, em Paris, entre tantos encantos e recantos vistos e revistos, destaco aqui apenas o que mais me interessou como poeta: uma exposição no Museu Montparnasse sobre o grande poeta e editor Pierre Seghers, denominada *Pierre Seghers: Poésie, la vie entière.*

Seghers não foi somente o mais célebre editor de poesia do século XX, mas, sobretudo, um combatente da liberdade. Nascido em Paris em 1906, onde morreu aos 81 anos, Seghers, já em 1938, solidariza-se com a causa libertária da Guerra Civil Espanhola juntando-se a escritores e artistas que, sob a tutela editorial de Paul Éluard, divulgam seus poemas nas edições clandestinas da revista *Commune*. É a época em que ele conhece o editor espanhol Louis Jou, o amigo e mestre que o inspira a fundar sua primeira editora, a Édicion de la Tour, em Villeneuve-lès-Avignon.

Ainda em 1938 publica *Bonne – Espérance*, seus primeiros poemas reunidos. Com a França invadida pelo exército alemão, ele compreende que guerra e poesia são duas faces da mesma moeda e que um poema pode ser uma forma de resistir

---

3   Este pequeno ensaio, inicialmente publicado pelo *Digestivo Cultural* em agosto de 2011, com o título "Pierre Seghers: Uma exposição", teve muitas outras publicações com o título "Pierre Seghers: Uma aventura chamada poesia".

e de lutar, um grito de liberdade, uma lírica bandeira que resolveu desfraldar naquele primeiro ano da guerra publicando a revista dos Poetas-Soldados, chamada *PC-39* ou *Poètes casqués*, direcionada para a poesia engajada na resistência, apesar da censura imposta pela ocupação alemã. No ano seguinte, trilhando os passos de Louis Aragon e apoiado por Éluard, lança uma nova revista chamada *Poésie 40*, e depois, 41 e 42.

Em 1944, Seghers dá seu nome à editora ao transferi-la para Paris. Em 1945 publica *Le domaine public* e adere ao Partido Comunista. Nesta nova fase ele revoluciona a arte editorial, lançando os primeiros modelos de livros de bolso, e, sonhando tornar a poesia acessível a todos, lança sua grande obra como editor-poeta: a série *Poètes d'aujourd'hui*, cujo primeiro título, dedicado a Paul Éluard, consagra-o como precursor na edição de poetas contemporâneos.

Desta célebre coleção, com 256 títulos de poetas de todo o mundo, 147 obras são mostradas na exposição de Montparnasse. É emocionante para um poeta, e para os amantes da poesia, ver o nome de tantos e tão grandes poetas ali reunidos, lado a lado, "vivos" através da obra que deixaram. A maioria são franceses e são muitos para citá-los nos limites deste texto, mesmo aqueles que inspiraram nossos versos da juventude. Lá estavam também Walt Whitman, Federico García Lorca e Fernando Pessoa que, desde sempre, viveram na aldeia de minh'alma. Encontrei nossos Manuel Bandeira e Vinicius de Moraes, e os hispano-americanos Martí, Neruda, Vallejo, Asturias, Guillén, Rubén Dario, Carrera Andrade, Octavio Paz. Entre tantos espanhóis, estive diante de António Machado, Rafael Alberti, Miguel Hernández, Juan Ramón Jiménez e Luis Cernuda. A coleção segue com poetas consagrados do mundo inteiro.

Entre manuscritos, cartas, fotografias e obras inéditas, havia livros abertos em páginas autografadas para Pierre

Seghers, reconhecendo a grandeza incomparável de sua dedicação à poesia, e expressa em frases comoventes de poetas como Paul Éluard, Pierre Reverdy, Léopold Sédar Senghor e outros.

A poesia e a música, como as mais elevadas expressões da alma humana, foram compeendidas pela grande sensibilidade do poeta Seghers, quando disse que a canção e a poesia são irmãs, e eis porque publica a biografia de grandes cantores como Aznavour, Brassens, Ferré, como também uma coleção inédita chamada Poesia e Música, e obras com partituras de Chopin, Vivaldi, Schubert, Beethoven, Bach etc... Mas não é somente isso. Há densas antologias sobre a poesia chinesa, sobre a arte poética e dramática. Seghers publicou o teatro de Lorca, Ionesco, Pirandelo, Arrabal. A filosofia de Buda, Hegel, Heráclito, Garaudy, Marcuse, Heidegger. O pensamento de sábios como Freud, Oppenheimer, Leonardo da Vinci, Weisenberg, Teilhard de Chardin e Newton. Seghers foi um embaixador da criação lírica do seu tempo e da memória da cultura universal, publicando edições preciosas sobre a arte na música, na literatura, na pintura e na política. Não se esqueceu de contar a vida de cineastas como Antonioni, Buñuel, Godard, Fellini, Kurosawa, Hitchcock, Polanski, e de revolucionários como Mao Tsé-Tung e Che Guevara.

Em 1969, Pierre Serghers cede sua parte na Editora para Robert Laffont e dedica-se exclusivamente a escrever, nascendo daí obras como *La Résistance et ses poètes, 1940--1945, Le Livre d'or de la poésie française* e *Anthologie des poètes maudits du XXe siècle*. E, contudo, apesar da importância de sua obra como poeta e ensaísta, é pela incondicional atenção que deu à poesia, como editor, que, neste verão europeu, sua memória é reverenciada em importantes jornais franceses, relembrada por intelectuais de toda a França e, com justiça, consagrada nesta exposição em Paris. Creio que esta exposição, aberta até sete de outubro, será para muitos, como foi para mim, uma grata e misteriosa descoberta. É como se, pela primeira vez, alguém nos revelasse a real importância da poesia. Seus segredos, sua transcendência, seu luminoso itinerário na história, seu mágico significado no coração dos homens. Foram mais de dois mil poetas publicados em seus cinquenta anos de editor. É como se naquelas salas tudo estivesse impregnado de seu amor pela poesia, porque sua vida foi tão somente uma aventura chamada "poesia". E é dessa palavra que nascem as raízes do combatente, do editor e do escritor. Num país com um Panteão com tantos heróis, uma glória singular: a glória de uma vida inteira dedicada à poesia.

Fogo sob cristal: Um filme de Frederico Füllgraf [4]

Recentemente assisti, pela segunda vez, ao filme *Fogo sobre cristal – Um diário antártico*, do escritor e cineasta paranaense Frederico Füllgraf. O filme retrata as paisagens geladas da Passagem de Drake, nas Ilhas Orcadas do Sul, Shetland do Sul e do Mar de Weddell, no setor leste da Península Antártida.

Essa invejável aventura, filmada em fins de 1998, nasceu de um inesperado convite ao cineasta para embarcar num navio quebra-gelo da marinha argentina numa expedição de entregas de suprimentos e revezamento de técnicos e cientistas em base de estudos na Antártida.

A bordo do navio *Almirante Irizar*, Frederico Füllgraf chega até ao fim do mundo para filmar as fascinantes paisagens brancas e silenciosas do sul do planeta. Rodado sem um roteiro previamente planejado, as cenas resultaram num documentário de uma hora que encanta tanto pela beleza imóvel das paisagens, quanto pelo inquietante movimento das geleiras retalhando seus imensos blocos para formar as inumeráveis frotas de *icebergs* em busca do oceano.

O que pensa o homem naquelas paragens solitárias, isolado por meses ou anos do torvelinho incessante da civilização urbana? Dias imensos, paisagens imensas, enseadas de deslumbrante beleza, comunidades numerosas de pinguins,

---

4   Este texto estreou como crônica, publicado por Cleto de Assis em seu blog *Banco da Poesia*, em março de 2010. Em março do mesmo ano Julio Daio Borges o publica como ensaio em seu *Disgestivo Cultural* e em maio de 2013 o próprio Frederico Füllgraf publica, em seu blog *Fullgrafianas*, o comentário que escrevi sobre seu filme.

com suas elegantes posturas quase humanas nos sugerindo a ideia dos únicos seres com que pudéssemos partilhar, solidariamente, aquela assustadora solidão. É um cenário que induz o espectador, e por certo leva os que por lá se isolam à reflexão, à catarse e ao mistério. Como escrever um poema diante de tanta majestade, se tudo que a visão alcança é uma poesia constantemente reescrita pela própria natureza e indelevelmente impressa em cada traço de uma imensa tela? A reflexão sobre um poder oculto comandando os elementos, ditando as leis que regem as variações climáticas que, a partir dali, invadem o continente, gerando as ventanias violentas, mudanças bruscas de temperatura, as chuvas torrenciais, enchentes e destruição. Que misterioso laboratório da natureza se esconde por trás de paisagens tão poéticas!

As imagens do filme nos transmitem tudo isso e muito mais. É uma viagem além de tudo o que nos propuséssemos imaginar. Um outro mundo, uma outra dimensão da vida, um outro planeta, poderíamos pensar. Apesar dos tantos documentários sobre o assunto, *Fogo sobre cristal* é a expressão visual da criatividade e do espírito aventureiro do autor, uma "crônica da solidão de um cineasta e sua câmera no fim do mundo". Entre tantas cenas marítimas e humanas, surgindo além da proa itinerante e nos pátios e interior das bases, um fato apenas, entre tantos que poderíamos citar: uma sequência comovente de cenas com o navio parado em alto mar, jogando coroas de flores às águas onde fora afundado o contra-torpedeiro General Belgrano, durante a Guerra das Malvinas – conflito em que o Comodoro Micheloud, comandante de Marambio, presente a uma das bases visitadas, lutara como aviador...

A credibilidade de Frederico Füllgraf, como cineasta, vem de uma longa trajetória de realizações cujos rastros foram deixados, em 2006, no interior paranaense e na distante Namíbia, quando dirigiu a filmagem de *Maack, o profeta pé--na-estrada*, relatando as viagens e pesquisas geológicas feitas no Paraná, na década de 40, pelo cientista alemão Reinhard Maack, um precursor do ambientalismo, descobridor do Pico do Paraná e autor de estudos geológicos que ligam a bacia geológica paranaense à bacia de Gondwana, na Namíbia.

Seu primeiro filme, *Queremos que esta terra seja nossa*, rodado em Portugal, em 1975, aborda a Revolução dos Cravos, golpe militar pacífico que derrubou o governo herdeiro da ditadura de Salazar.

Em 1985, pelo seu filme *Dose diária aceitável*, sobre as consequências dos agrotóxicos no Brasil, recebe no RIEENA – Festival Internacional do Filme Ambiental, na França – o prêmio de Melhor Documentário de Conscientização, considerado o primeiro prêmio internacional do cinema paranaense.

No seu invejável currículo acadêmico, Füllgraf, na década de 80, estudou Comunicação Social, Filosofia e Ciências Políticas na Universidade Livre da Alemanha, época em que realizou reportagens e filmagens de documentários para a ARD (rede pública de televisão da Alemanha). Em 1988, a Editora Brasiliense publicou seu livro (já esgotado) *A bomba pacífica – O Brasil e outros cenários da corrida nuclear*.

Frederico Füllgraf é um respeitável intelectual que deverá publicar proximamente *O caminho de Tula*, seu primeiro romance, a ser lançado pela Record. Essa casa editorial deverá entregar nos próximos meses o polêmico romance *Sós, em Berlim*, de Hans Fallada. A obra, com setecentas páginas escritas em 24 dias, no ano de 1946, e publicada no ano seguinte na Alemanha Oriental, foi traduzida do alemão original por Füllgraf e estreia no Brasil depois de publicada na Inglaterra e nos Estados Unidos, onde aparece entre os títulos mais vendidos, no topo do *ranking* do site Amazon. Baseada em documentos da Gestapo descobertos pelo exército russo no fim da Segunda Guerra Mundial, relata a história real de um casal alemão executado em 1942 por distribuir cartões com frases ofensivas a Hitler e ao regime nazista.

Os poetas não morrem[5]

Neste mês de janeiro comemora-se na Nicarágua os 45 anos da morte do poeta e combatente sandinista Leonel Rugama, e no Peru, os 73 anos do nascimento do poeta e guerrilheiro Javier Heraud. Mortos respectivamente aos 20 e 21 anos, Heraud e Rugama são os exemplos mais precoces, na América Latina, de poetas que caíram em combate, dando a vida por um sonho.

Leonel Rugama

Leonel Rugama Rugama nasceu no Vale de Matapalos, departamento de Estelí, em março de 1949, e aos 18 anos entra para a Frente Sandinista de Libertação Nacional, quando a Nicarágua vivia sob o tacão perverso da ditadura de Anastásio Somoza Debayle. Era o ano de 1967, quando os sandinistas declararam guerra aberta a Somoza e sob essa bandeira Leonel Rugama interna-se como combatente nas montanhas do país, onde escreve seus primeiros poemas.

Ingressa depois na Universidade Nacional, passa a dar aulas de matemática e publicar o jornal *El Estudiante*. Publica seus

---

5   Em janeiro de 2015, este ensaio rememorou a vida e a morte de (quatro) poetas latino-americanos que deram sua vida por um sonho, sendo publicado, naquele mês, por *Diálogos do Sul, Fullgrafianas, Revista Hispanista, Livres Pensantes, Palavrastodaspalavras* e em setembro daquele ano por *Opera Mundi*. Os reduzidos textos sobre Javier Heraud e Otto René Castillo estão baseados nos longos ensaios que escrevi sobre ambos, respectivamente com os títulos de Javier Heraud: "A poesia e a vida por um sonho" e "Otto René Castillo: O sonho e o martírio de um poeta", já publicados em vários blogues e em meu último livro *Nos rastros da utopia*. Para a presente obra me foi sugerido acrescentar o texto completo – político e literário – sobre o poeta Mariano Melgar, mártir da Independência Peruana, publicado também no livro citado.

primeiros versos no Diário La Prensa e seu poema "*La Tierra es un satélite de la Luna*" é um dos mais difundidos na poesia latino-americana. O cineasta e escritor nicaraguense Ricardo Zambrana fez um curta-metragem com o nome do famoso poema, onde mostra os últimos momentos de resistência de Rugama e seus companheiros, antes de caírem, em 15 de janeiro de 1970, cercados e metralhados por um batalhão de elite da Guarda Nacional de Somoza.

O grande poeta e sacerdote da Nicarágua Ernesto Cardenal retrata, poeticamente, a imagem de sua inquebrantável bravura e o transe de sua morte em "*Reevaluación de Leonel Rugama*". Honrou seu nome e a cidade de Manágua num poema chamado "*Oráculo sobre Managua*", assim como gravou, declamando os versos de "*La Tierra es un salétite de la Luna*".

Javier Heraud

Javier Heraud Peréz nasceu em Lima, em 19 de janeiro de 1942, e desde a juventude passou a tomar consciência de uma pátria ajoelhada ante os intereses imperialistas, acumpliciados com as burguesias urbanas e as oligarquias agrárias. O avançado ideário político vivenciado na Universidade de San Marcus, o histórico das lutas coloniais marcados pelo heroísmo libertário e o martírio de Túpac Amaru, as massas indígenas sangradas pela usurpação de suas terras, pela servidão desumana do trabalho no campo, o êxodo rural e a marginalização urbana sobrevivendo na miséria e na desesperança foram os ingredientes que determinaram o seu engajamento pelas causas sociais.

Heraud escreve seus primeiros versos aos 15 anos e aos 18 publica o primeiro livro: *El rio*. Nesta mesma época seu segundo livro *El viaje* divide o primeiro prêmio com o poeta Cesar Calvo ao vencerem o concurso El Joven Poeta del Peru.

Em 1961, é nomeado professor de literatura em um importante colégio de Lima e no mesmo ano, a convite do Fórum Mundial da Juventude, viaja à União Soviética, estende seu roteiro por países da Ásia, chega à França onde visita o túmulo do poeta peruano Cesar Vallejo e tem um encontro com o jovem escritor Mario Vargas Llosa.

Depois de passar pela Espanha, volta ao Peru, e no ano seguinte recebe uma bolsa para estudar cinema em Cuba. Na ocasião já se encontravam em Havana os revolucionários peruanos que iriam comandar as quatro frentes guerrilheiras que abririam as grandes trincheiras da guerrilha peruana em 1965, entre eles Luis de la Puente Uceda, Guillermo Lobatón, Gonzalo Fernández Gasco e Hector Béjar. Após percorrer os caminhos da Revolução Cubana pela Sierra Maestra, o grupo de 40 bolsistas, ao qual estava integrado Javier Heraud, o poeta decide preparar-se militarmente para voltar ao Peru como combatente.

No início de 1963, o grupo, sob o comando de Hector Béjar, deixa Havana e através de Praga e Paris chega ao Rio de Janeiro. No dia 19 de janeiro, Heraud comemora seus 21 anos na passagem clandestina por São Paulo rumo ao Peru, para unir-se às forças de Hugo Blanco no vale de La Convención, em Cusco. Foi no decurso dessa longa caminhada, durante cinco meses por cidades, vilarejos e pela selva peruana, que o poeta, inspirado pela fé revolucionária e pelo sonho de redenção social dos indígenas e camponeses, secularmente explorados e humilhados em seu país, transforma em versos suas esperanças e sua entrega incondicional à causa revolucionária:

> *Porque minha pátria é formosa*
> *como uma espada no ar*
> *e tão grande agora e ainda*
> *mais bela*
> *eu canto e a defendo*
> *como minha vida. [...]*

Em 14 de maio, a vanguarda tática à qual pertencia Javier Heraud chega a Porto Maldonado e lá são abordados pela polícia. Nesse enfrentamento a tiros, um sargento cai morto e os guerrilheiros se dispersam em várias direções. No dia seguinte, fugindo em direção ao rio Madre de Dios, Javier Heraud e Alaín Elías tentam escapar numa canoa, mas são alcançados por uma lancha militar que chega atirando. Ambos levantam as mãos, acenam a rendição com uma camisa, mas são abatidos pelas armas de grosso calibre dos militares e fazendeiros.

Depois de sua morte, o Exército de Liberação Nacional do Peru (ELN) em que o poeta militava, passou a chamar-se Guerrilha Javier Heraud e retomou a luta em 1965, comandado por Hector Béjar. Laureado como ensaísta com o Prêmio Literário Casa de Las Américas o atualmente sociólogo, catedrático da Universidad de San Marcus e conferencista internacional, Béjar, referindo-se tempos depois ao poeta, declarou:

[...] Creio que Javier é um caso extraordinário em que a poesia e a revolução se entrelaçam com uma força sem precedentes na nossa história. Javier continuou a escrever até mesmo na guerrilha [...].

Um mês depois da morte, em uma homenagem universitária em Lima, feita à memória do poeta, o grande escritor peruano José Maria Arguedas declarou:

[...] E agora me permitam dizer algumas palavras sobre o puríssimo poeta Javier Heraud, cuja afeição ganhei honestamente.

Tendo em conta a personalidade de Javier Heraud, apenas duas possibilidades lhe foram oferecidas no Peru: a glória literária, ou o martírio. Preferiu a mais árdua, a que não oferece as recompensas à que humanamente aspiram quase todos os homens. É raro que num país como o nosso se apresentem exemplos como este.

Até o dia de hoje, os que têm a responsabilidade do governo e do destino do Peru, não permitiram um único campo de ação sequer para aqueles que anseiam a verdadeira justiça, ou seja, o caminho aberto para a igualdade econômica e social que corresponda à igualdade da natureza humana; esse caminho é o da rebelião, do assédio e o da morte. Javier o escolheu, mas não nos esqueçamos que ele foi forçado a escolher. Talvez tivesse agido de forma diferente em um país sem tanta crueldade para os despossuídos, sem a crueldade que se requer para manter as crianças escravas, "colonos" escravos e "barriadas" onde o cão sem dono e a criança abandonada comem o lixo, juntos [...].

Acho que Javier encontrou a imortalidade verdadeira, aquela que a poesia, por si só, quem sabe não lhe teria dado. Não o esqueçamos [...].

No mês seguinte ao seu assassinato, Pablo Neruda escreveu à família do poeta:

> *Universidade do Chile*
> *Ilha Negra, junho de 1963*
>
> *Li com grande emoção as palavras de Alejandro Romualdo sobre Javier Heraud. Também o valioso exame de Washington Delgado, os protestos de Cesar Calvo, de Reinaldo Naranjo, de Arturo Corcuera, de Gustavo Valcárcel. Também li o comovente relato de Jorge A. Heraud, pai do poeta Javier.*
>
> *Sinto que uma grande ferida foi aberta no coração do Peru e que a poesia e o sangue do jovem caído seguem resplandecentes, inesquecíveis. Morrer aos vinte anos crivado de balas "desnudos e sem armas no meio do rio Madre de Dios, quando estava à deriva sem remos..." o jovem poeta morto ali, esmagado ali naquelas solidões pelas forças das trevas. Nossa América escura, nosso tempo escuro.*

Não tive a ventura de conhecê-lo. Pelo que vocês contam, pelo que choram, pelo que recordam, sua curta vida foi um deslumbrante relâmpago de energia e de alegria. Honra à sua memória luminosa. Guardaremos seu nome bem escrito. Bem gravado no mais alto e no mais profundo para que continue resplandecendo. Todos o verão, todos o amarão no amanhã, na hora da luz.

Pablo Neruda

Vale a pena ampliar essa agenda para lembrarmos aqui de outros poetas que, na América Latina, também tombaram, executados cruelmente pelo arbítrio das ditaduras que mancharam com a mais refinada crueldade as trincheiras das lutas libertárias. Entre eles, vale citar os casos mais torturantes do poeta e guerrilheiro guatemalteco Otto René Castillo e do poeta chileno Ariel Santibañez.

Otto René Castillo

Otto René Castillo nasceu em 1936, em Quetzaltenango, e pela sua precocidade revolucionária, aos 18 anos teve que asilar-se em El Salvador. Posteriormente, segue para a Alemanha como bolsista para estudar Letras em Leipzig. Em 1964, volta à Guatemala, reinicia sua vida política e cultural, publica o livro Tecún Umán e é nomeado diretor do Teatro Municipal da cidade de Guatemala. Sofre novo exílio e é escolhido pelas organizações revolucionárias da Guatemala como representante do país, no Comitê Organizador do Festival Mundial da Juventude a realizar-se na Argélia. Com essa missão, percorre a Alemanha, Áustria, Hungria, Chipre, Argélia e Cuba.

Em 1966, volta clandestinamente ao país e integra-se na luta armada. No ano seguinte, é preso em combate, barbaramente torturado e mutilado na base militar de Zacapa. Ante seu silêncio, seu rosto era cortado com lâmina de barbear, enquanto um capitão do exército da Guatemala recitava com deboche os versos de seu famoso poema *"Vamos patria a caminhar"*. Seus torturadores, perplexos frente sua inalterável resistência, passaram a queimar seu corpo num inenarrável e mortal suplício, entre os dias 19 e 23 de março de 1967.

Seu nome hoje é uma referência histórica na Guatemala, quer pela beleza de sua poesia, quer pela imagem do seu comprometimento político, aureolado com a coroa do martírio. O poeta e ensaísta salvadorenho Roque Dalton descreveu com as seguintes palavras os últimos momentos de seu camarada:

> *Seus próprios verdugos testemunharam sua coerência e sua coragem ante o inimigo, a tortura e a morte: morreu como um inquebrantável lutador revolucionário, sem ceder um milímetro no interrogatório, reafirmando seus princípios embasados no marxismo-leninismo, em seu fervente patriotismo guatemalteco e internacional, em seu convencimento de estar seguindo – por sobre todos os riscos e derrotas temporais – o único caminho verdadeiramente libertário para nossos povos, o caminho da luta armada popular.*

Ariel Santibañez

Ariel Dantón Santibañez Estay nasceu em 15 de novembro de 1948, em Antofagasta. Na adolescência panfletava seus poemas, bem como distribuía, na cidade, um jornal que ele mesmo datilografava. Cursou Pedagogia, em língua castelhana, na Universidade do Chile, em Arica, onde dirigia a *Revista Tebaida* e participava politicamente da vida acadêmica e do ambiente literário que contagiava toda a cultura da cidade, no fim da década de 60.

A partir de 1970, alguns de seus poemas começam a ter destaque internacional, publicados na Argentina pela revista *Cormorán y Delfin*, bem como na revista *Nuevo Mundo*, em Paris. Dois poemas seus, *"Ídolo roto"* e *"Esos viejos"*, aparecem na *Road Apple Review*, editada pela Universidade de Wisconsin, e a revista estudantil *Oclae*, de Havana, também publica seus versos.

No início de 1973, está em Cuba passando por treinamento militar, como militante do MIR (Movimiento de Izquerda Revolucionario). Volta ao Chile antes do golpe sanguinário contra Allende e em novembro daquele ano é detido por três dias e torturado em Antofagasta. Entra na clandestinidade e posteriormente é preso em Santiago. Em 22 de dezembro foi visto entre os prisioneiros da Villa Grimaldi, as sinistras dependências usadas para interrogatório e tortura pelos agentes da ditadura de Pinochet. Não é difícil imaginar o que aconteceu a Ariel Santibañez ante a cultura de terror e assassinatos que se instaurou no Chile. Ariel desapareceu para sempre aos 26 anos e a obstinação com que se levanta atualmente a sua memória de poeta e de mártir se compara ao trabalho de pesquisa com que se constrói, no Peru, a imagem do poeta guerrilheiro Javier Heraud. Em dezembro de 2009, o ex-general Manuel Contreras recebeu a pena de cinco anos de prisão, em segunda condenação, pelo sequestro e desaparecimento do poeta Ariel Santibañez, em 13 de novembro de 1974.

Mariano Melgar: Mártir da Independência e o primeiro peruano na literatura indigenista

Conta-se que Arequipa nasceu sobre as ruínas de uma antiga cidade inca fundada em 1540 pelo próprio conquistador do Peru, Francisco Pizarro. Berço de notáveis nomes da política e da literatura peruana, nela nasceu Mario Vargas Llosa, no ano de 1936. Sua celebridade como escritor, coroada com o Nobel de Literatura, dispensa aqui qualquer comentário. Devo, entretanto, dizer que quando por lá passei, na virada da década de sessenta, o nome de Vargas Llosa, apesar de seus quatro livros já publicados, ainda não era tão comentado como o do poeta e mártir Mariano Melgar, um dos filhos mais queridos da cidade. Falo de um poeta que empenhou a vida pela independência do Peru, como intelectual e como combatente, e com o qual se inicia o Romantismo e o Indigenismo na literatura peruana. Tal como o nosso Castro Alves, também libertário pelo abolicionismo, morre aos vinte e quatro anos.

Mariano Lorenzo Melgar Valdivieso nasceu em Arequipa, em 10 de agosto de 1790 e por sua precocidade foi um verdadeiro prodígio intelectual. Aos três anos já lia e escrevia, aos oito falava latim e aos nove anos dominava o inglês e o francês. Profundamente identificado com o povo na sua expressão indígena, encontrou no singelo lirismo das canções *quechuas* a motivação poética para grande parte de seus versos compostos em forma de *yaravís*, gênero musical de origem incaica, de composição breve e com um caráter elegíaco, amoroso e melancólico. É o que o poeta expressa neste seu poema chamado "Yaraví":

> *¡Ay, amor!, dulce veneno,*
> *ay, tema de mi delirio,*
> *solicitado martirio*
> *y de todos males lleno.*
> *¡Ay, amor! lleno de insultos,*
> *centro de angustias mortales,*
> *donde los bienes son males*
> *y los placeres tumultos.*
>
> *¡Ay, amor! ladrón casero*
> *de la quietud más estable.*

¡Ay, amor, falso y mudable!
¡Ay, que por causa muero!

¡Ay, amor! glorioso infierno
y de infernales injurias,
león de celosas furias,
disfrazado de cordero.

¡Ay, amor!, pero ¿qué digo,
que conociendo quién eres,
abandonando placeres.
soy yo quien a ti te sigo? [6]

José Carlos Mariátegui, em seus *Sete ensaios de interpretação da realidade peruana*, ao analisar a poesia de Melgar ressalta inicialmente o "extremo centralismo" com que Lima dominou a literatura colonial, tida como um "produto urbano", e acrescenta:

[...] Por culpa dessa hegemonia absoluta de Lima, nossa literatura não pode se nutrir da seiva indígena. Lima foi primeiro a capital espanhola. Só foi a capital criolla depois. E sua literatura teve essa marca. O sentimento indígena não careceu totalmente de expressão nesse período de nossa história literária. Quem primeiro o expressou com categoria foi Mariano Melgar [...]. [7]

---

6 Disponível em: <http://www.vivir-poesia.com/yaravi/>. Acesso em: 2 abr. 2011. Tradução do autor: "Ai, o amor!, doce veneno,/ ai, tema do meu delírio,/ meu ansiado martírio/ de todos os males pleno. //Ai, amor! cheio de insultos,/ centro de angústia mortal,/ onde o que é bem vira mal/ e os prazeres, tumultos. // Ai, amor! ladrão do lar/ da quietude mais estável/ Ai, amor, falso e mutável!/ Ai, que morro por te amar! // Ah, o amor! glorioso inferno/ e das infernais injúrias,/ leão de ciumentas fúrias/ disfarçado de cordeiro.// Ah, o amor!, mas o que digo?/ pois é por assim tu seres/ que abandonando os prazeres / sou eu quem a ti te sigo?"

7 MARIÁTEGUI, José Carlos. Sete ensaios de interpretação da realidade peruana. Trad. Felipe José Lindoso. São Paulo: Clacso, 2008, p. 252.

É esclarecedor colocar aqui o exemplo da poesia de Melgar, para avaliar, em dado momento histórico, os dois lados com que a crítica peruana encara a sua própria literatura: uma do ponto de vista colonialista e culturalmente preconceituosa e outra do ponto de vista legitimamente peruano, ou seja, indigenista, explicitados por duas figuras tão emblemáticas na história da intelectualidade peruana, como Mariátegui e o historiador José de la Riva Agüero (1885-1944), com opiniões tão diversas sobre a imagem literária de Melgar:

> *Para Riva Agüero, o poeta dos yaravíes não passa de "um momento curioso da literatura peruana". Retifiquemos esse julgamento, dizendo que é o primeiro peruano dessa literatura.*[8]

Comenta Mariátegui o desdém com que a crítica limenha tratou a poesia popular e indigenista de Melgar, num arraigado preconceito colonial que, um século depois, atingiria ainda, com o punhal da indiferença, o coração poético e indígena de Cesar Vallejo, a ponto de fazê-lo abandonar o Peru para nunca mais voltar. Vallejo é hoje reconhecido como o maior poeta do Peru e, como poeta universal, divide com Pablo Neruda a grandeza da poesia hispano-americana. Mariano Melgar teve sua imagem poética e como prócer da Independência, reconhecida oficialmente pelo governo peruano, somente em junho de 1964. Apenas nos dois casos aqui citados essa é uma justa, necessária e tardia penitência, mas perguntamos se a cultura limenha já limpou a alma desse antigo pecado, porque continua, até os dias de hoje, ditando suas sentenças culturais no exercício de sua explícita hegemonia intelectual, em detrimento dos valores literários das províncias.

---

8 Op. cit., p. 253.

Mariátegui é o que melhor dá a dimensão do poeta de Arequipa, seja como mártir da independência, seja pela potencialidade de sua poesia, caso não houvesse morrido tão cedo. Abordando o lado romântico de Melgar, ressalta o grande despojamento do jovem poeta pela causa da Independência, comparando-o ao cacique cusquenho Mateo Pumacahua, que em 1815 tornou-se um dos líderes da revolta contra os espanhóis, sendo preso e fuzilado pelas tropas coloniais.

Melgar é um romântico. Não apenas em sua arte, mas também em toda sua vida. O romantismo ainda não tinha oficialmente chegado a nossas letras. Em Melgar, portanto, não é, como será mais tarde em outros, um gesto de imitação, é um impulso espontâneo. E esse é o dado de sua sensibilidade artística. Já se disse que se deve a sua morte heroica uma parte de seu renome literário. Mas essa valorização dissimula mal a desdenhosa antipatia que a inspira. A morte criou o herói, frustou o artista. Melgar morreu muito jovem. E mesmo que seja sempre um pouco aventureira qualquer hipótese sobre a trajetória provável de um artista prematuramente surpreendido pela morte, não é demais supor que Melgar, maduro, teria produzido uma parte mais purgada da retórica e do maneirismo clássicos e, por conseguinte, mais nativo, mais puro [...].

Os que se queixam da vulgaridade de seu léxico e de suas imagens partem de um preconceito aristocrático e academicista. O artista que escreve um poema de emoção perdurável na linguagem do povo vale, em todas as literaturas, mil vezes mais que aquele que, em linguagem acadêmica, escreve uma depurada peça de antologia. Por outro lado, como observa Carlos Octavio Bunge em um estudo sobre a literatura argentina, a poesia popular sempre precedeu a poesia artística. Alguns dos yaravíes de Melgar só vivem como fragmentos de poesia popular. Mas, com esse título, adquiriram substância imortal.[9]

---

9 Idem, p. 252-3.

Não é diferente a opinião do crítico italiano Giuseppe Bellini, tido como o mais abalizado estudioso europeu da literatura hispano-americana. Comentando a poesia gauchesca do poeta da independência uruguaia Bartolomé José Hidalgo (1788-1822), Bellini anota que:

> *Junto con Hidalgo cabe recordar a Mariano Melgar (1791-1815), cultivador también de la poesía popular en los "yaravíes" y "palomitas". El poeta peruano, sin duda más culto que Hidalgo, traductor e imitador de Horacio y de Virgilio, manifestó, tal vez por su carácter de mestizo, un profundo apego al elemento popular quechua y a la naturaleza, anticipando un indigenismo que dará resultados consistentes durante el Romanticismo y en el siglo XX.[10]*

Mariano Melgar une-se às tropas do cacique Mateo Pumacahua, que no passado fora aliado dos espanhóis, mas que a partir de 1814 empunhou a bandeira da independência em Cusco. Vencidos na batalha de Umachiri, o poeta é aprisionado e mantido em cativeito até o amanhecer do dia 12 de março de 1815, quando é executado. Ante o pelotão de fuzilamento, Melgar escreveu um bilhete aos oficiais espanhóis, com as seguintes palavras:

> *Cubram seus olhos, já que vocês são os que necessitarão misericórdia porque a América será livre em menos de dez anos!*

---

10   BELLINI, Giuseppe. *Nova historia de la literatura hispano-americana*. Madrid: Editorial Castalia, 1997, p. 209.
"Junto com Hidalgo cabe recordar a Mariano Melgar (1791-1815), cultivador também da poesia popular nos *yaravíes* y *palomitas*. O poeta peruano, sem dúvida mais culto que Hidalgo, tradutor e imitador de Horácio e de Virgílio, manifestou, talvez por seu caráter mestiço, um profundo apego ao elemento popular *quechua* e à natureza, antecipando um indigenismo que dará resultados consistentes durante o Romantismo e no século XX."

E assim aconteceu. Em 9 de dezembro de 1824, um exército de 6.879 patriotas de vários países hispano-americanos, sob o comando do general venezuelano Antonio José Sucre, vence o exército espanhol de 10.000 soldados, selando em Ayacucho a independência do Peru e da América do Sul.

Esta relação estaria incompleta se não nomeássemos também o poeta andaluz Federico García Lorca, que em agosto de 1936, aos 38 anos, cai metralhado em Granada, como uma das primeiras vítimas da Guerra Civil Espanhola e do célebre poeta inglês Lord Byron, que em abril de 1824, morreu em Missolonghi, aos 36 anos, quando lutava pela independência da Grécia.

Os poetas não morrem jamais, seguem vivos no lirismo e na magia dos seus versos, na memória agradecida dos povos e nos registros indeléveis da História.

ENTREVISTAS

Entrevista ao jornalista Jeferson Baldo da *Tribuna Catarinense*[11]

Após 30 anos, o poeta Manoel de Andrade, natural de Rio Negrinho e que cresceu no bairro Vila Operária, em Itajaí, volta a publicar um livro de poemas. O lançamento do livro e a volta ao fazer literário foi marcado nesta última sexta-feira na Livraria Catarinense, no Balneário Camboriú Shopping, em Balneário Camboriú. Hoje morando e trabalhando em Curitiba (PR), seu retorno à literatura se dá com o livro *Cantares*, que fala de ideais compartilhados na década de 60, em plena ditadura militar. Manoel sentiu na pele este período, sendo perseguido e exilado no México. Nesta entrevista, o poeta catarinense fala à *Tribuna* de seus poemas, da experiência na ditadura, o exílio e suas percepções sobre a esquerda e América Latina hoje. Confira a entrevista.

Jeferson Baldo – *Tribuna* – Após 30 anos, você volta a publicar um novo livro. Após tanto tempo sem escrever, como foi o retorno?

Manoel de Andrade – Sim, foram, na verdade, 31 anos de abstinência literária. Meu último poema, da fase latino-americana, foi escrito em 71, no México, e integra meu livro *Poemas para a Liberdade*, com quatro edições em espanhol e ainda inédito do Brasil. É um longo poema chamado "Liberdade"

---

11 Entrevista dada ao jornalista Jeferson Baldo, da *Tribuna Catarinense*, por ocasião do lançamento do livro *Cantares*, em 7 de março de 2008, no balneário Camboriú, e postada no blog *Palavrastodaspalavras*, em 16 daquele mês. Disponível em: <https://palavrastodaspalavras.wordpress.com/2008/03/16/entrevista-com-manoel-de-andrade-no-lancamento-de-cantares-em-camboriu/>.

e conta como o significado da liberdade foi nascendo em minha vida, para depois se tornar uma bandeira de luta. Creio ser significativo dizer, como catarinense desta região, que neste poema, escrito há 37 anos, na distante Cidade do México, eu recordo dos meus primeiros anos em Piçarras e da minha juventude em Itajaí, como aluno do Colégio Salesiano e morador da Vila Operária. O poema, nesta parte, canta assim a liberdade:

> *Primeiro tu foste a inocência*
> *correndo pelas areias ensolaradas no meu mar,*
> *correndo pelo pátio dos recreios*
> *pelo bairro operário onde vivi*
> *e pela praça principal da minha infância.*

Depois desse poema não escrevi mais nada. Voltei ao Brasil e por razões de segurança, passei a viver no anonimato social e literário. Voltei a escrever somente em setembro de 2002, indignado por ver um velho amigo mentirosamente atacado, pela mídia, no processo eleitoral de 2002 no Paraná. Inexplicavelmente a inspiração poética voltou com todo o seu lirismo, no poema "Tributo", que integra este meu último livro. Nele, meus versos falam dos nossos ideais compartilhados na década de 60, e tributam minha gratidão pela sua ajuda, em plena ditadura militar, num dos momentos mais difíceis da minha vida.

JB – O livro fala sobre a manutenção dos ideais ao longo dos anos, os mesmos que você seguia na juventude. Como pratica esses ideais nos tempos de hoje?

MA – Aqueles que realmente se despojam de interesses pessoais para se identificar com uma causa que envolva a felicidade de todos, dificilmente deixarão apagar na alma essa chama sublime. Como disse José Ingenieros, no seu genial ensaio "O homem medíocre": "Vives apenas devido a essa partícula de sonho que te sobrepõe ao real. [...] se a deixares apagar, jamais ela se reacenderá. E se ela morrer em ti, ficarás inerte: fria bazófia humana". É claro que meus ideais de hoje não são os mesmos que vivi, num tempo, num país e num continente marcados por tantas trincheiras de luta, pela militância política, bem como pela repressão, pela tortura e pelo sangue dos caídos. Há, contudo, outras belas bandeiras para se empunhar e a salvação ambiental do planeta é uma delas. Mas é muito difícil, para um poeta, praticar nos dias de hoje seus ideais. Porque a poesia é considerada o "patinho feio" da literatura, e o talento é determinado pelos interesses editoriais do mercado. O poeta, atualmente, é um ser desgarrado, um solitário e apenas tolerado pelo mundo. Somos os sobreviventes de um tempo dominado por uma mídia alienante, marcada por uma cultura hedonista e irreverente. Por isso transitamos na linha de uma fronteira íntima separada, de um lado, pela perplexidade de um tempo marcado por profundos equívocos morais, por indefinições e pressentimentos e, por outro, pela visceral necessidade de acreditar na beleza, na verdade, na justiça e na necessidade imprescindível de sonhar.

JB – Você teve uma experiência bastante marcante pela América Latina depois de ser exilado pela ditadura militar. Como foi isso?

MA – Foi uma experiência muito rica para que eu possa sintetizar em tão poucas palavras. Estou pensando em escrever um livro sobre isso, porque essa foi minha verdadeira universidade. Naqueles anos de peregrinação pelo continente inteiro eu acredito ter cumprido uma das mais belas missões da alma humana: aquela que nos impõe a realização de um sonho, de um ideal, porque meus versos expressavam a plena identificação com um compromisso grandioso. Com um processo revolucionário que, a partir da Revolução Cubana, passou a incendiar ideologicamente a América Latina inteira. Meus *Poemas para a Liberdade* são a mais legítima expressão desse sonho incorruptível e inegociável, porque nasceram em pleno parto continental de um tempo semeado de esperanças, e porque cumpriram sua missão despojada de qualquer interesse pessoal, direitos autorais e veleidades literárias e, sobretudo, por ser o fruto da minha indignação por tudo o que, naqueles anos, estava acontecendo no mundo, na América Latina e no Brasil.

JB – Conte um pouco sobre esta experiência da perseguição no exílio.

MA – Fugi do Brasil em março de 69 por causa da panfletagem do meu poema "Saudação a Che Guevara", escrito em outubro de 68, quando fez um ano do seu assassinato na Bolívia. Do poema foram mimeografadas cerca de 3.000 cópias e distribuídas, em novembro e dezembro, pela estrutura do Partido Comunista, em Curitiba, nos Centros Acadêmico, Sindicatos etc., Acontece que em meados de dezembro foi promulgado o Ato Institucional nº 5 (AI-5) e então começou a perseguição, prisão e desaparecimento das pessoas comprometidas politicamente. Como o poema pregava a luta armada, pessoas de minhas relações foram presas e na volta de minha viagem do Rio de Janeiro, fui colocado a par da situação, me escondi e saí do país em três dias, fugindo para o Paraguai e de lá fui pro Chile. Depois de alguns meses no Chile, fui pra Bolívia para entrar na guerrilha, mas depois de uma semana em La Paz, assassinaram Inti Peredo, sobrevivente da guerrilha do Che e então comandante do Exército de Liberação Nacional (ELN) Tudo isso alterou meus planos e por conselho de amigos bolivianos me foi dito que eu era mais importante como poeta que como guerrilheiro e que deveria contar poeticamente tudo o que estava ocorrendo na América Latina. Foi isso que fiz percorrendo todo o continente.

JB – Vendo a situação em que o Brasil se encontra hoje, você acredita que valeu a pena todo aquele movimento contra a ditadura?

MA – Como já disse um poeta: "Tudo vale a pena quando a alma não é pequena". Infelizmente, apesar de todos os caídos e de todos os sobreviventes daquele "tempo sujo", poucos foram aqueles que, de alguma forma, ousaram preservar seus sonhos. A história recente do país confirma aquela genial frase de Napoleão quando disse que "O político é uma ave rara... para pôr os pés no céu, não se importa de arrastar as asas na lama".

JB – Você acredita que com o aumento dos governos populistas na América Latina, a gente corre o risco de voltar a ter um ditador como presidente?

MA – Não creio que corramos esse risco. Diante de um mundo globalizado não se muda tão facilmente as regras do jogo político. Há interesses comerciais, economicamente muito mais poderosos, que precisam ser preservados. Mas eu não gostaria de pagar para ver. Embora os militares estejam hoje silenciados pelo luto de tantas mães e tantos órfãos e por tantos nomes sem sepulturas e tantas sepulturas sem nome, é imprescindível que se mantenha, seja com militares ou civis, o estado democrático de Direito. Por outro lado é preciso não se iludir com o que está acontecendo na Venezuela, no Equador e na Bolívia. Nós já temos as nossas ilusões e decepções domésticas. Governos populistas não são sinônimos de governos revolucionários. Infelizmente hoje nós não temos uma utopia.

JB – O presidente da Venezuela, Hugo Chavez, é uma ameaça para a América Latina?

MA – Não acredito que Chaves seja uma ameaça para a América Latina. Contudo, há um perigoso jogo de forças nas fronteiras com a Colômbia e ele é um homem imprevisível. Por isso é necessário que o diálogo rompido nestes dias com essa desastrada ação militar do governo colombiano em território do Equador, seja restabelecido com a mediação diplomática. A Colômbia está numa situação muito desconfortável. Já teve, anteriormente, problemas militares com o Equador e desde 2004, com a Venezuela, quando da prisão do chefão das FARC, Rodrigo Granda, em território venezuelano. Agora, com esse gesto extremo de Chavez, colocando dez batalhões do Exército na fronteira e fechando sua embaixada, a situação se deteriorou por completo. Há, portanto, um jogo de coalizões ideológicas naquela região que favorece as atitudes intempestivas de Chavez e desfavorece a Colômbia. Além dos estreitos laços com o Equador, Chavez conta com o apoio da Nicarágua, que mantém uma velha disputa com Bogotá pela soberania das ilhas Providência e San Andrés. Embora sua popularidade interna esteja caindo, Chavez quer buscar seu espaço político na região a qualquer preço. Se é uma real ameaça à paz regional, não sei. Contudo, é indispensável separar as coisas para não se sujar a imagem socialista e não se abusar do mito da revolução. Com relação às FARC é também indispensável separar traficantes de revolucionários. Na verdade, é muito difícil interpretar os sonhos bolivarianos de Chavez. Só Freud "poderia" explicar.

JB – O presidente cubano Fidel Castro renunciou e deixou a seu irmão Raul Castro o governo da ilha. Você acredita que ele conseguirá manter Cuba socialista, como Fidel o fez?

MA – É o que se espera que ele faça. O marxismo foi a maior força ideológica do século XX, mas quando posto em prática se mostrou inexequível. É muito triste reconhecer isso, mas restaram apenas muros derrubados, uma Iugoslávia esfacelada e pouco sobrou na União Soviética. Intacta sobrou apenas a Cuba socialista, que em 1959 pegou o imperialismo de surpresa, fez a reforma agrária e socializou a economia. Cuba foi o farol que iluminou os nossos sonhos e bem quiséramos que essa luz não se apagasse.

JB – Se a ditadura voltasse, a geração de jovens estaria pronta para lutar contra ela, como foi na sua época?

MA – Não é o que se vê na grande parte da juventude de hoje. São raros os que se preocupam com a educação política. Por outro lado, não temos mais referências como tínhamos na década de 60. Uma literatura combativa, um teatro engajado, uma poesia politizada e um cinema comprometido com as grandes causas sociais. Tínhamos a classe operária como uma força revolucionária e uma classe estudantil militante que a partir de maio de 68, na França, varreu o mundo questionando uma educação alienante e colocando o dedo nas grandes feridas do sistema capitalista. Hoje vivemos numa cultura comprometida com a pós-modernidade e os movimentos sociais estão acomodados e comem na mão do governo.

JB – O que você acha que teria acontecido ao Brasil se João Goulart tivesse implementado as reformas e não houvesse ditadura?

MA – Quem sabe tivéssemos feito a reforma agrária e, consequentemente, não tivéssemos, com os trabalhadores do campo, essa dívida social imensa. Quem sabe tivéssemos feito as reformas de base e tivéssemos a escola e a universidade preocupada em formar cidadãos para a vida e não apenas prepará-los para integrá-los num sistema cuja lei é o lucro. Por certo não teríamos esse genocídio cultural e político cujas sementes desabrocham hoje na inércia ideológica, porque as reformas acenavam, sobretudo, com a participação das massas anônimas e destituídas. E muito mais.

Entrevista ao regente Rodrigo Garcia[12]

Rodrigo Garcia – O senhor sabe precisar, por quanto tempo o Vladimir Palmeira ficou preso? As datas de prisão e de soltura (nas duas ocasiões em que foi preso)?

Manoel de Andrade – Não tenho estas informações. Quem sabe você poderia encontrar estes registros entrando em contato com o PT, fundado por ele. Ou conseguir o e-mail dele para uma consulta. Dê uma busca na internet. Mas acho difícil. Essas datas precisas são informações muito pessoais e por isso se diluem num universo imenso de informações de um tempo em que tanto ele como outros importantes personagens da época eram detidos e liberados com alguma frequência até que o AI-5 acabou com o *habeas corpus* e outras "regalias" democráticas da época.

RG – N' A Passeata dos Cem Mil, encontra-se a seguinte descrição:

---

12 Esta entrevista me foi solicitada, em dezembro de 2008, por Rodrigo Garcia, formado em composição e regência pela Universidade Federal da Bahia, como subsídio histórico para seu projeto de mestrado sobre uma trilha sonora orquestral para um documentário filmado pelo cineasta baiano Glauber Rocha, intitulado *1968*, que lhe foi cedido pela Fundação Tempo Glauber como pesquisa para sua dissertação acadêmica.
O filme aborda uma imensa passeata de protesto contra a ditadura, realizada em 1968, no Rio de Janeiro, que Rodrigo me pergunta se é a Passeata dos Cem Mil. Antecipa suas perguntas com uma série de colocações baseadas na leitura de várias fontes, mas sobretudo no ensaio de publiquei, em alguns blogues, em 2008, intitulado: "1968: Uma revisão", integrando 4 partes: "A Sexta-Feira Sangrenta", "A Passeata dos Cem Mil", "Partidão versus foquismo" e "As barricadas que abalaram o mundo", publicado agora em livro nas primeiras páginas desta obra.

"A estratégica aparição daquele estudante de 23 anos provocou uma apoteose de gritos e palmas na imensa multidão que, por volta do meio-dia, ocupava inteiramente a Praça Floriano Peixoto, na Cinelândia.. O presidente da UME, Vladimir Palmeira, disfarçado pelo penteado, barba feita, terno e gravata, subiu as escadarias da Assembléia Legislativa [...]".

Querido Manoel, esse precioso trecho narrado acima, é um relato seu? Ou é um texto montado com base em depoimentos diversos, extraídos de fontes bibliográficas? Pode indicar de que (quais) fonte(s) foi extraído? O senhor integrou alguma das passeatas no Rio de Janeiro durante o ano de 1968? Caso não tenha integrado as passeatas no Rio de Janeiro, as fontes de tantas ricas observações em seus quatro posts teriam, de fato sido retiradas das publicações citadas na resposta para a sua leitora Silvana Telles?

MA – O relato é meu, mas com informações colhidas em várias fontes. Não participei de passeatas, a não ser em Curitiba. Na época, recém-formado em Direito e estudante de História, eu acompanhava atentamente toda a movimentação estudantil e a militância política no Brasil e no mundo. As informações foram compulsadas nos livros que anotei para a Silvana Telles, alguma coisa nos números da *Revista Civilização Brasileira* daquele ano e em algumas pesquisas na internet, principalmente na *Folha* online. Esses quatro artigos me foram sugeridos por amigos, estudantes e pessoas interessadas em conhecer os fatos que envolveram o ano de 1968, no Brasil e no mundo.

RG – Percebi que o senhor citou um trecho do livro de Zuenir Ventura: "Ao contrário do movimento francês, não se lutava no Brasil contra abstrações como a 'sociedade de

opulência' ou a 'unidimensionalidade da sociedade burguesa', mas contra uma ditadura de carne, osso e muita disposição para reagir."

Muitos dos artigos que li descrevem o movimento estudantil no ocidente, mas foi importante pra mim, lendo seus posts, poder constatar que, mesmo dentro dos regimes socialistas na antiga URSS e na China (um pouco depois), o movimento estudantil foi igualmente massacrado!!! Veja que dualidade!!! O movimento estudantil incomodou a diferentes facções que estavam no poder, não importando se eram de direita, centro ou esquerda, correto?

MA – Correto..., sobretudo contra os governos de direita do terceiro mundo e os de centro, da Europa. Quanto aos regimes de esquerda, os casos clássicos são esses mesmos que você citou: Invasão da Tchecoslováquia em Agosto de 1968 (Fato que marcou as nossas vidas. De tantos que lutávamos por um mundo socialista. Uma tragédia na história da lutas sociais. A Rússia jamais poderá se penitenciar dessa imensa covardia), e o Massacre da Praça da Paz Celestial, em junho de 1989 em Pequim, quando intelectuais, estudantes e trabalhadores – também em cerca de cem mil – protestaram contra o Governo e o Partido Comunista da China, pelo alto nível de corrupção, repressão política e também pelas difíceis condições de trabalho, inflação etc...

RG – Observação importante: Observando o vídeo do Glauber notei que é o Hélio Pellegrino que usa uma camisa social branca, de mangas compridas e uma gravata, enquanto, ao seu lado, está o Vladmir nos trajes já descritos.

O psicanalista e escritor Hélio Pellegrino esteve presente fisicamente em algum momento no dia da Passeata dos

Cem Mil, ou sua participação se restringiu ao pedido feito ao Governador Negrão de Lima (no dia 22 de junho de 1968) pela autorização para realizar uma passeata pacífica no centro do Rio?

MA – Eu não estava lá para confirmar a presença desse extraordinário mineiro, mas sei que ele discursou na Passeata dos Cem Mil e que participou da Comissão dos Cem Mil. Com relação a sua gravata e o Vladimir de calça jeans, não creio que se trate da Passeata dos Cem Mil, mas sim do enterro do Edson Luiz. Embora eu não more no Rio, sei que a Praça Floriano Peixoto é popularmente conhecida como "Cinelândia".

RG – Pergunto, pois ele aparece no vídeo ao lado de Vladmir Palmeira, discursando veementemente na escadaria da câmara municipal do Rio de Janeiro. Significaria que ele esteve presente em uma concentração, diante de uma grande massa de pessoas, na Praça Floriano Peixoto. Assim, tento situar a filmagem de Glauber Rocha como referente ao período que vai do dia 22 até o dia 26 de junho de 68 (pode ser perigoso ignorar os meses seguintes, mas pelo número de pessoas que aparece nas filmagens, creio que se trate ou da passeata dos 50 mil, ou a dos 100 mil). Eu desconhecia a Passeata dos Cinquenta Mil, mencionada como resposta a um dos seus posts...

Qual a data em que a Passeata dos Cinquenta Mil ocorreu? Do que se tratou a Passeata dos Cinquenta Mil? O senhor tem alguma informação? Vladimir e Hélio estiveram presentes nela? Obviamente se estiveram, as filmagens podem contemplar esse período...

MA – Não existe com esse nome, no Brasil e muito menos no contexto de 68 no Rio, a "Passeata dos Cinquenta Mil".

A pessoa que fez o comentário está equivocada. Trata-se do sepultamento de Edson Luiz, na sexta-feira, 29 de março de 68, onde havia cerca de 50 mil pessoas. Quanto à presença de Vladimir e Hélio, é quase óbvia. Quanto à certeza, teria que compulsar as fontes citadas. Mas passo este encargo a você.

RG – Existe alguma publicação que contemple todas as passeatas em ordem cronológica, bem como resumos das situações ocorridas no período?

MA – Não tenho conhecimento. Existem muitas ordens cronológicas dos fatos da época, mas não de passeatas.

RG – Existe mais alguma fonte que o senhor conheça (referente à Passeata dos Cem Mil), por meio da qual se tenha incluído alguma informação no seu texto e não tenha sido citada???

MA – Além daquelas fontes, devo ter feito algumas pesquisas na internet. Mas isso é tão circunstancial que foge à memória. Se houvesse algo relevante eu teria citado a fonte no próprio texto. Algumas citações das falas de Vladimir que colhi na *Folha Online*, são de domínio público. Creio que foram feitas muitas gravações por jornalistas e participantes.

RG – O trajeto da passeata dos 100 mil que o senhor descreve foi extraído de que fonte?

MA – Basicamente da *Ditadura Envergonhada*, do Élio Gáspari, de *1968 – O Ano que não acabou*, de Zuenir Ventura, e da *Folha Online*.

RG – Roteiro da Passeata dos Cem Mil, publicado na *Folha de S. Paulo*:

1) Concentração na Cinelândia
2) Seguem caminho pela Avenida Rio Branco
3) Rua do Ouvidor, Rua da Quitanda
4) Igreja de N. S. da Candelária, Rua da Quitanda
5) Rua Uruguaiana, Rua Sete de Setembro
6) Palácio Tiradentes (atual ALERJ?) e fim da manifestação.

O senhor confirma esse percurso publicado pela Folha de S. Paulo?

MA – Creio que esse é o roteiro correto e a Folha deve ter reportado o trajeto por seus correspondentes presentes na data e no local. Como não participei do evento não posso confirmar, cabalmente, esse percurso.

RG – Outro dado importante foi obtido através de uma entrevista com o mestre em letras pela UFBA, poeta, cronista, crítico e ensaísta baiano, Waldomiro Santana: Uma contradição interessante que ocorreu no movimento de 68 deve-se ao fato de que a mesma classe média emergente que apoiou a ascensão da ditadura ao poder, em 64 foi que protestou contra a política universitária do regime militar, tendo como principal exigência o aumento do número de vagas nas universidades do país (a questão dos excedentes, e a longo prazo, o sucateamento das universidades enquanto polos de preservação, fomento, debate e circulação do conhecimento).
Gostaria que o senhor comentasse essa colocação segundo a sua visão...

MA – Creio que a classe média quando apoiou o golpe militar não tinha uma opinião formada sobre o importante momento histórico em que passava o Brasil, nem consciência política das grandes reformas sociais que estavam em marcha com o governo populista de Goulart (leia-se as reformas de base, entre elas a reforma agrária, Francisco Julião e Ligas Camponesas e leia-se também a legislação sobre "remessa de lucros" que afetava diretamente as multinacionais). A classe média somente mostrou sua cara no cenário político sob a liderança dos estudantes, esvaziando totalmente seu apoio ao Regime Militar. Em torno do repúdio à repressão unem-se os mais importantes segmentos da população: estudantes, operários, intelectuais, professores, padres, mães de família (leia-se posteriormente as "mães da Praça de Maio", na Argentina). A classe média, a partir de 64, foi vítima das minorias que apoiaram incondicionalmente a Ditadura, tanto no plano da repressão política como no jogo de poder do imperialismo americano sobre os mais diversos setores da nação.

O movimento estudantil pela sua importância até 68 e pela sua força como movimento de massa, torna-se a vanguarda da oposição contra o Regime e o porta-voz de importantes reivindicações, incorporando, assim, em suas trincheiras, amplas camadas populares. Eram os filhos da classe média que lutavam contra a política educacional da Ditadura. Contra um ensino alienante e despolitizado. Lutava-se por mais verbas para a Universidade, por mais vagas e contra uma estrutura universitária que defendia, com os militares e a burguesia industrial e agrária, um sistema de privilégios sociais arcaicos e insustentáveis. Eles não queriam reformas, queriam uma transformação revolucionária da sociedade.

RG – No texto intitulado "A crítica do espetáculo" referente ao ensaio "As barricadas de abalaram o mundo", achei interessantíssimo o seu comentário e concordo com você quando

aponta "o misterioso fenômeno de uma revolta partilhada simultaneamente pelos estudantes de todos os quadrantes da Terra".

Pra mim, os estudantes criaram esse movimento político por diferentes motivações sociocultural-econômicas, mas o que havia de comum, em todos os quadrantes do globo era um certo modo de contestação estimulado por uma consciência, ainda em formação (os ideais da Contracultura ainda não haviam sido absorvidos pela sociedade, e ainda hoje, muitos naturalmente não o foram), um tanto ingênua, porém dotada de uma força irrefreável: o anseio por mais liberdade através da busca de outros espaços e novos canais de expressão para o indivíduo, diante das convencionalidades do cotidiano. É no período em que somos estudantes que percebemos os ideais de consciência política e organização, bem como a aproximação dos meios de requerimento e acesso ao poder. Os diretórios acadêmicos, além de centros de debate sobre o regimento interno das disciplinas, fomento às atividades culturais e discussão do papel da universidade perante a sociedade (ensino, pesquisa e extensão), também se torna um palco para promoção de ideais, de líderes e de lideranças. Tudo tem dois lados. O período também marca o uso da massa estudantil pelos movimentos políticos, os partidarismos, a necessidade de escolher um lado: política é a arte de guiar ou influenciar o modo de governo pela organização de um partido, pela influência da opinião pública, pela aliciação de eleitores...

[...] Na minha estreita visão, penso que o discurso esquerdista usou de fato a movimentação estudantil como munição para atingir o regime militar. E houve o consentimento (em maior ou menor escala), por parte dos estudantes, de sua ação integrar um esforço conjunto (operários, artistas e outros setores), constituindo um dos flancos de combate ao regime capitalista e à extrema direita. Cada escolha gera uma ação que conduz a uma consequência. Observei que o senhor faz um apontamento sensível, porém bastante sólido sobre toda a problemática pós-68 na seção: "O resgate da história".

Ontem, pesquisando sobre o tópico, encontrei um comentário no YouTube do Olavo de Carvalho onde ele explica o movimento ocorrido em Maio de 68, na França.

Agora que o foco sobre o Maio de 68 passou, uma das poucas vozes dissonantes foi Nicolas Sarkozy, que em discurso recente afirmou:

O Maio de 68 impôs o relativismo moral e intelectual a todos nós. Impôs a ideia de que não existia mais qualquer diferença entre bom e mau, verdade e falsidade, beleza e feiúra. Sua herança introduziu o cinismo na sociedade e na política, ajudando a enfraquecer a moralidade do capitalismo, a preparar o terreno para o inescrupuloso capitalismo das regalias e das proteções para executivos velhacos.

[...] A resposta a essa pergunta é o desconcertante "sim", de Olavo de Carvalho:

O movimento de 1968, que na verdade começou em Harvard, em 1967, marcou a conversão mundial da esquerda aos cânones da "revolução cultural" preconizada por Georg Lukács, Antonio Gramsci e os frankfurtianos. A ambição da militância, daí por diante, já não era tomar o poder, nem muito menos implantar o socialismo. Estas metas eram adiadas para depois de conquistado o objetivo primordial: destruir a civilização do Ocidente, corroer até à extinção completa as bases culturais e morais sobre as quais tinha se erigido o capitalismo. Ora, o que é o mais bem sucedido sistema econômico, quando amputado de seus fundamentos civilizacionais e reduzido à pura mecânica das leis de mercado? É um mundo de riqueza sem alma, um inferno dourado. [...]

O senhor concorda, mesmo que parcialmente com o comentário de Olavo de Carvalho?

MA – Quanto a Sarkozi, o que ele debita ao Maio de 68, eu debito a um movimento muito mais amplo: à Anti-Cultura e à Pós-Modernidade, que na época permeava, culturalmente, a juventude do mundo inteiro. Se os estudantes de Nanterre estavam contagiados por essa febre maléfica, é uma outra história. Muito mais cultural do que política. Sarkozy é um político de centro-direita com muitos preconceitos sociais e com uma política de discriminação que mancham, indelevelmente, sua imagem de estadista. Essa declaração é um inteligente jogo de meias verdades, querendo disfarçar sua visceral condição de um reacionário.

Quanto a Olavo de Carvalho, nunca li seus livros para formar dele uma justa imagem. Conheço-o de uma forma superficial e desinteressada. O que posso te dizer é que não abdiquei das minhas convicções de esquerda por isso não vejo as coisas por essa ótica. Meu DNA de poeta e de ser humano é feito de sonhos e é assim que eu ainda prefiro encarar o problema do socialismo. O preço que pagamos pelo fracasso do socialismo deve-se à ambição daqueles que substituíram a classe trabalhadora pelos partidos e sindicatos. Pela incompetência daqueles que confundiram socialização com estatização dos meios de produção. Por enquanto vamos ficar na saudade dos momentos grandiosos da classe trabalhadora na Comuna de Paris em 1871, na Revolução de Outubro na

Rússia, na Guerra Civil Espanhola, na Revolta Estudantil de 68, no mundo inteiro e no Sindicato Solidariedade, na Polônia de 1978. Vejo o capitalismo em sua postura globalizada, como o "inimigo número um" da humanidade, onde a ganância monetária agride a solidariedade e debocha dos demais valores humanos. Sua insensibilidade fomenta e determina a criação de imensas multidões cada vez mais empobrecidas e daí a miserabilidade que extingue toda a dignidade humana. Sabemos, até pela devastação ambiental, no Brasil e no mundo, que o capitalismo não apoia a vida, mas que a degrada econômica, social e ecologicamente. O físico austríaco Fritjof Capra, que trocou suas pesquisas de alta energia pela divulgação do pensamento ecológico, afirma que:

> No decorrer deste novo século, dois fenômenos específicos terão um efeito decisivo sobre o futuro da humanidade. [...] O primeiro é a ascensão do capitalismo global, composto de redes eletrônicas de fluxos de finanças e de informações; o outro é a criação de comunidades sustentáveis baseadas na alfabetização ecológica de fluxos de energia e matéria. A meta da economia global é a de elevar ao máximo a riqueza e o poder de suas elites; a do projeto ecológico, é a de elevar ao máximo a sustentabilidade da teia da vida.
>
> Atualmente, esses dois movimentos encontram-se em rota de colisão: ao passo que cada um dos elementos de um sistema vivo contribui para a sustentabilidade do todo, o capitalismo global baseia-se no princípio de que ganhar dinheiro deve ter precedência sobre todos os outros valores. [...] O grande desafio que se apresenta ao século XXI é o de promover a mudança do sistema de valores que atualmente determina a economia global e chegar-se a um sistema compatível com as exigências da dignidade humana e da sustentabilidade ecológica.

Bem, meu caro Rodrigo, sei que esse assunto foge um pouco dos problemas de 68, mas você tocou no problema do Socialismo e eu acho que, por enquanto, temos que desfraldar novas bandeiras para combater o capitalismo. Quem sabe o problema ambiental seja agora a nossa melhor trincheira de luta, conforme a "equação" montada por Fritjof Capra.

Entrevista ao editor Julio Daio Borges do *Digestivo Cultural*[13]

Hoje gerente de uma empresa da área médica, o poeta brasileiro Manoel de Andrade se destacou nos anos 70 pelos versos nos quais expressava o sentimento do homem latino--americano no livro *Poemas para a Liberdade*, reeditado recentemente em edição bilíngue no Brasil (pela Escrituras Editora).

Sua forte ligação com a América Latina começou no final dos anos 1960, quando saiu do Brasil devido à perseguição política pela luta estudantil contra a ditadura e, especificamente, por um poema que escreveu em homenagem a Che Guevara.

Na viagem, percorreu 15 países latino-americanos, onde viveu, segundo ele, sua universidade poética, apesar de ter sido preso e expulso de alguns deles. Em cada cidade aproveitava o tempo para estudar, aprender o idioma espanhol e ler grandes escritores.

Os frutos da empreitada resultaram em reconhecimento internacional, com o livro *Poemas para la Libertad* publicado na Bolívia, Colômbia, Equador e Estados Unidos, além de edições panfletárias no Peru, Nicarágua, El Salvador e México.

De volta ao Brasil, em 1972, não exerceu mais sua vocação e só voltou à poesia mais de 30 anos depois, com a publicação do livro *Cantares*, em 2007.

---

13 Esta entrevista, que dei a Julio Daio Borges, jornalista e editor do *Digestivo Cultural*, foi-lhe solicitada pelos diretores do *Opera Mundi*, depois da resenha que publicou sobre o lançamento de meu livro *Poemas para a Liberdade*: "O poeta brasileiro que escreveu para toda a América Latina", publicada em maio 2009 por *Opera Mundi*, e em junho por *Pátria Latina*. A entrevista saiu em agosto de 2009 em *Opera Mundi* com o título: "A América Latina foi minha grande Universidade" e no Portal Vermelho com o título: "A poesia de Manoel de Andrade e seus laços com a América Latina".

Julio Daio Borges – Qual foi o impulso para reeditar *Poemas para a Liberdade* (1970) hoje?

Manoel de Andrade – Primeiramente pela grata recepção que teve meu livro *Cantares*, lançado em 2007. E, depois, pela memória de 1968, relembrando as bandeiras da luta estudantil empunhadas por minha geração. Recordar toda nossa corajosa resistência, como porta-vozes da sociedade contra o regime militar, me fez relembrar também os anos de luta pela América Latina, onde minha trincheira e meu fuzil foram os *Poemas para la Libertad,* finalmente editados no Brasil.

JDB – Você é um dos únicos casos que conheço de poeta brasileiro que escreveu para a América Latina inteira (e obteve êxito) – como aconteceu essa sua ligação tão forte com o idioma de Cervantes?

MA – A ligação antiga foi a leitura dos clássicos espanhóis na juventude e a imediata foi a convivência diária com o idioma castelhano em meu imenso caminhar. Ao longo dos 15 países que percorri, tinha o hábito de reservar as primeiras semanas para ler, nas melhores bibliotecas, sua história política e literária e seus principais poetas e prosadores. Aprendi muito rápido: lendo muito, falando e escrevendo.

JDB – Sua saída do Brasil está relacionada a um poema seu em homenagem a Che Guevara. Quando ele morreu, era tão perigoso assim homenageá-lo no Brasil?

MA – Quando ele morreu, em 8 em outubro de 1967, ainda não existia o AI-5 [Ato Institucional nº 5]. "Saudação A Che Guevara" foi escrito para comemorar o primeiro ano de sua morte. O poema colocava, liricamente, a sua imagem de comandante no centro dos movimentos revolucionários do continente, convocava a luta armada e saudava a sua imortalidade como uma consigna triunfante na conquista de um mundo novo.

Quatro mil cópias foram panfletadas até o início de dezembro, quando a nação já respirava uma atmosfera carregada pelo pressentimento de uma surda e sinistra ameaça por trás dos biombos do poder. No dia 13 de dezembro, a edição do AI-5 sufocou os últimos suspiros da democracia.

Em março, o DOPS [Departamento de Ordem Política e Social] já tinha em mãos cópias do meu poema, e a caça às bruxas já havia começado no país inteiro. Eu estava sendo procurado nos recintos universitários, e os suspeitos de subversão eram presos, mantidos incomunicáveis, e alguns começaram a sumir. Nesse perigoso contexto, eu saí do Brasil.

JDB – Como foi percorrer 15 países por conta da sua obra, que foi, finalmente, editada em livro na Bolívia em 1970? Hoje seria possível algum poeta brasileiro experimentar uma acolhida remotamente parecida?

MA – A América Latina foi minha grande universidade. Com meus versos na garganta, muitos percalços e alegrias pelos caminhos, preso e expulso de alguns países, mas avançando sempre rumo ao norte, meus poemas atravessaram o continente, cruzaram o Rio Bravo e foram cantar a justiça e a liberdade nas próprias entranhas do "monstro" imperialista.

Ecoaram na Califórnia de 40 anos atrás, para dizer da saga revolucionária latino-americana aos nossos irmãos chicanos, cuja latinidade, maculada pelo esbulho da própria pátria mexicana, buscava forças em suas raízes para lutar contra a discriminação, as humilhações e as injustiças após 150 anos de genocídio cultural, com a anexação, em 1848, do Novo México, Arizona, Califórnia, Utah, Nevada e Colorado ao território estadunidense.

Por outro lado, não creio que hoje se possa experimentar uma acolhida tão solidária como aquela fraternidade ideológica que envolveu a América Latina nos anos 70. A Revolução Cubana acendeu uma fogueira que iluminou a tantos e nos sulcos das suas trincheiras muitos nos alinhamos, segurando o mesmo estandarte.

O mundo mudou e hoje eu não cantaria mais a mudança do mundo com as armas na mão. O muro de Berlim se despedaçou sobre nossos sonhos. A Rússia centralizou sua "democracia" e a China negociou o socialismo com o "capitalismo de Estado". É triste dizer que, hoje, não temos mais uma utopia.

JDB – Mas a consagração, aqui, só veio em 1980, graças a Moacyr Félix e Wilson Martins... Como foi esse reconhecimento tardio?

MA – Na verdade, esse foi um reconhecimento solitário e prematuro. Meu primeiro livro publicado no Brasil foi *Cantares*, em 2007. Meu nome começou a surgir no cenário poético paranaense em 1965, quando minha poesia foi premiada num concurso literário, e por minha participação na Noite da Poesia Paranaense no Teatro Guaíra, onde lancei, solitariamente, minhas primeiras farpas contra a ditadura.

O destaque para minha poesia chegou, em fins de 1968, pelas amplas portas que o jornalista Aroldo Murá abriu no *Diário do Paraná* e pela minha longa "Canção para os homens sem face", publicada em dezembro daquele ano na *Revista*

Civilização Brasileira, onde pontificava a elite intelectual de esquerda brasileira e mundial. Mas em março de 1969 deixei o país e me coloquei no olho do imenso furacão ideológico que agitou o continente.

Minha poesia amadureceu nesse embate e frutificou nas edições de meu livro na Bolívia, Colômbia, Equador e Estados Unidos, além de edições panfletárias no Peru, Nicarágua, El Salvador e México. Quadros, cartazes, revistas, jornais, panfletos, recitais, palestras e debates foram os caminhos por onde transitaram os meus versos, partilhando também páginas de antologias com Mario Benedetti, Juan Guelmann e Jaime Sabines, entre outros. Mas tudo isso fora do Brasil.

JDB – Apesar de você já ser uma promessa, nos anos 60, ao lado de Paulo Leminski e Dalton Trevisan, se ressente de não ser considerado, pela crítica especializada, tão importante quanto eles?

MA – E nem poderia sê-lo. Voltei a ocupar esse espaço há dois anos, depois de 40 anos de ausência. Os que se lembram do poeta que fui, têm hoje mais de 50 anos. Eu era uma promessa? Talvez literariamente realmente fosse. Mas esse tipo de importância nunca o foi para mim. Encaro o significado da vida numa dimensão muito maior que a literária. Quanto à crítica especializada de hoje, não crio expectativas em relação ao reconhecimento da minha poesia.

Meu livro *Poemas para a Liberdade* não é apenas mais um livro no mercado editorial, mas um documento histórico e político. Sua verdadeira importância está na expressão literária de um sonho que transcendeu as fronteiras do espaço e do tempo, e a crítica atual, com raras exceções, despreza a ideologia.

Meu respeito pelas palavras, a reverência do meu estilo e a clareza cartesiana com que escrevo meus versos não fazem concessões ao mero intelectualismo e aos paradigmas da pós-modernidade.

A crítica que me gratifica são os comentários sinceros que fazem na internet aos meus poemas. Como me gratifica ver este meu livro citado publicamente por um grande escritor como Domingos Pellegrini, com dois Jabutis nas costas, e que, em mensagem a mim enviada, relembra a mesma bandeira que desfraldamos no passado e confessa que meus *Poemas para a Liberdade* lavaram sua alma.

JDB – E o que andou fazendo de 1980 pra cá?

MA – Voltei em meados de 1972, quando o país passava pela sua mais aguda fase de repressão. Era a época da Guerrilha do Araguaia e quando a Anistia Internacional revela ao mundo o nome de centenas de torturadores e de milhares de torturados no Brasil. Depois de alguns meses, os agentes do DOPS já estavam à minha procura. Transferi minha [carteira da] OAB para Santa Catarina, na esperança de advogar em meu estado. Também lá não foi possível assumir publicamente qualquer trabalho.

Nesse anonimato voltei para Curitiba e fui vender a Enciclopédia Delta Larousse. Era uma forma itinerante de trabalhar pelo interior, sem que os agentes do DOPS me localizassem. Profissionalizei-me rapidamente, cheguei ao topo na hierarquia dos títulos nacionais e tive um grande sucesso financeiro.

Em 1987, já na abertura democrática, ingressei na área gerencial de uma empresa de medicina de grupo onde estou até hoje. Durante todo este período, embora não tenha escrito poesia, fui um leitor insaciável e sempre envolvido com o voluntariado.

JDB – Foi difícil retomar o caminho da poesia em *Cantares* (2007)?

MA – O caminho pelo qual retornei à poesia deu-se de forma intrigante em termos de inspiração poética: em setembro de 2002, durante a campanha eleitoral para governador no Paraná, meu velho amigo Roberto Requião foi covardemente atacado, na mídia, com uma série de infâmias e inverdades pelos seus inimigos políticos.

Indignado com tanta mentira, comecei a rabiscar um poema relembrando sua coragem, depois do golpe de 1964, quando partilhamos sua afiada oratória e minha poesia nos protestos estudantis contra a ditadura. Relembrei, sobretudo, seu gesto solidário quando, em março de 1969, ajudou-me a sair do país, num dos momentos mais difíceis da minha vida. Este poema chama-se "Tributo" e consta do livro *Cantares*, e foi com esse poema que voltei a escrever poesia depois de 30 anos.

JDB – E aquele sonho, dos anos 60, acabou mesmo – como disse John Lennon?

MA – O sonho tem a dimensão que lhe queremos dar, e sempre acreditei que o DNA dos poetas é feito de sonhos. Embora aquele sonho dos anos 60 tenha acabado, nos restou a indignação por termos que arriar tantas bandeiras. E essa indignação, que caracteriza toda a humanidade contemporânea, é a nova tese no misterioso processo dialético da própria vida que se renova, sobrepondo-se a todos os reveses. Em algum lugar sempre haverá alguém sonhando, ou nascendo para sonhar com um mundo novo, assim como Colombo um dia sonhou com o Novo Mundo.

Entrevista à jornalista Cássia Candra do *A Tarde* (Salvador)[14]

Autor de uma obra engajada nos ideais revolucionários que incendiaram a América Latina a partir da Revolução Cubana, Manoel de Andrade se tornou alvo do Dops (Departamento de Ordem Política e Social) e teve de deixar o Brasil em 1969. Seu acervo poético dos anos que se seguiram, ainda inédito no País, vem a público 40 anos depois, com a publicação de *Poemas para a Liberdade* (Escrituras).

A poesia política, carregada de emoção, remete a uma saga literária original, que cruzou as fronteiras latino-americanas com jovens mochileiros. Editado em espanhol, na Bolívia, seu livro *Poemas para la Libertad* cruzou o Peru e chegou ao Equador, levado por contrabandistas equatorianos, e daí à Colômbia, chegando à Califórnia, EUA, em 1971. Seus poemas são algumas das pérolas da literatura brasileira condenadas ao ostracismo pelo AI-5.

Para o poeta, "Não houve na história um ano com tantas barricadas como em 1968".

Cássia Candra – *A Tarde* – O senhor viveu os anos dourados de sua trajetória revolucionária fora do Brasil. É lamentável que tenha sido assim?

Manoel de Andrade – Pelo saldo sangrento que a Ditadura deixou na nossa história, minha saída foi o passaporte para a

---

14 Entrevista dada à jornalista Cássia Candra e publicada em 04 de setembro de 2009, no *Jornal A Tarde*, da Bahia, com o título: Manoel de Andrade e Ferreira Gullar, poetas da resistência. A parte da entrevista com o autor, foi republicada no mesmo mês pelo blog *Palavrastodaspalavras* e pela *Revista Hispanista*.

minha sobrevivência. Caso contrário, quem sabe não estivesse a responder esta entrevista, já que quando deixei o Brasil estava sendo procurado pelos agentes do DOPS (Departamento de Ordem Política e Social).

Por outro lado, o importante era estar engajado na luta revolucionária, não importa em que país sua trincheira fosse aberta. O que tenho a lamentar foi o vazio em que caiu minha poesia naquela longa ausência e, posteriormente, pelo meu próprio desinteresse, ante as dificuldades de expressão ideológica nos anos que antecederam a abertura democrática. Em 1968 meus versos começavam a ter notoriedade nacional, sobretudo pela sua publicação pela *Revista Civilização Brasileira* e o amplo destaque que vinha tendo na imprensa do Paraná. A partir da minha saída, em março de 1969, meus versos vieram à luz em outros berços fraternos, contudo, não tiveram a insubstituível carícia da pátria, nem o leite materno da língua portuguesa.

CC – Esta experiência foi capaz de gerar, consciente e gradativamente, um cidadão latino-americano?

MA – Sempre me senti um cidadão do mundo. Sentir-se latino-americano é uma postura natural quer pelas nossas origens latinas e ibéricas, quer pelo respeito à herança cultural pré-colombiana e a própria da história libertária do continente. Essa consciência nos coloca, antes de tudo, diante de um passado colonial de crimes e injustiças inomináveis. Diante de sua memória, o ofício do escritor é sempre um compromisso de resgate, de testemunho, de acusação e de esperança e nesse sentido minha experiência de caminhante ampliou minha percepção e, consequentemente, as dimensões dessa cidadania.

CC – No prefácio de seu livro *Poemas para a Liberdade* o senhor diz que em 2008 sua geração "foi colocada no divã da história para fazer a psicanálise de suas ações e omissões". Como o senhor se sente neste processo?

MA – Sinto-me muito solitário, a exemplo de outros tantos que ousaram preservar seus sonhos. A recente história política do país é um farto repositório de omissões e concessões. Mas depois de tantos escândalos é irrelevante explicitar exemplos. Os encantos do poder reuniram na pátria romanos e cartagineses e, diante das tantas benesses, as grandes bandeiras foram arriadas e os ideais emudeceram de vergonha. Foram tantas as sementes lançadas pelos nossos sonhos ao longo do país e do continente. Muitas delas foram sacrificadas. Outras morreram quando mataram nossa utopia. Algumas, contudo, se preservaram no meio de tanto desencanto, resistiram às ilusões do poder e sobreviveram com suas cicatrizes, incorruptíveis ante a dor e ao silêncio. Algumas dessas sementes são hoje flores solitárias num mundo político com cartas marcadas. Sobrevivem porque ainda sonham. Sabem que no mundo não há mais lugar para heróis e muito menos para o homem novo. Estamos mesmificados pela globalização e, nessa ribalta, somente os mitos são iluminados. Penso que todos aqueles que empunharam suas bandeiras naquela década de lutas deveriam honrar ainda essa memória. Nunca tivemos na história do mundo um ano com tantas barricadas como o ano de 1968. Nesse contexto, meus poemas foram apenas uma solitária expressão daquela luta, porque, nos anais dessa memória, todos sabem que os verdadeiros poemas da bravura não foram escritos em versos. Esse foi o principal motivo porque resolvi, quarenta anos depois, publicar no Brasil os meus *Poemas para a Liberdade*.

CC – Que Manoel de Andrade nasceu daquele processo revolucionário?

MA – Nasceu um cidadão comprometido com todos os homens. Que já não acredita na violência revolucionária para mudar o mundo e que para isso todos devem dar as mãos para empunhar as bandeiras da educação e da paz. Que ainda acredita no sonho de um mundo socialista.

Um homem iluminado pelo sol da liberdade e cujo coração é uma aldeia da solidariedade. Um homem despojado de interesses pessoais. Preocupado com a justiça, com o amor ao semelhante e a caridade para os excluídos. Um homem escravo da sua consciência e que busca nunca fazer a ninguém o que não gostaria para si mesmo. Que aprendeu a combater o bom combate, disposto a dar a outra face e perdoar as ofensas. Um homem que respeita o Criador e todas as criaturas, que vê o mundo como poeta e que acredita que a poesia e a música são as mais belas expressões da alma humana. Um homem preocupado com sua transformação moral e que luta para transformar seu egoísmo em amor e seu orgulho em humildade.

CC – O senhor transformou política em poesia. Que consciência tinha, naquela época, do poder dos seus versos?

MA – Meus poemas políticos nasceram pela consciência histórica que tive do meu tempo. Em 1965, um ano depois de golpe militar, participei da Noite da Poesia Paranaense, no Teatro Guaíra e ali, entre os quatorze poetas convidados, fui o único a encarar a ditadura com o poema "A náusea" que consta deste livro. A partir de então minha poesia foi se engajando nos ideais revolucionários da época. A Revolução Cubana era o nosso farol aceso no Caribe e ao longo da América Latina os movimentos de liberação nacional abriam suas trincheiras. Eu era estudante de Direito e depois de História e declamava meus poemas entre os estudantes e em passeatas de protesto, panfletava suas cópias mimeografadas nos ambientes da Universidade e os publicava nos boletins acadêmicos. Não sei se naquela época eu tinha consciência do poder dos meus versos, mas embora soubesse que com a poesia não se podia mudar o mundo, acreditava que no contexto político em que vivíamos no Brasil, o papel do intelectual, e, sobretudo do poeta, era comprometer-se politicamente com a época em que vivia, como fizera Castro Alves ante a escravidão, Maiakovski na Revolução Russa e tantos outros como Byron, García Lorca, Marti, Vallejo, Miguel Hernandez, Nazim Hikmet, Guillén, Neruda, Evtuchenko e depois aqui mesmo no Brasil com Thiago de Mello, Moacyr Felix, Ferreira Gullar etc... Se meus versos tinham ou não poder, que o digam os arquivos da ditadura no Paraná onde constam cópias mimeografadas de meu poema "Saudação a Che Guevara" – panfletado nos meios estudantis e sindicais de Curitiba em novembro de 1968 –, bem como o registro de minhas atividades e das quatro edições dos meus *Poemas para La Libertad*, na América Latina. Que o digam também os registros da ABIN, em Brasília, relatando minhas atividades como intelectual, e "difamando o nome do Brasil no exterior". Por certo o poder da minha poesia estava em seus versos libertários, seu poder de denúncia, em sua ânsia de convocação para um sonho que contagiava um continente inteiro e porque eram também um lírico manifesto de esperança em um mundo novo.

CC – Como avalia o movimento que vivenciou? Que cidadãos e que sociedade foram gerados naquele processo revolucionário?

MA – Foram muitas sementes lançadas pelas vanguardas revolucionárias em todo o mundo, mas, à semelhança da "Parábola do Semeador", a maioria delas se perdeu pelos caminhos, ou caiu entre as pedras e no meio dos espinhos. A exemplo da simbologia cristã, muitas daquelas sementes não brotaram porque caíram no terreno árido dos longos anos de ditaduras que reprimiram várias gerações latino-americanas, deixando a juventude órfã de valores políticos e culturais. Outras brotaram, mas suas raízes não mais encontraram, no tempo, o terreno histórico para fecundar suas flores e seus frutos e outras ainda foram sufocadas pelos espinhos do capitalismo perverso e suas ilusões consumistas. As poucas sementes que caíram na boa terra brotaram e se preservaram imaculadas pela seiva do ideal. Porém, os tempos já eram outros, marcados pelos cacos das grandes ideologias, e seus sonhos foram marginalizadas pelo oportunismo dos seus próprios pares e pelos interesses e equívocos de uma sociedade dominada pela esperteza, pela corrupção e pelo hedonismo. Escrevi, no ano passado, pela memória dos quarenta anos de 1968, quatro artigos enfocando o problema estudantil no Brasil e no mundo e sua opção pela luta armada na América Latina. Toda a essência desta pergunta e sua resposta estão avaliadas nas considerações finais do 4º artigo: "As barricadas que abalaram o mundo", à disposição na internet.

CC – Qual o seu olhar sobre a América Latina hoje?

MA – É historicamente gratificante ver a América Latina representada politicamente por uma grande mobilidade social. Na Venezuela, na Bolívia e no Equador o apoio popular tem permitido avanços mais profundos nas estruturas sociais, visando abolir seculares desigualdades de classes. É um período de transição, em que os governos mais corajosos começam a desterrar as teses neoliberais que dominaram a política do continente no século passado. Creio que finalmente a América Latina começa a despertar para o mundo, política e economicamente. É desejável que a integração do Brasil com a América Latina se torne ainda muito mais fraterna.

Entrevista ao crítico de arte Oscar D'Ambrosio da Rádio Unesp

Esta entrevista foi dada por telefone ao jornalista e crítico de arte Oscar D'Ambrosio para a Radio Unesp FM, uma unidade vinculada ao Centro de Rádio e Televisão Cultural da Universidade Estadual Paulista e publicada em 23 de março de 2009, podendo ser integralmente ouvida pelo link: <http://podcast.unesp.br/perfil-22032009-manoel-de-andrade-430>.

A entrevista foi posteriormente postada no blog *Palavrastodaspalavras* (<https://palavrastodaspalavras.wordpress.com/2010/06/29/entrevista/>) e no blog *Banco da Poesia* (<https://cdeassis.wordpress.com/2010/07/05/perfil-literario-da-unesp-entrevista-com-manoel-de-andrade/#comments>).

Entrevista ao artista plástico Cleto de Assis do *Banco da Poesia*[15]

No início de agosto Manoel de Andrade esteve em Niterói para participar do JALLA BRASIL 2010, a nona edição das Jornadas Andinas de Literatura Latino Americana, realizada na Universidade Federal Fluminense. O congresso é considerado um dos mais importantes eventos latino-americanos na área de estudos de literatura e cultura da região e sua primeira realização no Brasil representou um grande gesto de solidariedade, integração e interlocução cultural entre os povos sul-americanos. Alguns paranaenses ligados à área acadêmica estiveram presentes e apresentaram trabalhos de pós-graduação – mestrado e doutorado – na área de literatura hispânica.

O convite ao poeta Manoel de Andrade foi para a apresentação de sua poesia, analisada durante o congresso, produzida no período em que foi marcante a sua militância poética e ligação política com o continente latino-americano, na década de 70. No relato de suas impressões sobre o evento surgiu a ideia de publicarmos uma entrevista no *Banco da Poesia*, que inaugura mais uma modalidade de comunicação com nossos correntistas.

O depoimento apresenta opiniões pessoais do entrevistado e não representa, em seu todo, o pensamento da editoria do *Banco da Poesia*, que é uma tribuna livre, plural e democrática de divulgação da arte poética e dos temas a

---

15 Entrevista dada ao poeta e artista plástico Cleto de Assis e publicada, sob sua editoria, no blog *Banco da Poesia* em 31 de agosto de 2010. Para ver a entrevista com as fotos e comentários, o leitor poderá acessar o link: <https://cdeassis. wordpress.com/2010/08/31/manoel-de-andrade-e-sua-participacao-nas-jornadas-andinas-de-literatura-latino-americana/ >.

ela relacionados. As fotos que ilustram a matéria foram feitas pelo entrevistado e por ele cedidas.

Cleto de Assis – *Banco da Poesia* – **Como surgiu o convite para participar do JALLA BRASIL 2010?**

Manoel de Andrade – Foi por meio da professora Suely Reis Pinheiro, doutora em Língua Espanhola e Literatura Hispânica e diretora da *Revista Hispanista*, publicada no Rio de Janeiro. Em sua dissertação de mestrado, no ano de 2003, na UFRJ, sobre o livro *Garabombo: El Invisible*, do peruano Manuel Scorza, ela epigrafou o texto com alguns versos do meu poema "Canção de amor à América" e apresentou-o em vários encontros de literatura no continente. Em 2008, nos descobrimos pela internet. Posteriormente, passei a assinar a coluna Vida & Poesia em sua revista eletrônica e, agora que meu livro *Poemas para a Liberdade* foi publicado no Brasil, ela resolveu apresentá-lo no JALLA BRASIL 2010.

CA – Qual sua impressão sobre o Congresso?

MA – A melhor possível, do primeiro ao último dia. A abertura, no Teatro Popular de Niterói, foi muito interessante, sobretudo pelo alto nível intelectual das conferências do uruguaio Hugo Achugar e do brasileiro Silviano Santiago, com o tema "O entrelugar do intelectual latino-americano". Com quase 1.200 participantes, vindos da maior parte dos estados brasileiros e de todos os países sul-americanos, onde se ouvia mais castelhano que português, o evento primou pela excelente organização, pelas portas que abriu como uma grande resposta brasileira aos contatos com o mundo hispano--americano, pela riqueza dos temas, onde se aprofundaram os estudos de literatura hispânica e brasileira e marcado também pela forte presença da cultura afro-americana. O Congresso estava envolvido por um contagiante espírito de fraternidade continental, facilitando para todos os participantes e, particularmente para mim, importantes contatos literários e promessa de belas amizades.

CA – O JALLA e a FLIP foram realizados na mesma semana. Um evento não fez concorrência com o outro?

MA – Tradicionalmente o JALLA não é um encontro de escritores, mas de estudiosos da literatura. Um evento onde as obras dos grandes autores do continente são apresentadas, analisadas e debatidas pelo mundo acadêmico voltado às Letras. Embora a Feira Internacional de Parati, ali próxima e simultânea, tenha polarizado a atenção do país e do mundo, importantes autores e estudiosos da literatura brasileira e hispano-americana estiveram presentes nas Jornadas Andinas de Niterói.

CA – Você fala de importantes contatos literários. Pode citar alguns?

MA – Particularmente, tive oportunidade de estreitar laços literários e fraternos com alguns escritores, ensaístas e pesquisadores acadêmicos. Entre os escritores quero ressaltar meu fraterno relacionamento com Enrique Rosas Paravicino, narrador cusquenho que desponta vigorosamente no Peru com obras como *Al filo de rayo, El gran señor, Ciudad apocalíptica, La edad de Leviatán,* além de estudos e ensaios que têm merecido reconhecimento nacional e internacional. Sua última novela, *Muchas Lunas en Machu Picchu,* que Enrique me presenteou com autógrafo de palavras tocantes e solidárias, é uma viagem fascinante pela história andina, detalhando, com um estilo sedutor, a construção da cidadela de Machu Picchu, pelo imperador Pachacútec. Ele conta a grandeza do incário e sua trágica destruição pelos espanhóis.

Lá estava também Raúl Bueno, outro peruano de Arequipa, com quem troquei gratas lembranças de atividades poéticas, recordando minha passagem pela cidade em 1969, quando a Federación Universitaria de Arequipa lançou a primeira edição panfletária de meu livro *Poemas para La Libertad*. Bueno é um intelectual brilhante e tem um currículo acadêmico invejável. É autor de muitos estudos sobre literatura, editor da importante *Revista de Crítica Literária Latinoamericana* e professor de espanhol e português nos Estados Unidos. No JALLA ele partilhou a conferência plenária sobre "Tradução como mediação cultural", com o escritor paulista Eric Nepomuceno. Com este último tive agradáveis momentos. Eric – tradutor de grandes prosadores hispano-americanos como Eduardo Galeano, Julio Cortázar, Gabriel García Márquez, Juan Rulfo e tantos outros –, sempre muito descontraído, deixou todo mundo à vontade em sua conferência, ao explicar o seu estilo original de traduzir e falar sobre a invejável amizade que mantém com os autores que traduz.

Também como conferencista do evento esteve presente o escritor boliviano Guillermo Mariaca, autor de vários livros, entre eles *O poder das palavras,* editado em Cuba, pela Casa das Américas. Guillermo esteve em maio deste ano no Brasil, participando do *VI Encontro de Estudos Multidisciplinares em Cultura*, na Universidade Federal da Bahia e é uma das figuras de grande prestígio na Bolívia e no continente como estudioso de literatura. Ele foi portador de meu último livro para pessoas com quem me relacionei na Bolívia, há 40 anos. Um deles foi o cineasta Jorge Sanjinés, diretor, entre outros, do premiado filme *Yawar Mallku*, como também a jornalista Sylvia Laborde, cuja memorável reportagem – escrita em 1970 sobre o lançamento, em La Paz, de meu primeiro livro – consta agora na fortuna crítica da edição brasileira, publicada no ano passado. Creio que ela terá uma grata surpresa ao ver sua matéria escrita no jornal *Jornada*, em 20 de junho de 1970, estampada agora em dois idiomas nas páginas do meu livro.

Entre os escritores brasileiros passou também por lá o mineiro Silviano Santiago, há muito tempo radicado no Rio de Janeiro. Romancista, poeta, ensaísta e contista, com dezenas de livros publicados e ganhador do Prêmio Jabuti de romance em 1993, Silviano – que teve a gentileza de me mandar por e-mail o seu discurso de abertura –, embora ainda não tenha recebido o reconhecimento nacional, é um dos mais prestigiados críticos literários do país e uma das mais brilhantes personalidades da literatura brasileira contemporânea.

Diante da variedade de simpósios, plenárias e conferências, não foi possível estabelecer e estreitar contato com tantos quanto eu quisera; mas não posso esquecer o reconhecimento e os gestos fraternos de grandes pesquisadores da literatura que me distinguiram com honrosos convites para futuras apresentações. Entre estes quero destacar as professoras-doutoras Sara Araujo Brito (UFRRJ) e Rita Diogo (UERJ). Quero também aproveitar o oportuno espaço desta entrevista para tornar pública minha gratidão à professora-doutora Suely Reis Pinheiro, pela apresentação do meu livro no JALLA BRASIL 2010 e pelo prestígio que tem dado à minha poesia em outros países, fazendo a leitura dos meus versos num tempo em que eu sequer sonhava em voltar para a literatura.

CA – Consta na orelha de seu livro *Poemas para a Liberdade* que você foi expulso da Bolívia, depois de participar de um Congresso de Literatura. Como foi isso?

MA – Cheguei à Bolívía nos primeiros dias de setembro, em 1969, e uma semana depois o exército matou, em La Paz, o guerrilheiro Inti Peredo, lugar-tenente de Che Guevara em Ñancahuazú. Eu trazia do Chile os contatos para chegar até sua Organização, porque pretendia entrar na guerrilha reestruturada por ele. Com sua morte tudo mudou e, na minha frustação, escrevi, em sua memória, o poema *"El Guerrillero"*. Posteriormente, fui convidado para participar do Congresso Nacional de Poetas, realizado no fim de setembro em Cochabamba, onde, apesar de ser alertado dos riscos que corria, li o poema diante do auditório lotado no Palácio da Cultura. No dia seguinte, 26 de setembro, caiu o governo de Siles Salinas e tomou o poder o general Alfredo Ovando, responsável, dois anos antes, pelo tristemente célebre massacre de mineiros na Noche de San Juan. Tudo mudou no país e o Congresso passou a ser controlado por militares. O poeta boliviano Ambrosio Garcia Rivera foi preso e eu tive 48 horas para deixar a Bolívia por acharem que meu poema a Inti Peredo era uma subversiva instigação à luta armada e uma aberta provocação à autoridade militar que o havia assassinado três semanas antes.

CA – Você esteve 30 anos afastado da poesia e retornou, em 2007, com a publicação de seu livro *Cantares*. Como está a recepção de sua poesia no Brasil?

MA – Ser poeta é uma sublime e solitária aventura. O poeta sempre foi um ser desgarrado do seu tempo e hoje mais ainda. Ao mundo importa cada vez menos a poesia. Em 1965 o público lotou o Pequeno Auditório do Teatro Guaíra para assistir a Noite da Poesia Paranaense e lá estivemos 13 poetas gratificados com tantos aplausos. Hoje um acontecimento desse porte pareceria um espetáculo insólito em Curitiba, apesar do empenho em se manter o interesse pela oralidade da poesia em iniciativas admiráveis, como vem fazendo o SESC, no Paraná e em todo o país, para citar apenas um raro exemplo promovido oficialmente. Somente os festivais nacionais e os grandes festivais internacionais de poesia têm preservado a sua imagem no mundo. Além da crise da oralidade, são poucos os que leem poesia e por isso mesmo o mercado editorial não favorece seus títulos e as livrarias "escondem" seus volumes. Depois desse desabafo – que é também um gesto solidário com tantos bons poetas que não encontram as portas editoriais abertas para seus livros – eu respondo que tenho recebido alguma atenção da mídia com reportagens, entrevistas e convites para eventos literários. Meu livro *Cantares* teve, sim, uma boa recepção e está quase esgotado e *Poemas para a Liberdade* está vendendo muito bem.

Minha participação no JALLA 2010 ensejou muitos convites, entre eles o patrocínio para meu retorno ao Rio de Janeiro, em fins de setembro, para apresentar-me na UERJ e na UFRRJ. O caminho da notoriedade para um escritor e, sobretudo, para um poeta, é longo e imprevisível, sobretudo num país imenso como o nosso. Voltei há três anos para essa estrada e só agora percebo o tempo imenso dessa ausência. Mas esses 30 anos não foram perdidos. Outra bandeira, com as cores da fraternidade, esteve em minhas mãos e agora eu quero recompô-la com o estandarte da poesia.

CA – Quais são seus projetos como escritor? Há títulos novos no forno?

MA – Sim. Estou escrevendo as memórias de minhas andanças pela América Latina, na década de 70. É uma experiência fascinante voltar a transitar pela estrada do tempo. É um pouco dessa busca proustiana do tempo perdido. Creio que todo poeta, todo escritor chega a um momento em que procura recuperar o passado. Grandes obras da literatura universal, e sobretudo os grandes poemas épicos, como os *Lusíadas*, a *Ilíada* e a *Odisseia,* são frutos da memória, aliada à imaginação. Devo dizer que meu depoimento, ao longo dos 16 países onde passei, não é uma confissão meramente pessoal e aventureira. Os fatos e as referências pessoais marcam apenas a estrutura cronológica e geográfica do meu roteiro. Por trás desse caminhar está o testemunho crítico de um tempo de lutas e esperanças que caracterizou a história revolucionária do continente nas décadas de 60/70 e, sobretudo, o mergulho constante na história dos países por que passei e nos movimentos libertários que marcaram a história da América desde o seu descobrimento – como a história dos 350 anos de resistência e invencibilidade dos araucanos, no Chile, e a revolta de Túpac Amaru, na região andina –, e que são historicamente rediscutidos à luz da interculturalidade contemporânea e das muitas leituras e pesquisas que fiz naqueles anos.

Entrevista ao poeta Jairo Pereira da *Revista Clic Magazine*[16]

Jairo Pereira – *Revista Clic Magazine* – **O poeta Manoel de Andrade sempre foi um poeta participante? Vida e poesia são indissociáveis?**

Manoel de Andrade – Aos vinte anos eu tinha uma visão muito intelectual do processo poético. Era o início da década de sessenta, época em que o dadaísmo propunha desconstruir a construção poética e o concretismo, pelo contrário, impunha uma excessiva preocupação teórica sobre como construir a poesia. É dessa fase o "Poema brabo" com o qual ganhei, em 1964, o primeiro lugar num concurso de poesia moderna instituído pelo Centro de Letras do Paraná e o jornal *O Estado do Paraná*. Mas a influência concretista foi efêmera. O golpe militar de 1964 me induziu a fazer uma rápida autocrítica e minha condição de poeta participante começa já em 1965, quando ao participar no Teatro Guaíra, da Noite da Poesia Paranaense, ao lado de João Manuel Simões, Helena Kolody, Leopoldo Scherner, Hélio de Freitas Puglielli, Paulo Leminski, Sônia Regis Barreto e outros, fui o único a apresentar, no poema "A náusea", versos politicamente explícitos contra a Ditadura, como os deste fragmento:

> *[...] E tu, entre tantos,*
> *saberás conter essa indignação*
> *somente no lirismo dos teus versos,*
> *ou irás colar teu escarro no pátio sangrento dos quartéis?*

---

16 Entrevista dada ao poeta Jairo Pereira para a *Revista Clic Magazine* e postada no blog *Palavrastodaspalavras* em 8 de dezembro de 2011.

Vida e poesia devem ser indissociáveis, contudo, e infelizmente, passei 30 anos distante da poesia, não como leitor, mas como escritor.

JP – Sua poesia é mais discursiva... Você acredita nos prodígios da simples palavra poética?

MA – A poesia é um prodígio quando se encontra a palavra certa. A *palavra essencial*, na expressão de Antonio Machado. Ousadia e encanto integram o mistério desse prodígio. Se a poesia social realmente é mais discursiva é porque está identificada com o tempo histórico em que vive o poeta. Seu propósito social, seu pendor libertário exige essa implícita oralidade, esse tom discursivo. Creio que é missão dos poetas semear a esperança e denunciar as injustiças, sobretudo em tempos de crueldade. Por isso caíram Garcia Lorca, Otto René Castillo, Javier Heraud, Ariel Santibañez. Contudo, esse engajamento, essa preocupação com os fatos sociais não deve e não pode ofender a tessitura poética, pois sem lirismo não há poesia.

JP – Ação política e ação poética podem convergir para um mesmo ideal ou utopia?

MA – Esses dois fatores dependem das circunstâncias históricas para se armarem na mesma trincheira. Escrevi poesia política nas décadas de 60/70, período em que no Brasil foram silenciadas todas as expressões da cultura ideológica e na América Latina as bandeiras de uma sociedade socialista estavam hasteadas na consciência das classes oprimidas e nas vanguardas revolucionárias em luta. Esse ideal de um mundo novo e essa utopia com que tantos sonharam era o sublime conteúdo dos meus versos.

JP – O signo verbal, a seu ver, será sempre o instrumento mais forte de comunicação do poético?

MA – Tenho na mídia eletrônica um artigo chamado "Poesia e oralidade", onde escrevi sobre a importância do verso pronunciado sem desmerecer a poesia escrita. O signo verbal tanto pode ser oral como escrito, mas é no tom declamatório que o poema está realmente "vivo". Creio que a magia da poesia está na sua oralidade, mas essa estesia foi se perdendo com a indigesta presença da modernidade, que amordaçou o lirismo. Felizmente os grandes festivais de poesia têm mantido acesa esta chama.

JP – O poeta pode ser o rapsodo reinventando o mundo pelas linguagens?

MA – Isso tem muito a ver com uma parte de minha vida, quando eu era um bardo errante ao longo dos caminhos da América. Naqueles anos "o mundo tinha o tamanho dos nossos sonhos" e tudo estava sendo reinventado com tantas formas de linguagem. A poesia buscava a sua verdade na história e tinha plena cidadania no coração dos jovens. Hoje, nós, os poetas, somos seres desgarrados. E, apesar dos pesares, a poesia segue impassível seu caminho, sublimada em sua própria transcendência. É ela que liberta a palavra nessa angustiante crise da expressão humana. Sempre foi e segue sendo uma operação mágica. Uma alquimia em busca do nobre metal do encanto.

JP – Conte-nos um pouco da sua trajetória poética e de vida.

MA – Minha real trajetória poética aconteceu fora do Brasil. Deixei o país em março de 1969 e meu primeiro livro, *Poemas para La Libertad*, foi publicado no ano seguinte em La Paz, com varias edições posteriores no continente. Nessa época minha vida e minha poesia eram indissociáveis. Foram 16 países percorridos, denunciando a opressão, dando nome aos tiranos, declamando a liberdade e pronunciando a esperança. Fugas, prisões e expulsões marcaram minha vida com a sublime cumplicidade de meus versos. Escrevo, atualmente, um livro de memórias sobre os anos que passei na América Latina e é onde espero contar a história libertária da América, colhida nos passos de minha trajetória poética.

JP – Como você vê as novas mídias hoje? Algum palpite sobre o futuro do poema feito com palavras?

MA – Vejo-as com muito interesse porque praticamente só publico na internet e já não leio jornais impressos. Das mídias tradicionais só não abro mão do rádio. Também já não faço nenhuma questão que meus poemas ou artigos sejam publicados na imprensa porque o jornal é flor de um dia. Ter um texto publicado na web é uma expectativa permanente de interação com o mundo. Há alguns blogs onde publico normalmente e uma revista eletrônica bilíngue onde assino uma coluna trimestral. Além de suas inumeráveis utilidades, creio que a internet é uma agenda diária imprescindível para um intelectual. Completando a resposta, não consigo imaginar um futuro em que um poema não seja feito com palavras.

JP – Das suas obras, quais as que mais o projetaram como poeta?

MA – Tenho três livros de poesia publicados e co-autoria em outros. Publiquei dois no exterior e dois no Brasil, sendo um destes uma reedição brasileira de *Poemas para La Libertad,* editado há 40 anos na Bolívia. *Poemas para a Liberdade*, que somente foi publicado no Brasil em 2009, numa edição bilíngue pela Editora Escrituras, foi o livro que mais dimensão deu à minha poesia. Alguns dos poemas foram escritos no Brasil mas, sua maior parte nasceu no exílio e se me projetaram como poeta é porque nasceram na imensa trincheira de luta que foi a América Latina nos anos 70. Começaram sua trajetória em edições e reedições panfletárias no Peru, espalharam-se pelo continente através de mochileiros de muitas nacionalidades e foram lidos em teatros, galerias de arte, sindicatos, minas, reuniões públicas e clandestinas, congresso de poetas, festivais de cultura e para milhares de estudantes das maiores universidades latino-americanas.

JP – Para finalizar: o público de poesia, a seu ver, melhorou ou piorou nos últimos tempos?

MA – Esta é uma pergunta que eu também gostaria de fazer a quem realmente soubesse responder. Creio que a poesia tem a sua linguagem e são tão poucos os que realmente falam, leem e escrevem esse idioma… Todos sabemos que hoje a poesia é uma nobre mendiga, rogando quem a escute. É muito triste tudo isso para nós, os poetas, que ansiamos partilhar com todos o nosso lirismo e o nosso encantamento. Já disse algures que a poesia é o patinho feio da literatura, desprezada pelas editoras e "escondida" nas livrarias. Creio que são os sinais dos tempos. Vivemos num mundo ética e esteticamente falido e onde a cultura da aparência é a própria expressão da mediocridade. Creio que tudo isso há de passar. Que há de vir um tempo em que a poesia volte a palpitar no coração dos homens, por ser a mais bela expressão de sua alma e porque, pelo seu mistério e seu encanto, a poesia é imperecível.

JP – Como foi a repercussão na mídia da sua edição de *Cantares*, 2007, pela Editora Escrituras?

MA – Foi muito boa e a edição está praticamente esgotada. Esse livro marcou, em 2002, meu retorno à poesia depois de 30 anos de total afastamento da literatura. Voltei ao Brasil em meados de 72, numa fase aguda da repressão política, obrigando-me a ficar muitos anos no total anonimato social e literário. Tudo isso me desmotivou a escrever e somente voltei à poesia na primavera de 2002, provocado por um fato meramente circunstancial. Cinco anos depois lancei o livro *Cantares,* retratando na sua primeira parte a importância que o mar teve em minha infância, um lírico resgate de uma fase extraordinária de minha vida. Voltando à pergunta, quero dizer que sua repercussão na mídia foi a melhor possível, seja pela credibilidade dos comentários, entrevistas e resenhas, mas sobretudo porque todos os poemas do livro estão publicados em vários blogues nacionais e alguns internacionais.

Entrevista ao jornalista Felipe Kryminice da *Revista Ideias*[17]

Mais do que um poeta, Manoel de Andrade considera que seus livros não são apenas poesia. São, segundo Andrade, "um documento histórico, porque todos os poemas trazem uma consigna geopolítica de luta e, paradoxalmente, uma mensagem de paz e esperança".

Levando em conta o histórico do autor, é coerente considerar que um livro de poesia pode representar mais do que uma reunião de poemas. Com a publicação de seus versos, Andrade sofreu perseguição política e enfrentou resistência militar em vários países da América Latina nos anos 1970. Com a publicação de "Saudação a Che Guevara" o poeta teve que deixar o Brasil.

A luta e a obra de Andrade fizeram com que o autor percorresse 16 países da América Latina. A jornada está agora reunida em seu mais recente livro *Nos rastros da utopia* (2014). Antes, já havia publicado *Poemas para a Liberdade* (1970) – com tiragem esgotada em diversos países – e *Cantares* (2007) – seu retorno à poesia.

Em entrevista concedida à *Revista Ideias*, o poeta falou sobre a luta contra a ditadura, contou um pouco da sua obra e relembrou sua jornada pela América Latina, que, para o autor, é o melhor lugar para se viver.

---

17 Esta entrevista foi publicada em 5 de julho de 2014 na *Revista Ideias*, postada no blog *Palavrastodaspalavras* em 7 de setembro de 2014 e na *Revista Hispanista* no nº 64, jan./fev./mar. 2016.

Felipe Kryminice – *Revista Ideias* – Com a publicação de *Cantares* (2007), você retomou a publicação de poesia depois de um longo período. Por que este intervalo?

Manoel de Andrade – Realmente, foi um longo intervalo. Mais de 30 anos. Algo estranho na vida de um escritor. Meu último poema, da fase latino-americana, chamado "Liberdade", foi escrito em 1971, no México. Depois disso, começa um intenso período de viagens com palestras, conferências e recitais nos Estados Unidos e em seguida no Equador, no caminho de minha longa volta ao Chile, em dezembro de 1971, e, meses depois, para o Brasil, em meados de 1972.

Somente voltei a escrever poesia em 2002. Ou seja, depois de 31 anos. Por quê? Fortes razões de ordem familiar me fizeram voltar, justamente na época mais perversa do regime ditatorial, obrigando-me a entrar no anonimato literário, social e profissional.

FK – A luta contra a ditadura foi um dos motivos por esse intervalo?

MA – De 1972 a 1975, as operações militares para acabar com a Guerrilha do Araguaia, bem como a crueldade com que os DOI-CODIs iam aniquilando os quadros da guerrilha urbana, geraram o pânico entre todos aqueles militantes ou intelectuais que haviam se posicionado, na ação ou no ideário, contra a ditadura. As detenções, torturas, execuções e desaparecimentos entraram em sua fase aguda em todo o país.

Alguns meses depois de minha chegada, estava sendo procurado pelo DOPS. Transferi meu registro da OAB para Santa Catarina, com o objetivo de advogar em meu estado. Mas também lá senti que não poderia assumir publicamente qualquer trabalho. Foi nesse contexto que encontrei, em Curitiba, uma forma de trabalhar sem que os agentes da ditadura nunca soubessem onde eu estava. Fui vender a Enciclopédia Delta Larousse, numa atividade itinerante, de cidade em cidade, de estado em estado. Tornei-me campeão estadual e nacional de vendas, cheguei ao topo na hierarquia dos títulos, à classe gerencial e palestrante em técnicas de marketing.

FK – Como foi o processo de retomada?

MA – Minha retomada à criação poética aconteceu numa misteriosa circunstância. Já expliquei algures que minha volta à poesia deu-se por uma intrigante inspiração das musas. Na campanha eleitoral para governador do Paraná, em 2002, Roberto Requião – velho amigo, colega da Faculdade de Direito e companheiro de ideais na juventude –, foi covardemente acusado de inverdades e calúnias pelos seus inimigos políticos. Indignado, comecei a escrever alguns versos, relembrando o tempo em que saíamos em passeatas de protesto contra a ditadura, dos sonhos de justiça e liberdade que partilhávamos e que ele brilhantemente colocava na sua afiada oratória e eu no lirismo dos meus versos.

Lembrei-me também do caminho que me indicou, e dos amigos a quem me recomendou, no Paraguai, quando, em março de 1969, tive que sair do Brasil, num dos momentos mais difíceis de minha vida. Todo esse gesto solidário se transformou no poema "Tributo", tornado público num jornal da época e que consta do meu livro *Cantares*. Foi com esse poema que voltei a escrever poesia, em setembro de 2002, depois de 31 anos de abstinência literária.

FK – Você consegue enxergar uma marca na literatura produzida nesses países? O que caracteriza a poesia latino-americana?

MA – Meu interesse naqueles anos e ainda hoje pela literatura latino-americana sempre foi dirigido para os autores comprometidos, sobretudo com o indigenismo e as lutas sociais, e o que caracteriza essa literatura, na prosa e na poesia, é a denúncia e a resistência.

Este espaço não me permite nominar todos os autores, cujas obras estudei – e tudo isso está amplamente analisado *Nos rastros da utopia* – e que se comprometeram com essas lutas, mas me lembro aqui de Mariano Melgar, Pablo Neruda, Armando Tejada Gómez, Ariel Danton Santibañez Estay, Eliodoro Aillón Terán, Javier Heraud, Cesar Vallejo, Luis Nieto, Leonel Rugama, Tirso Canales, Roque Dalton e Otto René Castillo entre os poetas, e Oscar Soria Gamarra, José María Arguedas, Roa Bastos, Ciro Alegria, Manuel Scorza, Jorge Icaza, Miguel Angel Astúrias e Carlos Fuentes, entre os prosadores.

FK – Poemas para a Liberdade teve grande repercussão, com edições esgotadas em vários países. A que você atribui esse alcance?

MA – Esse livro nasceu espontaneamente pelas mãos dos estudantes peruanos de Arequipa, em janeiro de 1970, que propuseram gratuitamente uma edição mimeografada de 1.500 exemplares. Dois meses depois, os estudantes de Cusco lançaram duas edições, respectivamente de 700 e 1.000 exemplares mimeografados e em junho daquele ano, em La Paz, meu livro tem sua primeira edição, de 2.000 exemplares, lançada graficamente, e sem nenhum custo para mim, pelo Comité Central Revolucionario de la Universidad Mayor de San Andrés.

Na verdade, os fatos que levaram à edição boliviana de *Poemas para la Libertad* é uma história espiritualmente misteriosa e inacreditável do ponto de vista editorial e que é contada com todos os seus detalhes no meu livro *Nos rastros da utopia*, envolvendo o jornalista brasileiro Paulo Canabrava Filho, na época militante da ALN – Aliança Renovadora Nacional – e correspondente da *France Press*, exilado na Bolívia, e o poeta e jornalista boliviano Jorge Suárez.

FK – E as edições em outros países, como aconteceram?

MA – Na Colômbia, a obra foi editada pela Nova Era, cujos 1.500 exemplares se esgotaram em poucas semanas nas livrarias de Cali e Bogotá; duas edições norte-americanas editadas em 1971, em San Diego, pela Grandma's Camera; a edição equatoriana editada pela Universidade Central do Equador, em 1971 e, finalmente, em 2009, a edição bilíngue brasileira editada pela Escrituras.

Meus *Poemas para la Libertad* também tiveram edições parciais na Nicarágua, em plena ditadura de Somoza, editadas pela Universidade de El Salvador e publicados, declamados e debatidos em Tampico, no México, em fevereiro de 1971, durante as comemorações do 37º aniversário de morte de Augusto Cesar Sandino, onde participei, a convite dos sandinistas exilados no México. Dois de seus poemas – "Canção para homens sem face" e "Canção de amor à América" – foram publicados pela *Revista Civilização Brasileira* e o último foi comentado pelo crítico Wilson Martins ao afirmar que "é, com certeza, um dos belos poemas do nosso tempo".

Quanto ao seu alcance e repercussão, creio que se deve ao caráter libertário dos meus versos, à imagem revolucionária que se criou em torno de minha pessoa como um poeta desterrado e expulso de vários países por minhas convicções políticas, assim como pela minha incansável militância poética, peregrinando ao longo de toda a América Latina, num tempo em que a juventude estava mobilizada ideologicamente e, diferentemente da juventude dos nossos dias, amava realmente a poesia.

FK – Além do sucesso editorial, o livro teve grande influência política. Essa repercussão política já era esperada?

MA – Na década de 1970, o continente estava semeado de sonhos e esperanças. A revolução cubana, a imagem heroica do Che, as repercussões das revoltas estudantis de 1968 na França, no Brasil e em quase todo o mundo eram os ingredientes que contagiavam politicamente a juventude. Meu livro não era apenas um livro de poesia. Era um documento histórico, porque todos os seus poemas trazem uma consigna geopolítica de luta e, paradoxalmente, uma mensagem de paz e esperança.

Há um poema chamado *"Réquiem a un poeta guerrilleiro"*, dedicado ao jovem poeta peruano Javier Heraud, assassinado pelo exército em 1965, e que também foi uma das causas da minha expulsão do Peru, em 1969. Depois veio minha expulsão da Colômbia e por aí vai, para dizer que meu livro, muito mais que um livro de poesia, foi um gesto de convocação e resistência, uma trincheira de luta e uma bandeira desfraldada por um mundo melhor, tendo seus versos sido publicados em panfletos, jornais, grandes revistas, cartazes, publicações acadêmicas, livros e antologias, ao lado de Mario Benedetti, Juan Guelmann, Jaime Sabines e outros grandes poetas hispano-americanos.

Há também um poema chamado "Saudação a Che Guevara", que foi a causa da minha saída precipitada do Brasil, em 1969. Um outro poema, chamado "O guerrilheiro", foi dedicado a Inti Peredo, lugar-tenente de Che Guevara na guerrilha boliviana, escrito em 1969, em Cochabamba, alguns dias depois do seu assassinato por militares em La Paz, e que foi um dos motivos porque fui "convidado" a deixar a Bolívia em 48 horas.

FK – Conte um pouco mais sobre esse episódio de "Saudação a Che Guevara".

MA – Este poema foi escrito em outubro de 1968 para comemorar o primeiro ano da morte de Che Guevara. Por iniciativa do livreiro José Ghignone (o Dude) foram mimeografadas 3.000 cópias e distribuídas, pelo pessoal do Partidão, em universidades, centros acadêmicos, sindicatos e organizações de classe. A distribuição foi feita gradativamente entre o fim de outubro e o começo de dezembro, até o dia 13, quando foi publicado o AI-5. E daí tudo mudou. O que fazer se o poema já fora quase totalmente distribuído e pregava a luta armada?

Nos primeiros dias de março de 1969, viajei ao Rio de Janeiro para um encontro com o poeta Moacyr Félix e o editor Ênio Silveira, a fim de entregar os originais para a publicação da série Poesia Viva, que a editora Civilização Brasileira estava lançando e para a qual eu fora convidado, depois da boa repercussão que teve meu poema "Canção para os homens sem face", recém-publicado no nº 21/22 da *Revista Civilização Brasileira*.

Ao voltar para Curitiba, no dia 12 de março, encontrei no bar Velha Adega alguns amigos e entre estes o escritor e publicitário Jamil Snege e a estudante de sociologia Elci Susko. Ela me relatou, angustiada, que, por duas vezes, fora abordada na Faculdade, levada por agentes de segurança e interrogada pelo delegado regional da Polícia Federal sobre o meu paradeiro. Ele tinha em seu poder um exemplar do panfleto "Saudação a Che Guevara" onde constava a autoria do poema e me acusava de "comunista", de "pregar a luta armada" e ser "um inimigo da pátria".

Naquela época, a dois meses da publicação do AI-5, já havia começado a "caça às bruxas" no Brasil inteiro. Os suspeitos de subversão eram presos, mantidos incomunicáveis e muitos começaram a sumir. Naquela mesma noite, já em pânico com o relato da Elci e preocupado com minha esposa e minha filha, fui aconselhado pelo Jamil a sair da cidade. No dia seguinte, pela manhã, fui à casa do Requião, e, como já adiantei, ele abriu o caminho para que, no dia 15 de março de 1969, eu rumasse para Assunção, recomendado para seus amigos, o pintor e escultor Angel Higinio Iegros Semidei e os irmãos Francisco e Mario Rojas.

FK – O poema repercutiu em outros países também?

MA – Sim, em fins de setembro de 1969, depois de passar pelo Paraguai, Argentina e Chile, eu já estava em Cochabamba (Bolívia), como convidado em um Congresso Nacional de Poetas. Um dia, no Hotel Boston, onde a Comissão do Congresso me hospedou, apareceu um casal pedindo uma cópia do meu poema ao Che, para ser publicado num cartaz, em comemoração ao segundo ano de sua morte.

Esse casal era o já então conhecido jornalista chileno Elmo Catalán Avilés (Ricardo) e a jovem boliviana Genny Köller Echallar (Victoria), dos quadros guerrilheiros do ELN (Ejército de Liberación Nacional), como fiquei sabendo, posteriormente, quando ambos foram assassinados por um militante do próprio ELN (Anibal Crespo Ross), ante a decisão do casal de abandonar a Organização, em razão da gravidez de Genny.

O poema foi publicado num grande cartaz ilustrado por Atílio Carrasco, um dos grandes pintores bolivianos, que havia sido aluno do célebre pintor muralista David Alfaro Siqueiros, no México. Como eu já tinha sido interrogado e ameaçado de expulsão do país, pelo delegado da DIC (Diretoria de Investigações Criminais), decidi entrar no anonimato e o cartaz, com a imagem e o poema do Che, foi publicado como *"Saludo al Che Guevara"* e assinado como El Poeta. O poema-cartaz, editado pela FUL (Federación Universitaria Local), de Cochabamba, passou a ser vendido no meio estudantil e distribuído para todas as FUL da Bolívia.

Dias depois, como a polícia política conseguiu descobrir a minha autoria, fui detido e intimado a sair do país em dois dias. Pela segunda vez, meu poema ao Che me obrigava a buscar novos caminhos.

FK – Como você analisa o papel que a literatura teve na luta contra a ditadura?

MA – Ela não teve o papel que deveria ter. Os comprometimentos foram poucos. Acho que o teatro foi o grande palco dessa luta e onde se destacaram o Grupo Opinião do Rio de Janeiro e o Teatro de Arena de São Paulo. Lembro-me que, em 1965, o Grupo Opinião chegou a Curitiba com a peça *Liberdade, Liberdade*, trazendo em seu elenco Jairo Arco e Flecha, Tereza Raquel e Paulo Autran, de quem me tornei amigo.

A peça marcou época no teatro brasileiro e citava textos em prosa e poesia de autores famosos, para protestar contra a repressão imposta pela ditadura. Depois de minha volta ao Brasil me afastei da vida cultural e da literatura, mas percebi que, sobretudo depois do AI-5, a criação literária vivia amordaçada e desiludida de seus próprios objetivos.

Não se editavam muitos romances naquela época e, apesar do meu distanciamento, li algumas obras como *Quarup* e *Bar Don Juan*, de Antonio Callado, e *Pessach: A travessia*, de Carlos Heitor Cony.

FK – O texto de apresentação do livro *Nos rastros da utopia: Uma memória crítica da América Latina dos anos 1970*, apresenta você como um caminhante incansável que fez uma fantástica peregrinação por 16 países da América. Fale um pouco dessa jornada.

MA – É uma jornada que teve a dimensão gráfica de 912 páginas. É difícil resumir em poucas linhas essa imensa aventura. O que posso dizer é que na década de 1970 tudo estava no ar e bastava o compromisso de sonhar para que os caminhos se abrissem magicamente. Contudo, nem todas as portas da realidade se abriram aos ideais e nem todos os visionários que lutaram por uma nova sociedade conseguiram sobreviver às suas trincheiras.

Sinto-me um privilegiado por ter trilhado esse venturoso tempo e de poder resgatar num livro essa imensa memória colhida em tantos caminhos, numa profunda identificação com a história e as bandeiras revolucionárias desfraldadas pelo continente.

O meu livro é também uma reflexão sobre os sentimentos e as emoções que marcaram a agenda daqueles anos, dizendo da ventura de ter sido jovem nesse tempo e do desencanto de ver, atualmente, as utopias desterradas. Falo da trágica herança dos nossos dias, de um mundo sem norte, sem porto e de um tempo marcado pela perplexidade e os pressentimentos. Mas ainda que estejamos nesse impasse, minha alma de poeta não abdica de sonhar, imaginando que a misteriosa dialética do tempo nos reconduza a um amanhecer, a uma aldeia de esperança, a um mundo possível e melhor.

FK – Nos anos 1970, o que diferenciava o Brasil dos outros países vizinhos?

MA – No plano político não havia grandes diferenças. Eram regimes de exceção e não Estados de direito. Não falarei da economia, porque essa não é a minha paixão. O único fato que diferenciou o Brasil dos demais foi o regime militar que se instaurou no Peru, em 1968, sob o comando do general Juan Velasco Alvarado, propondo mudanças estruturais, amparo aos oprimidos, reforma agrária e colocando barreiras aos interesses imperialistas. Apesar de militares de tradição conservadora, sonharam com um socialismo nacional e reataram relações diplomáticas com Cuba, com a União Soviética e com a China maoísta.

No entanto, esta bem intencionada revolução dos coronéis não sobreviveu a uma grave doença do seu idealizador, em 1975, e, quando Velasco morreu, em 1977, seu sonho de redenção social do Peru também já estava morto.

Entre as ditaduras militares, a grande diferença foi o golpe e a repressão sanguinária de Pinochet, no Chile, por certo o fato mais marcante dos anos 1970, assim como a ditadura argentina, cujas estatísticas da crueldade fizeram seus comparsas parecer santos.

Enquanto no Brasil tivemos, segundo os dados da Secretaria Especial dos Direitos Humanos, 475 mortos e desaparecidos, na Argentina estima-se que foram 30.000. Por outro lado, a lamentável diferença que sobreveio com o julgamento da História é que os nossos vizinhos julgaram e puseram na cadeia os verdugos da repressão e aqui no Brasil eles continuam impunes, ironizando as nossas comissões da verdade.

FK – E qual semelhança havia entre essas nações?

MA – A semelhança é que nos anos 1970 todo o sul do continente ostentava também suas ditaduras, coordenadas pelo mesmo imperialismo. Tivemos o Paraguai a partir de 1954, o Brasil em 1964, em 1971 a Bolívia, o Uruguai e o Chile em 1973, e a Argentina em 1976. Em nenhuma havia democracia nem garantias constitucionais. Em todas elas, seus oficiais soletraram o bê-á-bá da repressão, nas cartilhas da contrainsurgência da Escola das Américas, mantida pelos norte-americanos no Panamá.

No Brasil, os agentes civis aprenderam muito com as técnicas do suplício ensinadas por Dan Mitrione, o mestre norte-americano da tortura, cuja sinistra carreira foi encerrada pelo Tupamaros em 1970, e cujos ensinamentos foram levados para o Chile pelos torturadores brasileiros. Embora cada ditadura tivesse o seu perfil nacional, a Operação Condor associou a todas no mesmo grau de cumplicidade, nos métodos de crueldade e no planejamento dos assassinatos.

FK – De lá para cá, o que mudou na América?

MA – Creio que mudou muito. Os EUA já não conseguem violentar nossa liberdade e nem estrangular nossa economia como fizeram com Cuba. Nossos povos aprenderam a resistir e a decidir nossos destinos. Os movimentos sociais e a consciência política são hoje os agentes da nossa história e isso possibilitou que governos populares ascendessem ao poder no Brasil, Uruguai, Bolívia, Peru, Equador, Venezuela, Nicarágua, El Salvador, Guatemala e, recentemente, no Chile. Já não somos vítimas do FMI.

Creio que fatos como a invasão da República Dominicana pelos Estados Unidos, em 1965, bem como sua intervenção direta no golpe militar que derrubou Allende em 1973, são agora improváveis de acontecer.

FK – Para você, o que é a América Latina?

MA – Para mim, diante dessa crise global, creio que a América Latina é ainda o melhor lugar para se viver. Enquanto a Europa parece desagregar-se, abatida pela própria ganância dos seus mercados especulativos, aqui sentimos que estamos nos integrando. Ainda que, no mundo ocidental, vivamos sob a feroz imposição ideológica do neoliberalismo, ensejando uma cultura de consumismo que atinge a todos, creio que aqui ainda não fomos contaminados pela desesperança.

ARTIGOS

A Noite da Poesia no Teatro Guaíra[18]

Em 1965 o Pequeno Auditório do Teatro Guaíra abriu seu palco para um dos mais belos espetáculos de cultura literária já realizados em Curitiba: A Noite da Poesia Paranaense. Organizada pelo Centro de Estudos de Jornalismo da PUC, com apoio da Secretaria de Educação e Cultura, seu objetivo era levar a poesia e o poeta a um contato mais direto com o público. O evento teve à frente a brilhante figura da jovem intelectual Lúcia Glück, bem como Vânia Mara Welte, Nelson Luiz de Oliveira, Diretor Cultural do CEJUC, entre outros.

O acontecimento colocou sob as luzes da ribalta quatorze poetas entre os quais se encontravam os veteranos Leopoldo Scherner, Helena Kolody, Vasco José Taborda, Otávio de Sá Barreto, Apollo França, Graciette Salmon e a geração de 60 composta pelos jovens poetas: Hélio de Freitas Puglielli, Sônia Régis Barreto, Maria Inês Hamann, João Manuel Simões, Paulo Leminski, Humberto Augusto Espíndola, Maria de Jesus Coelho e o subscritor deste texto, Manoel de Andrade.

Com os dois recintos totalmente lotados, o palco se abriu sob a penumbra de uma plateia que assistiu atenta à leitura dos poemas, aplaudindo com entusiasmo cada um dos participantes. Quando o recital terminou, uma imensa ovação repercutiu estrondosamente em todo o ambiente, sustentando sua intensidade por quase três minutos, premiando assim os poetas com um reconhecimento que perenizou na memória de muitos dos presentes a beleza indelével daquele espetáculo de cultura.

---

18 Artigo publicado no blog *Palavrastodaspalavras*, em 18 de setembro de 2008.

Em 2002, numa carta-documento em que Jamil Snege honra minha poesia política junto à Comissão de Anistia, o escritor relembra ainda, trinta e sete anos depois, a sua presença naquele fantástico acontecimento cultural.

Entusiasmados pelo seu grande sucesso, a Comissão Organizadora se propôs a repetir o mesmo espetáculo em 1966, mas encontrou as portas oficiais da Cultura já fechadas e encerradas pela Ditadura Militar, e a imensa noite que se aquartelou sobre a nação silenciou por vinte e um anos as vozes combatentes da cultura, amordaçando o teatro de resistência e emudecendo a oralidade pública da poesia.

Um espaço para a poesia

Agora, em 2008, quando nossa memória política tem relembrado tantos fatos desfraldados pelas bandeiras da arte e da literatura na década de 60, dois dos sete poetas sobreviventes daquela Noite de Poesia, Helio de Freitas Puglielli e o autor destas linhas, se reencontram, após 40 anos de saudade, e resolvem reeditar o memorável Recital de 1965.

Partilham então a ideia com alguns outros poetas e encontram no entusiasmo de João Bosco Vidal e Marilda Confortin, os confrades afins para organizar a Comissão de um novo espetáculo. A ideia estava no ar quando recebi, do médico e empresário Cadri Massuda, o convite para organizarmos o evento poético no seu recém-inaugurado Espaço Cultural Alberto Massuda, ambiente em que a inteligência, o bom gosto e a criatividade uniram arte, literatura e gastronomia.

Hoje, numa época em que a indústria editorial retira "cruelmente" a poesia dos seus títulos de mercado; numa época marcada pelo silêncio e a omissão dos órgãos oficiais da cultura em relação ao papel declamatório e social da poesia;

numa época em que a oralidade e o tom encantatório da arte poética vai emudecendo; enfim, numa época em que a poesia perdeu sua cidadania literária e os poetas são vistos como esses seres desgarrados e apenas tolerados pelo mundo globalizado, uma voz se manifesta, nesse território literariamente descomprometido da iniciativa privada, e nos acena com entusiasmo oferecendo um "palco" para que nós, os poetas, possamos dizer nossos versos. O Espaço Alberto Massuda, com apenas dois meses de vida, já marca a notoriedade do seu território cultural. Agora em agosto abriu suas portas para dois lançamentos de livros de poesia, oferecendo o coquetel, o belíssimo folder eletrônico do convite e a sua impressão gráfica para ampla distribuição, num raro gesto de solidariedade cultural com os autores. Porém é importante ressaltar que muito além das atividades literárias, da pequena livraria e do espaço áudio-visual para projeção, lançamento de filmes e apresentações teatrais, o local, com seus três pavimentos, se destaca, sobretudo, como uma verdadeira Galeria de Arte. Ao longo dos seus 500m² uma parte significativa dos quadros e gravuras de Alberto Massuda está exposta em suas paredes, nichos e painéis. Todo esse acervo, bem como as exposições e o agendamento dos eventos no âmbito das artes plásticas já estão sendo coordenados pelo curador Luiz Fernando Sade.

Um novo mecenas?

Quem é esse empresário que aprendeu com o pintor Alberto Massuda, a sensibilidade e a paixão pela arte? Que conservou cuidadosamente, desde muitos anos, o imenso acervo de telas e desenhos de seu pai, falecido no ano 2000!? Em 2004, publica o livro de gravuras *Alberto Massuda e o surrealismo paranaense*. Em 2006 reuniu, pacientemente, todos os manuscritos e fragmentos com os poemas do pintor e nos revelou o seu lado literário, publicando os *Poemas de Alberto Massuda*. Em 2007, reúne 116 gravuras e outros trabalhos inéditos do artista e publica *Alberto Massuda – Gravuras*. Neste ano de 2008, seu sentimento de gratidão pela memória paterna e sua sensibilidade pela arte reúnem a pintura e a poesia na moderna arquitetura de um velho casarão tombado no Centro Histórico, transformando uma casa em ruínas no mais belo recanto de cultura de Curitiba. A obra iniciada em 2005 cobrou um investimento de um milhão de reais para realizar avançado projeto, onde as linhas coloniais partilharam sua beleza com o estilo contemporâneo.

Mas quem é afinal o cidadão Cadri Massuda? Professor da UFPR, médico humanitário e empresário de sucesso na área de medicina de grupo, foi recentemente escolhido pelo governador do estado para dirigir o recém-inaugurado Hospital de Reabilitação do Paraná, justamente pela sua competência e o trabalho voluntário de muitos anos como Diretor da Associação Paranaense de Reabilitação. Para aqueles que, além do médico, conheciam-no apenas como um apaixonado visitante dos museus do Brasil e da Europa surge agora, pela imagem de um grande empreendimento, o inusitado protetor da cultura em Curitiba. Seria um novo Caius Mecenas, um outro Lourenço Médici? Aquele patrocinando, sob o Império de Augusto, a poesia de Horácio e de Virgílio, e este, na Florença renascentista, a arte de Michelangelo. Ressalvadas, é óbvio, as justas proporções históricas e culturais, vamos dar as boas vindas ao Dr. Cadri. Quem sabe as razões da sua solidariedade para com a cultura venham de um homem que conheceu as grandes dificuldades que o próprio pai, como artista, teve que passar para sustentar seus sonhos e conquistar o seu espaço num contexto cultural tão adverso. Venha de um homem cuja real fortuna está no coração e no espírito, porque pagou seu curso de medicina e ajudava a sustentar a família, vendendo artesanato nas feiras dominicais do Largo da Ordem. De qualquer maneira, a vida lhe abriu muitas portas e o material que se veiculou pela imprensa escrita, falada e eletrônica, dizem da importância do seu melhor "negócio". Reportagens, releases, artigos, entrevistas, opiniões e comentários dando destaque à sua inauguração, prenunciam que o Espaço Cultural Alberto Massuda, na Trajano Reis, 443, se apresenta, na atualidade, como o melhor endereço para se provar o mais requintado "cardápio" de cultura e culinária da cidade. Acreditamos que quem está por trás de tudo isso já não poderá mais disfarçar sua anônima sensibilidade e nem esconder sua invejável modéstia, reveladas agora pela realização dos seus próprios ideais de beleza.

A 1ª Semana da Poesia Paranaense

Com a participação de cerca de vinte poetas, da capital e do interior, a 1ª Semana da Poesia Paranaense se realizará nos dias 23, 24 e 25 de setembro e espera que o seu sucesso seja o aval para que os órgãos oficiais de cultura, municipais e estaduais possam colocar o evento como um *fato cultural* na agenda anual da Curitiba. Além dos quatro poetas que integram a Comissão – Hélio de Freitas Puglielli, Marilda Confortin, João Bosco Vidal e Manoel de Andrade – já confirmaram presença os poetas Leopoldo Scherner – participante da Noite da Poesia em 65 – Adélia Maria Woellner, Walmor Marcelino, Bárbara Lia, Jairo Pereira, Roza de Oliveira, João Batista Lago, Solivam Brugnara, Maria da Graça Stinglin, Nei Garcez, José Carlos Correia Leite, Philomena Gebran, Daniel Faria, Sergio Pitaki e Lucrecia Welter. As noites de poesia serão nos dias 23 e 24 e a leitura do perfil literário de cada poeta será feita pela apresentadora Laís Mann. O programa se encerra na noite do dia 25, com o coquetel de lançamento coletivo de livros de poesia, onde estarão autografando os poetas Jairo Pereira, Roza de Oliveira, Bárbara Lia, Solivan Brugnara, Lucrécia Welter, Adélia Maria Woellner e Sergio Pitaki.

Inti Peredo: 40 anos da morte de um bravo[19]

Após quatro meses no Chile, cheguei em La Paz em 2 de setembro de 1969. Trazia uma referência de Santiago para contato com um membro do Exército de Liberação Nacional da Bolívia (ELNB), onde pretendia ingressar.

Ambientava-me ainda na cidade, quando ao fim daquela primeira semana o país foi sacudido por uma trágica notícia: o guerrilheiro Inti Peredo, comandante do ELNB fora morto por forças combinadas da Polícia e do Exército, num bairro central de La Paz.

Lugar-tenente de Che Guevara na guerrilha boliviana, sobrevivente do trágico combate na Quebrada do Yuro em outubro de 1967, estrategista da audaciosa retirada pela fronteira com o Chile, onde o esperava o senador Salvador Allende e reorganizador da luta armada na Bolívia depois da morte do Che, o guerrilheiro Inti Peredo – cujo nome, Inti, na língua quéchua significa "sol" –, morreu assassinado aos 32 anos, no dia 9 de setembro de 1969.

Nascido em 30 de abril de 1937, em Cochabamba, Alvaro Inti Peredo Leigue era filho do escritor boliviano Rômulo Peredo. Aos 13 anos já militava no Partido Comunista Boliviano, seguindo muito jovem para estudar na escola do Partido no Chile e dali para Moscou, em 1962 para um curso político. No ano seguinte, já de volta, desloca-se para o norte da Argentina, dando apoio ao Exército Guerrilheiro do Povo, dirigido pelo jornalista Jorge Ricardo Masetti, na região de Salta. Posteriormente, colabora com a guerrilha peruana

---

19 Artigo publicado no blog *Palavrastodaspalavras* em 9 de setembro de 2009.

e em 1966 faz treinamento militar em Cuba. Volta à Bolívia em 1967, rompe com Mario Monje, secretário geral do Partido Comunista Boliviano e adere à guerrilha comandada por Che Guevara.

Sobrevivente de Ñacahuazu, escapa pela fronteira do Chile, volta a Cuba e em maio de 1969 retorna clandestinamente à Bolívia para reorganizar a guerrilha. Dois meses depois, lança sua mensagem "Voltaremos às montanhas", que comoveu o opinião pública do país e deu início a sua brutal perseguição por parte do governo. Delatado seu esconderijo em La Paz, a casa foi cercada e sozinho resistiu por uma hora ao ataque de 150 policiais e militares, até que uma granada lançada por uma janela o feriu gravemente. Arrombada a porta, finalmente foi preso, sem jamais ter se rendido.

Inti Peredo foi selvagemente torturado pelo seu heroico silêncio e barbaramente assassinado a cuteladas de fuzil pelo sanguinário coronel Roberto Toto Quintanilla, o mesmo que mandou cortar as mãos do cadáver do Che, em La Higuera. Diante de sua morte, meus planos foram totalmente frustrados. Convidado, naqueles dias para participar do Segundo Congresso Nacional de Poetas, a realizar-se em Cochabamba, entre 22 e 27 de setembro, transformei minha frustração e minha revolta em versos escrevendo um poema em homenagem a Inti Peredo, para dizê-lo, correndo todos os riscos, em pleno Congresso. Foi meu primeiro poema escrito em espanhol e no dia 25, ao encerrar minha apresentação ante o grande auditório do Palácio da Cultura, declamei o poema: "El guerrilleiro", explicitando meu tributo poético ao grande combatente assassinado há duas semanas em La Paz.

A Bolívia, naqueles dias, respirava uma pesada atmosfera de golpe e em 26 de setembro cai o presidente democrata Luis Adolfo Siles Salinas e toma o poder e general Alfredo Ovando Candia, responsável pelo grande massacre de mineiros, em junho de 1967, conhecido como La Noche de San Juan. No dia seguinte fui detido, interrogado e posteriormente liberado, por intervenção dos organizadores do Congresso, com a condição que deixasse o país em 48 horas.

Neste 9 de setembro de 2009, solidário com a memória das lutas da América Latina e comemorando o aniversário de morte de Inti Peredo, publico aqui o poema "O guerrilheiro", traduzido para o português, escrito exatamente há quarenta anos, em Cochabamba, como meu lírico tributo a um dos maiores revolucionários do continente.

O guerrilheiro
Em memória de Inti Peredo

O guerrilheiro, senhores
é um sonho armado que marcha
numa pátria injustiçada.
Sabe que quem tem a terra
não a reparte sem guerra...
e nesse áspero caminho
é um pássaro sem ninho
migrando para o amanhã.

O guerrilheiro, senhores,
é uma flor clandestina
que se abre na mata imensa
quando os ecos da montanha
rompem o silêncio do tempo
e revelam o punho escondido
nas mãos agrárias de um povo.

Seu corpo... a sua trincheira,
sua vida por uma bandeira...
pela honra e pela fé

no seu destino traçado.
Se cai... segue erguido na verdade
quando a voz da liberdade,
sorvendo a taça de fel,
é um grito assassinado.

Ai que dureza em teus punhos
filho querido do povo.
Com que ternura forjaste
teu coração de granada.
Eis que abateram esse homem
sangrando a sua esperança,
mas vivo está como um fogo
renascendo em cada criança.

Na memória de um povo inteiro
e no sangue continental
foi tua imagem de espanto
que esculpi com meu canto
com minha dor de estrangeiro.
Ai, irmão boliviano
Ai, um sol assassinado
em teu corpo de sendero.

Mas da noite rompe a aurora
na pátria e nos corações
e vivo estás, companheiro
no rastro azul dos teus passos.
Oh que destino tão lindo
América como bandeira...
Senhores, não tenho pátria
sou latino e americano
e o mais bravo guerrilheiro
desconheceu as fronteiras.

Companheiros, camaradas
já é hora de partir...
Camilo Torres, Guevara
Inti Peredo e Sandino
nos ensinaram que o sonho
é a alavanca do destino.
Pois cantem sempre em meu canto
os mártires da liberdade
poucos podem pressentir
que por trás do véu do tempo
os coágulos do seu sangue
são o doce pão do porvir.

Cochabamba, setembro de 1969

O significado do Natal[20]

Nestes dias que precedem o Natal, ocorre-me pensar nas tantas portas que se fecham para o seu real significado, mascarado por estranhas personagens natalinas e maculado por poderosos interesses mercadológicos. Ocorre-me também pensar que se o cristianismo fosse verdadeiramente interpretado não haveria tantos sectarismos e o simbolismo da manjedoura de Belém seria fraternalmente reverenciado no mundo inteiro, além da barreira das religiões.

Jesus não fundou nenhuma igreja, nem dogmatizou nenhuma religião. Trouxe-nos a imagem de Deus como um pai, mostrou a importância da religiosidade e nos revelou o significado incondicional do amor. Não escreveu nada, mas deixou, na memória de seus discípulos, a sabedoria de suas parábolas e, no Sermão da Montanha, toda a essência do cristianismo, falando do amor aos inimigos, do perdão das ofensas e da importância de dar a outra face como um caminho aberto para a reconciliação. Resumindo, quis dizer-nos que ser cristão é saber transformar o orgulho em humildade e o egoísmo em amor.

A ênfase de sua filosofia propunha a redenção humana pela educação e não pelo constrangimento. Embora abominasse o pecado, Ele amava o pecador e acreditava que educar é despertar o senso da justiça, do amor e da beleza moral que existe, potencialmente, em cada ser humano. Nesse sentido,

---

20 Este artigo, originalmente, publicado em dezembro de 2011 pelo blog *Palavrastodaspalavras*, foi também publicado por *Livres Pensantes* em dezembro de 2013 e por *Fullgrafianas*, em dezembro de 2015.

entre tantos fatos de sua vida pública, exemplificou sua tolerância e sua caridade diante da mulher adúltera e do bom ladrão, no alto do Calvário.

Passados vinte séculos hoje perguntamos qual o significado do seu nascimento para cada um de nós. Sobretudo perguntamos quantos já leram e estudaram o seu Evangelho. Nesse singelo banco escolar que é o planeta, – onde ainda somos espiritualmente crianças – seu conteúdo é uma cartilha insubstituível para soletrarmos o beabá do amor, da paciência e do perdão. Diante das sabatinas diárias da vida é imprescindível aprendermos o que significa "orar e vigiar" e não fazer a ninguém o que não queremos que nos façam. Quantos são capazes de vivenciar suas lições e seus exemplos, ante as provas e os embates do dia a dia, oferecendo a outra face ante o agressor e perdoando sempre? Se já começamos a ensaiar essa difícil conduta então Jesus já nasceu para nós e temos um Natal para comemorar. Mas muitos ainda trazemos o coração fechado a essa realidade, tais como as estalagens de Belém, cujas portas se fecharam ao seu nascimento.

Se perguntássemos a Paulo de Tarso onde nasceu Jesus, certamente diria que foi diante das Portas de Damasco, onde ele chegou para aprisionar alguns cristãos da cidade. Se perguntássemos a Maria Madalena onde Ele nasceu, com certeza, responderia que Jesus nasceu para ela na casa de Simão, o fariseu. Foi ali que depois de lavar e enxugar seus pés, ela ouviu sua voz compassiva perdoando-lhe os pecados.

Onde predomina o orgulho e o egoísmo – essas patologias crônicas da alma humana – Ele não poderá renascer, ainda que invocado em rituais e ladainhas. É imprescindível que façamos do coração uma manjedoura humilde para que Jesus possa renascer em nossas vidas. Caso contrário, além da beleza sentimental da fraternidade e o significado envolvente do Natal no seio da família, temos apenas uma data histórica para comemorar, com muitos presentes, a figura patética de um Papai Noel, um banquete de sabores e aparências e o apego às ilusões do mundo.

Zilda Arns: Deixai vir a mim as crianças...[21]

Quando penso na missão humanitária de Zilda Arns, levando a um povo tão pobre como o do Haiti sua disposição de fundar no país a sua Pastoral da Criança, e ali caindo sob os escombros de uma igreja, lembro-me da história de outros missionários que também deixaram suas pátrias para viver em nome do amor. Sob esta bandeira a enfermeira britânica Florence Nightingale foi para a Turquia atender, como pioneira, os feridos de guerra, na Criméia, onde contraiu tifo. O bispo católico Daniel Comboni, deixou a Itália para dedicar-se aos doentes e miseráveis do Sudão, onde morreu de febre em 1881. Albert Schweitzer já era um reconhecido intelectual alemão quando, aos 30 anos, foi estudar medicina para doar-se inteiramente às comunidades negras da África, morrendo em Lambaréne, em 1965, cercado pela gratidão do povo do Gabão.

Todas as fronteiras se abriram para Zilda Arns e se há uma imagem que a identificou para o mundo foi a feição solidária do seu sorriso. Sua expressão era o retrato de um coração que se abria a todos, e sobretudo às crianças, com uma dedicação incondicional, num gesto incansável de esperança pela redenção dos desamparados. Seu amor ao próximo começara na menina que auxiliava os lavradores pobres, os indigentes que cruzavam seus passos e depois buscando recursos públicos para socorrer os necessitados. Médica, fez da pediatria uma especialidade providencial ao compreender que, para as crianças carentes, o carinho, os cuidados com a alimentação,

---

21 Artigo publicado em fevereiro de 2012 pelo blog Palavrastodaspalavras e em março pelo *Jornal Mundo Espírita*, órgão de divulgação da Federação Espírita do Paraná.

higiene e prevenção são tão ou mais importantes que o tratamento clínico.

A Pastoral da Criança, organismo de Ação Social da Conferência Nacional dos Bispos do Brasil (CNBB), teve início no ano de 1983, na pequena cidade paranaense de Florestópolis, escolhida pelo altíssimo percentual de crianças mortas e onde o índice anual de mortalidade, depois de iniciado o seu trabalho, caiu de 127 para apenas 28 óbitos. Essa estatística de sucesso e os surpreendentes resultados posteriores apurados no Brasil inteiro, colocaram a Pastoral da Criança na vanguarda dos grandes projetos humanitários do mundo. As sementes do seu trabalho junto às mães e crianças carentes espalhadas nos bolsões de miséria de todo o país floriram e frutificaram, numa rede de solidariedade com mais de 260 mil voluntários, que acompanham cerca de dois milhões de crianças de até seis anos, além de quase 100.000 gestantes em 42.000 comunidades pobres em mais de 4.000 municípios. Suas condecorações, os vários títulos recebidos e a indicação para o Prêmio Nobel da Paz em 2001, 2002 e 2003 foram os gratos reconhecimentos desse fantástico trabalho.

Mas seu fraterno coração não palpitou apenas pelos pequeninos, como também por aqueles que, depois dos 60 anos, sobrevivem na miséria e na solidão. Em 2004, funda a Pastoral da Pessoa Idosa, criando uma rede de 15.000 voluntários "eleitos" pela dedicação e o amor com que atendem atualmente cerca de 100.000 idosos, sendo muitos desses irmãos estigmatizados pela omissão social e tantos deles pela ingratidão dos que mais amaram.

Em 12 de janeiro de 2010, Porto Príncipe foi palco de uma tragédia que sepultou cerca de 200.000 pessoas. Entre tantas vítimas, contavam-se 12 militares brasileiros e a médica e sanitarista Zilda Arns Neumann, catarinense nascida em 25 de agosto de 1934, na cidade de Forquilhinha. Zilda lá chegara em missão internacional para levar a um dos países mais pobres do mundo o tesouro da saúde pela educação e o sonho de sobrevivência das crianças haitianas. Aos 75, anos deixou a roupagem física para entrar na imortalidade da vida. Algumas horas antes, na plenitude de sua obra missionária, proferira a última palestra que deu na Terra, e, referindo-se ao tema que sublimou sua existência, disse, poeticamente, com a beleza das metáforas:

Como os pássaros, que cuidam de seus filhos ao fazer um ninho no alto das árvores e nas montanhas, longe dos predadores, das ameaças e dos perigos, e mais perto de Deus, devemos cuidar de nossas crianças como um bem sagrado, promover o respeito a seus direitos e protegê-las.

Ao dedicar 27 anos de sua vida para atender as crianças do mundo, Zilda Arns foi o exemplo mais eloquente da aplicação das palavras de Jesus:

Deixai vir a mim as crianças, porque delas é o Reino dos Céus (Mt. 19, 13-15).

Florence Nightingale:
A lâmpada da caridade[22]

*A Enfermagem é uma arte; e para realizá-la como arte,
requer uma devoção tão exclusiva, um preparo tão rigoroso,
como a obra de qualquer pintor ou escultor; pois o que é tratar da tela morta ou do frio mármore comparado ao tratar
do corpo vivo, o templo do espírito de Deus? É uma das artes,
poder-se-ia dizer, a mais bela das artes...*

Florence Nightingale

Realmente é uma arte das mais belas devotar-se ao alívio do sofrimento humano, e Florence Nightingale, filha de aristocratas londrinos, teve que romper com a própria família quando optou por esse caminho. Contrariada com o vazio da vida na alta sociedade de Londres, aos 24 anos sente um forte apelo íntimo para cuidar dos enfermos, mas viu os primeiros passos de sua vocação paralisados pela frontal oposição da mãe.

Nascida na Itália, numa longa viagem dos pais, seu nome foi uma referência à cidade de Florença onde veio à luz em 12 de maio de 1820. Aos vinte anos, entediada com a rotina dos bordados e da dança de salão, insiste com os pais que a deixem estudar matemática, mas a mãe não permite. Contudo, como o pai gostava da matemática, ambos acabaram concordando, desde que a filha estudasse tutorada por bons matemáticos, entre eles Arthur Cayley – posteriormente

---

22 Este artigo foi especialmente escrito para a coluna Trabalhadores do Bem do *Jornal Mundo Espírita*, órgão de divulgação da Federação Espírita do Paraná, onde foi publicado em abril de 2012, sendo posteriormente postado no blog *Palavrastodaspalavras*, em 9 de junho do mesmo ano.

conhecido pelos seus estudos da matemática pura e sobretudo pelo seu trabalho sobre matrizes algébricas, desenvolvido na mecânica quântica por Werner Heisenberg em 1925 – e por James Joseph Sylvester – celebrizado pelas suas teorias dos invariantes, matricial e análise combinatória – de quem foi considerada a melhor aluna. Seus conhecimentos de Aritmética, Geometria e Álgebra foram utilizados para dar aulas para crianças antes que abraçasse a carreira de enfermagem. Além das aulas com os matemáticos ingleses, Florence estudou os métodos estatísticos do cientista belga Jacques Quetelet – célebre pelos estudos sobre o Índice da Massa Corporal (IMC) – que ela aplicou pela primeira vez, como enfermeira de guerra, utilizando métodos de representação visual, com informações em forma de diagrama, para mostrar as taxas de mortalidade dos soldados na Guerra da Criméia.

Seu caminho irreversível para a enfermagem começa em 1846, ao sensibilizar-se diante de um fato que escandalizou a opinião pública, pelo péssimo tratamento que levou à morte um indigente, numa enfermaria de Londres. Florence levantou a bandeira do Comitê de Lei para os Pobres (Poor Law Board) propondo sua reforma e visando ampliar os deveres do Estado no atendimento dos pobres e desamparados. Seu interesse pelas causas sociais e suas iniciativas de buscar experiência para socorrer doentes em hospitais, contudo, não eram aceitas pela família. Seus poucos procedimentos de enfermagem reduziam-se ao atendimento de parentes e amigos doentes. Os fortes preconceitos sociais da época não abriam à profissão uma graduação acadêmica e as enfermeiras eram vistas como pessoas sem preparo, ignorantes, sem reputação, ladras, sexualmente promíscuas e voltadas para o alcoolismo.[23]

---

23 Charles Dickens (1812-1870), o mais famoso escritor da era vitoriana e um crítico profundo da miséria social do seu tempo, retratou de uma forma nua

Aos 30 anos Florence decide romper com a oposição da família e finalmente iniciar uma missão que, segundo ela, nascera de um chamamento espiritual ouvido aos 17 anos. A partir de então começa a fazer estágios em importantes hospitais da Alemanha e da França, iniciando seu treinamento como enfermeira. Em março de 1854 teve início a Guerra da Crimeia, com a Inglaterra, França e Turquia declarando guerra à Rússia. As críticas da imprensa contra a precariedade hospitalar na retaguarda militar britânica levou o governo da Inglaterra a solicitar a supervisão oficial de Florence aos hospitais ingleses na Turquia, onde chegou em novembro de 1854, com 38 enfermeiras.

O início de seu trabalho em Scutari, um subúrbio asiático de Constantinopla (hoje Istambul), não foi fácil, pelo fato de ser mulher e ter que enfrentar os preconceitos, a burocracia, a alta hierarquia militar, a hostilidade dos médicos e a falta de recursos, a fim de mudar toda a estrutura do sistema hospitalar. Encontrou os soldados deitados em chão de terra, partilhando o mesmo ambiente com baratas, insetos e ratos, onde os processos cirúrgicos eram feitos em condições anti-higiênicas. Alarmada com o altíssimo índice de mortalidade causado pelo tifo e pela cólera, concluiu que as doenças hospitalares estavam matando sete vezes mais do que os campos de batalha. Com uma coleta constante de dados e aplicando os métodos de Quetelet, organizou registros e estatísticas montando diagramas de área polar onde visualizou, mês a mês, que o rigor na assepsia fazia decrescer as mortes por infecção. Durante o mês de janeiro de 1855, enquanto 2.761 soldados morreram por doenças

---

e crua o perfil da enfermagem na Inglaterra em seus romances *Oliver Twist* e *Martin Chuzzlewitt*. Neste último, a célebre personagem da enfermeira Mrs. Sairey Gamp é o retrato chocante do despreparo profissional, da frieza e do descaso para com os doentes.

contagiosas, apenas 324 foram por causas diversas e 83 por ferimentos em campo de batalha. Seus relatórios foram de importância vital para a sobrevivênvia do exército britânico na guerra, mostrando que com tal índice de mortalidade e a não reposição constante das tropas, em pouco tempo todo o contingente da Crimeia seria aniquilado pela infecção. Três meses depois de sua chegada, as taxas de mortalidade de fevereiro de 1855 caíram de 60% para 42,7%. Prosseguindo com as melhorias sanitárias, o uso da água fresca, frutas, vegetais e novos equipamentos hospitalares, os óbitos caíram em abril para 2,2%.

Com o correr das semanas e dos meses, a imagem de Florence emergia triunfante pelo reconhecimento e admiração dos próprios médicos e pelos resultados da disciplina e da liderança com que comandava as demais enfermeiras. Todavia, foi entre os soldados que sua imagem foi surgindo como a de um anjo da guarda, sempre buscando consolar os moribundos. Sua generosidade e doçura com os pacientes e seus cuidados percorrendo as enfermarias dos batalhões e acampamentos durante a noite com uma lanterna na mão, visitando a todos e dirigindo-se a cada um, fizeram-na conhecida como "a dama da lâmpada".

Com o fim da guerra, Florence retorna a Londres e verifica que os soldados, entre 20 e 35 anos, mesmo desmobilizados pelo fim da guerra, dobravam o índice de mortalidade em relação aos civis. Seu pedido de investigação e de reforma nas condições sanitárias dos hospitais militares chamou a atenção da Rainha Vitória e uma Comissão Real Sobre a Saúde nas Forças Armadas foi instalada, em 1857. As mesmas providências Florence pediu para os hospitais militares da Índia. Em 1858, suas contribuições para a saúde dos soldados ingleses levaram-na a ser eleita membro da Sociedade Estatística Real.

Quando de seu retorno à Inglaterra, em 1856, acamada e limitada pela doença que contraiu na guerra, recebe um prêmio em dinheiro do governo britânico, pelo extraordinário trabalho e a dedicação incondicional aos feridos na guerra. Todo o dinheiro foi usado por Florence para fundar, em 1859, a Primeira Escola de Enfermagem, no Hospital Saint Thomas, tornando-se modelo para as demais escolas que surgiram no mundo ao estabelecer as bases da moderna enfermagem. Era o seu sonho transformando-se em realidade: ensinar a outras mulheres a grandeza e a dignidade da enfermagem, concebida como uma verdadeira profissão e exercida com ciência e como uma arte.

A biografia de Florence Nightingale é a história de uma vida inteiramente dedicada ao amor pelos semelhantes e seus detalhes não cabem nos limites deste artigo. Na Guerra da Crimeia, quando um médico a pediu em casamento, ela respondeu que "Com 17 anos ouvi a voz de Deus convocando meus serviços". Sua missão de lenir o sofrimento humano nunca lhe permitiu que se casasse. O espírito Emmanuel, numa sugestiva passagem, referindo-se à "dama da lâmpada", afirmou: "Pensas em Florence Nigthtingale, a mulher admirável que esteve quase um século entre os homens, dedicando-se aos feridos e aos doentes, sem quaisquer intenções subalternas." (*Justiça Divina*, F. C. Xavier, FEB, 3ª ed., p. 109).

Escolhi servir ao próximo porque sei que todos nós um dia precisamos de ajuda. Escolhi ser enfermeira porque amo e respeito a vida!!!

Florence Nigthtingale (1820-1910)

Daniel Comboni: A vida pelo evangelho e pela África[24]

Contam os fatos que o padre italiano Daniel Comboni foi canonizado em 2003 pelo fato de ter salvado da morte por infecção generalizada a menina brasileira Maria José Paixão Oliveira, internada num hospital do município de São Mateus, no estado do Espírito Santo. A cura, inexplicável pela medicina acadêmica, ocorreu, no início da década de 70, depois de uma noite de preces dirigida ao espírito Daniel Comboni, pela freira camboniana Luigia Polli.

Considerado um dos maiores missionários na história da Igreja, Daniel Comboni nasceu na pobreza em Limone (Itália) em 15 de março de 1831 e consagrou sua vida à evangelização dos negros da África. Ordenado padre pela congregação mazziana em 1854 e sensibilizado com o que ouvira sobre a miséria que devorava as populações africanas, partiu para o continente negro em 1857. Viajando de navio, e em pequenas embarcações pelo rio Nilo, chegou a Cartum após quatro extenuantes meses, onde encontrou um povo entregue à própria sorte, vitimado pelas doenças, numa paisagem de extrema miséria social e um clima insuportável. Apesar dessa impactante visão escreve a seus pais:

Teremos que fatigar-nos, suar, morrer; mas a ideia de que se sua e se morre por amor de Jesus Cristo e pela salvação das almas mais abandonadas do mundo é demasiado doce para que nos faça desistir dessa grande obra.

---

24 Artigo especialmente escrito para a coluna Trabalhadores do Bem do *Jornal Mundo Espírita*, órgão de divulgação da Federação Espírita do Paraná, onde foi publicado em abril de 2012.

Tudo conspirava para o desânimo e a desesperança. O calor abrasador do centro da África, a doença dos companheiros de viagem, a morte de um deles e o forte estado febril de Combone, determina o fracasso de sua primeira viagem ao Sudão e o seu retorno com os demais sacerdotes mazzianos à Europa. Diante de uma realidade tão cruel, muitas missões eram interrompidas. Havia vinte anos que as intenções de evangelizar as populações centro-africanas custaram a vida de 64 missionários de várias congregações.

Apesar desse impasse seu sonho de evangelizar os africanos continua inalterado. Em 1864, enquanto orava junto a tumba de São Pedro, recebe a intuição de que a África deve ser evangelizada pelos próprios sacerdotes africanos, antecipando em cem anos o que disse Paulo VI na sua visita a Uganda, em 1969: "Desde agora, vocês os africanos sois os evangelizadores de vós mesmos". A partir de 1864, com apoio do papa Pio IX e dos dirigentes da importante instituição católica Propaganda Fide, Cambone percorre quase toda a Europa em busca de auxílio para seu retorno ao Sudão. Nesse período funda a primeira revista missionária da Itália e estuda francês, inglês, árabe e algumas línguas africanas. Em 1867 cria, em Verona, o Instituto dos Missionários Cambonianos, e cinco anos depois o Instituto das Irmãs Missionárias Cambonianas, que seriam as primeiras religiosas a evangelizar a África Central. Ainda em 1867 vai ao Cairo em busca de vocações missionárias locais, e três anos depois a instituição masculina já contava com 31 candidatos.

Em 1870, apresenta seu plano ao Concílio Vaticano I, de "Salvar a África com a África", enfatizando que somente com missionários africanos – educados na própria região e não na Europa, onde se iludiam com o conforto e não mais regressavam aos seus países – é que se poderia reverter a desamparada situação da África, naquela época algemada pelo tráfico da escravidão e prostrada pelo colonialismo.

Com sua petição aprovada, a Santa Sé reabre, em maio de 1870, a missão para a África Central, abandonada cinco anos antes diante de tantos reveses e adversidades. A Comboni é confiada a responsabilidade do vigariato mais extenso do mundo, com circunscrição eclesiástica de cinco milhões de quilômetros quadrados. A partir de então se entrega incondicionalmente ao hercúleo trabalho de salvar os africanos da ignorância, da miséria e da escravidão. Montado em camelo, atravessa o deserto para fundar em El Obeid, sul da Sudão, três missões de amparo aos escravos. Naqueles anos o tráfico negreiro estava culturalmente tão consentido que tanto no Sudão quanto no Egito, o único refúgio seguro para os escravos eram as missões fundadas por Comboni.

Por suas decisões corajosas e seu incansável trabalho missionário, seu nome passa a ser conhecido em toda a Europa, para onde viajou muitas vezes em busca de contato com associações de apoio missionário, dialogando com reis, bispos e altas autoridades em busca de recursos materiais e organizando grupos missionários para o imenso desafio de sustentar seu trabalho de evangelização, ameaçado pelos crescentes interesses dos países europeus em explorar a região com o trabalho escravo. A luta de Daniel Comboni é desigual, de um Davi contra Golias. Sua esperança está na disposição humana e religiosa dos próprios africanos. Quando, aos 46 anos, é consagrado bispo e nomeado vigário apostólico da África Central, um de seus primeiros atos foi ordenar como sacerdote um ex-escravo africano, num tempo em que na Europa negava-se aos negros a condição humana.

Sua luta contra a escravidão é cobrada com perseguições, difamações e imensas dificuldades materiais para a sobrevivência missionária. Contudo, seu imenso amor pelos desamparados da África e os passos tantas vezes solitários da sua luta levam-no a dizer um dia:

Eu tenho uma vida somente para consagrá-la ao bem dos Africanos: desejaria ter mil vidas para consumi-las nesse sonho.

Em 1877, a grande estiagem e a carestia que se abateu sobre o Sudão dizimou a população e abalou a sobrevivência da Missão. Quase abandonado, Comboni volta à Europa em busca de mais socorro. Em 1880 retorna à África pela oitava e última vez, chegando a Cartum em junho de 1881, já gravemente enfermo pela febre que levou à morte quase todos os padres e freiras da Missão. Além desse drama, a situação material se agravava pelos empecilhos políticos e religiosos colocados no caminho de sua obra. Abate-se também pela omissão de alguns colaboradores. Invencível pela perseverança, mas abalado por um calvário tão íngreme, Comboni começa a vergar pelo extremo esgotamento, pela morte de tantos companheiros, amargurado por acusações injustas e as maldosas calúnias dos escravocratas. Em 10 de outubro de 1881, aos 50 anos, deixa o plano físico para habitar um mundo maior. Dez anos depois de sua morte, os Institutos que fundou começaram a ensaiar seus primeiros passos fora da África. Na atualidade, os combonianos têm missões em quatro continentes. Contam com 14 bispos e quase 1.600 padres de 35 nacionalidades e com cerca de 1.900 irmãs de 27 países. Têm inúmeras missões na América Latina, e no Brasil estão presentes em São Paulo, na Bahia e outros estados. Espiritualmente é relevante destacar aqui que em suas últimas palavras Daniel Comboni visualizou profeticamente a imensa expansão de sua obra pelo mundo inteiro:

Tende confiança nesta hora difícil e mais ainda nos tempos vindouros. Não desistais, nem renuncieis nunca. Eu morro, mas a minha obra não morrerá.

Irmã Dulce: A vida pela caridade[25]

Ela viveu com "um pires na mão" rogando a Deus e aos homens que a ajudassem a socorrer os desamparados. Essa foi a determinação de seu espírito: fazer de sua vida um instrumento da fé e da caridade.

Maria Rita de Souza Brito Lopes Pontes nasceu em Salvador, dia 26 de maio de 1914, e, aos 20 anos de idade, consagra sua vida à castidade, pobreza e obediência, recebendo o nome de Irmã Dulce. Sua pequena estatura e fragilidade física contrastavam com o caráter independente e obstinado que marcaram sua luta e sua coragem para defender os pobres e os doentes. Um dos fatos mais marcantes dessa coragem foi ter invadido cinco casas vazias, na Ilha dos Ratos, para abrigar e cuidar de mendigos e doentes que recolhia nas ruas. Incompreendida pelo seu gesto fraterno, foi expulsa do local por ordens municipais, e durante dez anos bateu de porta em porta, na cidade de Salvador, apelando ao povo, nos mercados e feiras livres, por um pouco de comida para alimentar seus assistidos, assim como foi ao encontro das autoridades, prefeitos e governadores, rogando por um espaço onde pudesse abrigar a sua obra. O único lugar que lhe ofereceram foi um antigo galinheiro no Convento de Santo Antônio, que sua criatividade e o amor transformaram num albergue. Mais tarde, com a doação de um terreno pelo governo da Bahia, seu trabalho e o sonho de servir transformaram o albergue no Hospital Santo Antônio. A dedicação e o tempo fariam desse local a

---

25 Artigo especialmente escrito para a coluna Trabalhadores do Bem do *Jornal Mundo Espírita*, órgão de divulgação da Federação Espírita do Paraná, onde foi publicado em setembro de 2012.

sua grande obra de caridade, estruturada num centro médico social-educacional que atende pobres, doentes e abandonados de toda parte.

Sua imensa bondade começou a repartir-se aos treze anos, entre os miseráveis e carentes que cruzavam o caminho de seu coração no portão de sua casa, transformada num centro de atendimento aos filhos do calvário. Contudo, os passos determinados na sua missão começam aos 20 anos, como professora e enfermeira voluntária, ensinando e assistindo as comunidades pobres nas favelas de Alagados e de Itapegipe, na Cidade Baixa, área onde viriam a se concentrar as principais atividades das suas Obras Sociais, na cidade de Salvador.

Em 1936, ela fundou o primeiro movimento cristão operário de Salvador chamado União Operária São Francisco. Para conseguir financiar o número sempre crescente dos seus assistidos, sua criatividade não tinha limites. Com o franciscano alemão Frei Hildebrando Kruthaup construiu três cinemas, uma fonte autossustentável cuja renda mantinha o Círculo Operário da Bahia, aberto por ambos em 1937, para atender os filhos dos trabalhadores pobres, proporcionando atividades culturais e recreativas, além de uma escola de ofício.

Sua grande obra é o Hospital Santo Antônio, capaz de atender setecentos pacientes e duzentos casos ambulatoriais. A assistência médica conta com especialização geriátrica, cirúrgica, hospital infantil, centro de atendimento e tratamento de alcoolismo, clínica feminina, unidade de coleta e transfusão de sangue, laboratórios, um centro de reabilitação e prevenção de deficiências. A instituição, que atende a população carente e oferece exames de alta complexidade, é considerada pelo Ministério da Saúde como o maior complexo de saúde do Brasil com atendimento 100% SUS.

Mas a dimensão das suas obras sociais não para por aí. Irmã Dulce criou também o Centro Educacional Santo

Antônio, instalado na pequena cidade de Simões Filho, na região metropolitana de Salvador, onde são abrigadas mais de trezentas crianças de 3 a 17 anos, educadas e encaminhadas para cursos profissionalizantes. Sua imensa obra social se completa com o Centro Geriátrico Júlia Magalhães, um asilo que é tido como referência do Ministério da Saúde no atendimento ao idoso, pela qualidade integral da assistência ambulatorial e hospitalar para casos graves e pacientes crônicos.

Suas Obras Sociais – um complexo de 15 núcleos, que prestam atendimento nas áreas de saúde, assistência social, educação, ensino e pesquisa médica – estão entre as mais notáveis realizações assistenciais do Brasil. Católica por convicção, Irmã Dulce tornou-se uma das figuras mais proeminentes na área da religiosidade do séc. XX. Sua fé e a entrega de sua vida abraçando a bandeira da caridade, foi como a vida e a obra do espírita Francisco Cândido Xavier, um exemplo irretocável de ecumenismo e de amor aos semelhantes, que conquistou respeito de todos aqueles que colocam o Cristo acima das barreiras das religiões.

Assim a descreve a jornalista baiana Danutta Rodrigues:

O que me chamava atenção em Irmã Dulce era a preocupação que tinha com o outro. Ela poderia estar cansada e era incapaz de transferir isso a outro. Sempre procurava ouvir, ajudar, acompanhar. Ela sempre tinha um tempo para todos. Ela era um evangelho vivo.

Em 11 de novembro de 1990, Irmã Dulce foi internada no Hospital Português com problemas respiratórios e depois transferida à UTI do Hospital Aliança e finalmente ao Hospital Santo Antônio. Em 20 de outubro de 1991, recebe no seu leito de enferma a visita do Papa João Paulo II. No dia 13 de março de 1992, aos 77 anos, seu espírito deixa o corpo físico para voltar ao Mundo Maior com a certeza de sua missão cumprida. Inicialmente sepultada no alto do Santo Cristo, na Basílica de Nossa Senhora da Conceição da Praia, seu corpo foi posteriormente transferido para a Capela do Hospital Santo Antônio, centro das Obras Assistenciais Irmã Dulce.

Nos jardins deste hospital há uma pequena placa onde se lê:

O Galinheiro

Este espaço é o marco inicial das Obras Sociais de Irmã Dulce. Aqui existia o galinheiro do Convento Santo Antônio, onde em 1949, Irmã Dulce teve a permissão da madre superiora para abrigar 70 doentes que cuidava em espaços públicos e privados da cidade baixa.

Sérgio Rubens Sosséla[26]

Conheci o Sosséla em 1962, no primeiro ano de Direito da Universidade Federal do Paraná, mas foi somente no ano seguinte que nos aproximamos. Eu começava a escrever poesia e ele, crítica literária. Seu primeiro livro, publicado em 1962, chamou-se *9 artigos de crítica* que ele autografou para mim em 20 de setembro de 1963, com as seguintes palavras: "Ao amigo e colega Manoel de Andrade, oferece o autor com abraços". Tratava-se de textos que eu já tinha lido nos jornais de Curitiba. Na época ele estava preparando seu segundo livro que se chamaria: *Apontamentos de Crítica (1)*.

Os *9 artigos de crítica* falavam de música, literatura e cinema e começava ali a sua grande paixão pelo contista português Fialho de Almeida. Em suas páginas escreveu indignado: [...] "Incrível o pouco caso manifestado por críticos, historiadores e editores portugueses ao genial cinzelador dos 'Ceifeiros'. Um escritor que orgulharia qualquer povo, esquecido, completamente esquecido em sua pátria. O esquecimento voluntário é um crime." Lembro-me que uma vez o encontrei exultante. Trazia nas mãos dois amarrotados volumes de *Os gatos*, que havia achado num sebo. Era uma edição portuguesa do fim do século XIX. Nem ele mesmo acreditava que aqueles livros tivessem vindo parar em Curitiba. Só aqueles que amam os livros sabem o prazer de encontrar uma obra rara de um autor preferido.

---

26 Estas informações sobre Sérgio Rubens Sosélla me foram solicitadas em março de 2011, pela professora Gersonita Elpídio dos Santos, para sua dissertação de mestrado em Letras, pela Universidade Estadual de Maringá, que resultou no livro *Silêncio, sombra e solidão na poesia de Sérgio Rubens Sosélla*, publicado em 2013 pela Editora Massoni.

Na década de 60, Sossélla escrevia semanalmente na coluna DP Domingo do jornal *Diário do Paraná* que fazia parte da grande rede dos Diários Associados. Trocávamos mútuas opiniões sobre os textos que escrevíamos. Lembro-me do primeiro poema que publiquei em 17 de julho de 1963, no jornal *Estado do Paraná*. Chamava-se "Praias" e foi ele quem revisou o original, sugerindo-me pequenas modificações. Em fins de 1965, o Grêmio Clóvis Bevilaqua, criado para organizar nossa formatura em 1966, passou a editar uma publicação acadêmica chamada *O Grêmio*. Era um boletim informativo-cultural, cujo primeiro presidente foi o colega Fausto Luiz Sant'Ana e sua principal finalidade era organizar os fundos para a graduação. O primeiro número saiu em novembro de 1965. Na parte literária, trazia um trecho autobiográfico de Thomas Mann e um poema político meu chamado "Epinício", que também passou pelo crivo do Sosséla. Creio que ele publicou alguns textos nos números seguintes.

Ao término das aulas saíamos quase sempre juntos e íamos direto para a Livraria Ghignone, a uma quadra e meia da Faculdade. Lá chegavam outros colegas de turma como o Alaor Galhardo, o José Arruda, também apaixonados por livros. Era ali que encontrávamos os intelectuais Nelson Padrela, o Jamil Snege, Walmor Marcelino e o Aristides Vinholes. O Sossélla, muito mais que eu, era literalmente um "rato de livraria". Não era raro nos encontrarmos, também, nos poucos sebos que Curitiba tinha naquela época.

No começo dos anos sessenta, o Concretismo estava dando as cartas na literatura e eu acabei entrando naquela "canoa furada", onde a mera formalidade gráfica, a visualidade e a própria eliminação do verso sacrificavam o real encanto e o lirismo da poesia. A nova cartilha passava pelo poema *"Un coup de dês"* de Mallarmé, o *"Finnegans Wake"*, de

Joyce, os cantos de Ezra Pound e pelas experiências futuristas e dadaístas. O Sossélla, literalmente mais crítico que eu, não só passou imune por sua bizarra influência, mas mostrou a inadequada pretensão poética do movimento em seu terceiro livro *Apontamentos de crítica (3)*. No texto "Concretismo: significação poética" ele argumenta que a poesia feita em São Paulo pelo grupo Noigandres atrofiava o significado da poesia, descontextualizando o sentido das palavras. Essa consciência crítica e essa visão antecipada da sua incoerência como expressão da poesia era já um prenúncio da fugaz existência literária que teve o Concretismo. Este era um assunto polêmico na época, um feudo intelectual, mas Sossélla teve a coragem e agudeza de colocar o dedo na ferida. O alerta contra o excessivo intelectualismo na poesia foi dado também pelo poeta Ferreira Gullar que se identificando com o momento histórico pelo qual passava o Brasil, desde o golpe de 1964, abandonou o formalismo concretista e retomou a linguagem poética, identificando-a com as causas políticas. Mas não foram muitos os poetas brasileiros que abandonaram o mero intelectualismo que então grassava não só no Concretismo, mas também na Poesia-práxis e no Poema/processo, para fazer esta opção pelo social e isso eu senti aqui em Curitiba. Em 1965, quando o regime militar já era abertamente denunciado pelas prisões e torturas, participei da Noite da Poesia Paranaense, no Teatro Guaíra, e o único poema – declamado entre os 14 poetas participantes – que ousou encarar a ditadura chamava-se "A náusea", onde eu perguntava:

> *[...] saberás conter essa indignação*
> *somente no lirismo dos teus versos,*
> *ou irás colar teu escarro no pátio sangrento*
> *dos quartéis? [...]*

O Sossélla estava lá, mas como espectador, porque ele não trocara ainda a condição de crítico pela de poeta e seu primeiro livro de poesia, *Sobrepoemas*, somente seria publicado em 1966. Ele não era, ideologicamente, tão radical, mas ambos partilhávamos da mesma revolta contra a ditadura, embora ele nunca tenha expressado, pelo que eu li de sua poesia naqueles anos, qualquer engajamento nos seus versos.

No começo de 1966 começou a ser publicada em Curitiba a *Revista Forma*, concebida pela genialidade gráfica de Cleto de Assis e a invejável intelectualidade de Philomena Gebran. A revista, ainda que de vida curta, foi um marco de requintada cultura. O Sossélla e eu tivemos nossos textos honrados pelos seus diretores. No primeiro número o Cleto ilustrou os versos do meu "Poema brabo" e no segundo, o texto-montagem *"My name is Orson Welles"* do Sossela o qual passou a integrar o Conselho de Redação da Revista.

Até aquele ano de 1966 convivíamos quase diariamente, já que cursávamos o último ano de Direito e partilhávamos culturalmente os mesmos caminhos. A partir de 1967 já não nos víamos com tanta frequência. Ele trabalhava na Biblioteca Pública e eu no Departamento de Estradas de Rodagem, lugares bem distantes, na geografia urbana daquela época. O golpe militar de 1964, à medida que os anos passavam, também começou a definir claramente os rumos a serem trilhados pelos intelectuais. Alguns optaram por colocar sua arte a serviço da luta contra a ditadura e essa foi minha opção como poeta. Em outubro de 1968, escrevi um poema chamado "Saudação a Che Guevara", pregando a luta armada. Esse poema foi panfletado em universidades, centros acadêmicos e sindicatos e quando em dezembro veio o AI-5, passei a ser procurado pelo DOPS. As pessoas estavam sumindo e muitas delas jamais reapareceram. Nesse contexto de terror e pânico, fugi do Brasil em março de 1969 e nunca mais vi o Sossélla.

Na tarde de terça-feira, 19 de abril de 2011, o artista gráfico e editor Cleto de Assis, o jornalista e escritor Hélio de Freitas Puglielli e eu participamos de um estudo em grupo, da obra de Jamil Snege. Comentei com ambos que me fora pedido um texto sobre o Sossélla e perguntei que relações tiveram com ele. O Hélio me disse que no início da década de 60 foi surpreendido, nos corredores da antiga Secretaria de Viação e Obras Públicas, por um rapaz magro e de óculos, voz grossa, que lhe solicitou a publicação de "uma crônica hebdomadária" no jornal em que ele era o redator. Tratava-se do Sérgio Rubens Sosséla, que, nas palavras do Hélio "tornou-se um grande poeta, cuja obra ainda há de ser reconhecida como importante contribuição à literatura brasileira. Advirta-se que logo ele perdeu o hábito de arcaísmos, como o que usou para pleitear a publicação de uma crônica semanal." Os arcaísmos a que se refere o Hélio devem-se, com toda certeza, à influência do estilo literário de Fialho de Almeida. Influência que ele perdeu por conselho de seu amigo, o escritor Ernani Reichmann.

Já o Cleto de Assis preferiu me mandar um email onde afirma que:

Minha amizade com Sérgio Rubens Sosélla foi daquelas que consideramos como de curta comunicação, mas de intensa voltagem. Lembro-me de sua figura franzina, ainda estudante mas já vestido como jurista, de gravata e pasta de couro, a procurar-me para tratar da edição de um ensaio seu sobre A Procissão de Eus, *do escritor paranaense Milton Carneiro. Desde logo foi possível perceber que, diante de mim, estava um homem inquieto, imensamente interessado com a dinâmica literária. Seu pequeno livro tentava ler as entrelinhas do amigo intelectual mais idoso e sofrido, transformando o primeiro texto numa espécie de poema exegético em prosa. Aquela análise crítica, que logo iria ao prelo da pequena gráfica na qual eu tentava criar uma editora, em companhia de Philomena Gebran, seria o primeiro laço com o nascente escritor, crítico e poeta. A seu pedido, desenhei também a capa. Passamos a conviver nas tertúlias artísticas, a nos encontrar no cine-clube do Santa Maria, a dividir conversas longas e interessantes com amigos comuns. Mas foi rápida a nossa comunicação interpessoal, devido a diferentes geografias às quais fomos ejetados, nos anos seguintes. Acompanhei, no entanto, a sua progressão profissional e artística, por meio de notícias de jornais e fala dos amigos, até seu exílio final no interior do Paraná, que não chegou a desvanecer a sua inquietude e a prolífera produção literária.*

Quando por razões familiares, voltei ao Brasil, em meados de 1972, não encontrei mais o Sossélla em Curitiba. Soube que era juiz em Jacarezinho. A situação do país passava, politicamente, por sua fase mais tenebrosa. Era a época da Guerrilha do Araguaia e a ordem já não era mais prender os "subversivos", mas executá-los. Embora no anonimato social e literário, alguns meses depois que cheguei, soube que os agentes do DOPS já estavam à minha procura. Isolei-me mais ainda. Muitas coisas mudaram nos meus interesses intelectuais e fiquei cerca de 30 anos longe dos contatos literários, voltando a escrever somente em 2002. Creio que foi no início daquele ano que consegui o telefone do Sossélla em Paranavaí. Tivemos quase duas horas de conversa. Eu falando de minha volta à poesia e ele comentando sua intensa vida literária e a centena de livros publicados. Ficamos de nos rever em Curitiba. Mas esse ansiado reencontro não aconteceu. Em 2003 dois grandes amigos mudaram-se para uma outra dimensão da vida. Em 16 de maio partiu o narrador e poeta Jamil

Snege e em 18 de novembro seguiu o crítico e poeta Sérgio Rubens Sossélla. Os poetas habitam na aldeia da esperança. Não morrem porque não deixam o sonho morrer. Eles vivem nas palavras que deixaram, na memória e na saudade dos amigos e dos amores, porque nada, segundo Shakespeare, separa aqueles que se amam.

COMENTÁRIOS

Sobre a obra *O livreiro de Cabul*[27]

É bem isso aí, caro Salomão. A indústria editorial, como a fonográfica, no mundo inteiro, está promovendo a cultura unicamente pelos "valores" de mercado. "Campeões de venda" nas listas de grandes jornais e revistas??? "Formadores de opinião literária"??? Esta encomenda faz parte do marketing mafioso das editoras. É preciso resistir. O que é difícil, numa cultura cada vez mais marcada pela alienação e pela aparência.

Nesse shopping de ilusões que é o mundo, só se consome o que está na vitrine e, infelizmente, a grife está marcando também a literatura. É imprescindível ter espírito crítico quando se entra nesse bazar sedutor da pós-modernidade, onde estão expostas as "novas tendências", a decantada "conceitualidade" e todo esse irreverente varejo intelectual. Mas tudo isso faz parte do jogo globalizado. Temos que resistir até a últimas trincheiras.

Sobre esse livro, tenho-o visto por aí, quase todo dia, porque também sou um rato à procura de um bom pedaço de queijo. Agora, como não uso meu tempo com a leitura de *best-sellers*, nada posso comentar.

---

27 Este comentário foi postado em 17 de julho de 2008 no blog *Palavrastodaspalavras* sobre o texto original que pode ser lido aqui: <https://palavrastodaspalavras.wordpress.com/2008/01/07/o-livreiro-de-cabul-reportagem-ficcao-ou-farsa-por-salomao-rovedo/>.

Os piratas da Somália[28]

Meu Caro Alberto, muito a propósito a postagem deste artigo do Johann Hari, sobre os piratas da Somália. Eu não conhecia a história nestes termos, mas já desconfiava que houvesse uma bandeira de luta por trás daquela imagem de bandidagem que a mídia quer nos colocar goela abaixo. O que faltou ao ilustre jornalista foi, sobretudo, dizer que a Inglaterra, no século XVII, comandou extraoficialmente a pirataria, para se apoderar da prata que os espanhóis criminosamente roubavam das minas de Potosi, na Bolívia.

Por outro lado, não creio que a imagem de Barba Azul – título de um conto de Perrault cujo personagem é um marido sanguinário que degolou seis das suas sete esposas – seja uma metáfora apropriada. Tem tantas cores sombrias na história da pirataria que acredito que Johann Hari se confundiu nas tonalidades. Não sei se ele quis se referir aos irmãos Barba--Roxa que aterrorizaram o Mediterrâneo no séc. XVII, ou a sua "imagem selvagem da pirataria" queria evocar o sanguinário pirata inglês Barba Negra, que a bordo do seu navio *A Vingança da Rainha Ana*, aterrorizou as costas americanas da Virgínia e da Carolina, entre 1716 e 1718.

Mas tudo isso é um eufemismo comparado à "pirataria de estado" que fez o bucanero Henri Morgan a serviço da Coroa Inglesa, no Caribe. Depois dos saques à esquadra e

---

28 Este texto, comentando o artigo "Os piratas da Somália", do escritor inglês Johann Eduard Hari, foi postado em junho de 2009 no blog *Minhas Histórias* que seu editor, o historiador e jornalista Alberto Moby, republicou e pode ser lido aqui: <https://monitordigital.com.br/as-mentiras-sobre-os-piratas--da-somalia/>.

cidades espanholas nas Antilhas e, sobretudo, depois do violento ataque e a tomada da cidade do Panamá, chegou preso na Inglaterra para ser julgado e recebeu, em 1674, como "sentença", além do perdão do rei Carlos II, o título de cavaleiro e ainda, de lambuja, a vice-governança da Jamaica, como também o comando das tropas inglesas na ilha. Isso sem mencionar outras "pérolas" inglesas como William Dampier e *sir* Francis Drake, consagrados com a fama de navegadores e exploradores, mas que também mancharam seus nomes, na história, com atos de pirataria.

Como você vê, meu caro Alberto, a história do colonialismo europeu, além das páginas de sangue que deixou com o genocídio indígena na América, com o tráfico de negros na África e com as barbaridades que os ingleses fizeram na Índia e na China – leia-se sobretudo A Guerra dos Boxers – deixou também, em seus anais, tantos fatos, como a pirataria, por exemplo, ardilosamente mascarados com o sabor da aventura. Mas são essas pequenas "notas ao pé das páginas" da História, que precisam ser relidas e ampliadas para que nós, que amamos a História como ciência, possamos pôr o dedo nas feridas perenes das grandes injustiças que ainda maculam nosso mundo.

Iman Maleki, o pintor hiperrealista do Irã[29]

Na verdade, já não se sabe o que é arte. Seus paradigmas caíram no começo do século passado. Qualquer coisa, não é arte. O urinol de Duchamp, para muitos é arte. O audacioso bigode na Monalisa é visto hoje como uma ridícula transgressão pós-moderna. A arte contemporânea joga com os conceitos da verdade e da mentira. E por esses sofismas é chamada arte conceitual. Atualmente é mais fácil transgredir do que fazer arte. E o que seria de toda a arte clássica se a transgressão tivesse surgido lá na antiga Grécia. Agora, rejeitar esse conceito é ser taxado de reacionário. O que quero reiterar é a necessidade de rever a ideologia sobre a arte no século XX. É indispensável ressuscitar verdades e princípios porque a pós-modernidade aboliu a consciência crítica.

A arte contemporânea é um círculo fechado. As 7.000 maçãs de Laura Vinci e o quebra-molas de Débora Bolsoni mostram bem os rumos caóticos da arte. São outras tantas aberrações, além de ovos fritos, baldes e outras barbaridades sem vinculação com a realidade e o processo histórico, sem que com isso estejamos contra os movimentos de vanguarda como o futurismo e o surrealismo que ao refletir as inquietudes do meio e da época se identificaram, respectivamente, com o progresso tecnológico e a psicanálise.

A crítica da arte está falida e o que sanciona o valor da arte são os critérios do mercado. Coisas do capitalismo e da globalização, ou a arte, a literatura e a música estão expostas nas

---

29 Comentário postado em 03 de agosto de 2009 no blog *Palavrastodaspalavras*. Leia a matéria original aqui: <https://palavrastodaspalavras.wordpress.com/2009/07/20/iman-maleki-o-pintor-hiperrealista-do-iran-editoria/>.

vitrines ou estão mortas. Todos nós sabemos disso. Vamos às vitrines: um artista plástico da Costa Rica, Guilhermo Vargas Habacuc AMARROU UM CACHORRO NUM CANTO DE UMA GALERIA DE ARTE – numa exposição em Manágua – E O DEIXOU MORRER DE FOME, alegando chamar atenção à hipocrisia humana que somente ali davam atenção à fome do animal, mas que o desprezariam se estivesse na rua. Apesar da crueldade, o artista entrou na mídia. Num outro caso o artista plástico australiano Stelarc (Stelios Arcadion) convocou em 2007 a imprensa para mostrar, na época, sua última obra: UMA ORELHA IMPLANTADA NO PRÓPRIO BRAÇO.

Essa galeria de "arte" é muito grande e seria cansativo mostrar tantos quadros. As polêmicas sobre os espólios da pós-modenidade, na arte, são muitas e não são recentes. Aqui no Brasil, os poetas Ferreira Gullar e Affonso Romano de Sant'Anna têm empunhado essa bandeira, mas ela começou abertamente quando, em 1956, o pintor espanhol Salvador Dalí publicou seu libelo contra a arte moderna, ressaltando que a arte moderna promoveu a feiúra e a hipervalorização da técnica, condenando os críticos que se curvam aos paradigmas enganadores das vanguardas.

Siete puñales en el corazón de América[30]

Sete punhais no coração da América. Que poética imagem para relembrar as incontáveis punhaladas cravadas no corpo inteiro da América desde que os saqueadores europeus chegaram aqui há quinhentos anos.

Em 1519, no México, o Imperador Montezuma II acolhe os espanhóis como enviados divinos e recebe o ingrato punhal da prisão e da morte com grande parte do seu povo, pela cobiça de seu ouro por Fernão Cortez, Pedro de Alvarado e seus prepostos. Em 1532, o Imperador do Peru, Atahualpa, é traído e aprisionado em Cajamarca por Francisco Pizarro, que toma seu ouro e depois manda executá-lo por estrangulamento.

No Chile, os indomáveis araucanos – que hoje preferem ser chamados de mapuches – resistiram às crueldades e às fogueiras de Diego de Almagro e ao conquistador Pedro de Valdívia e seus sucessores, mas resistiram bravamente por 350 anos. Muitos caíram com o punhal da crueldade espanhola, como Galvarino, que teve as mãos cortadas e Caupolicán, que foi empalado vivo. Conheci seus sobreviventes, nas montanhas de Arauco, ao sul do Chile, onde se isolaram da "civilização" e mantém ainda viva a memória heroica do passado.

Artigas, San Martin, O'Higgins, Sucre, Bolívar, Hidaldo e Juarez, os pais de tantas pátrias, arrancaram os punhais do domínio espanhol da América, mas depois viriam os punhais dos comerciantes ingleses a sangrar, com a usura e a ganância comercial, a nossa independência política.

---

30 Texto postado em 1º de setembro de 2009 no blog *Palavrastodaspalavras*. Leia a matéria comentada aqui: <https://palavrastodaspalavras.wordpress.com/2009/08/19/siete-punales-en-el-corazon-de-america-por-fidel-castro-cuba/>.

Viriam os punhais yanques da United Fruit para engolfar-se no sangue dos camponeses guatemaltecos, hondurenhos e salvadorenhos.

E essa Cuba heroica, bloqueada pelo poder do Império e apunhalada, há cinco décadas, pelos representantes bastardos do sangue latino-americano.

E vieram os punhais da CIA para assassinar nossos revolucionários.

Sim, há que tomar partido diante desses sete punhais a serem cravados no coração da América. Ali, onde em 06 de dezembro de 1928, a praça principal da cidade colombiana de Ciénaga, tingiu-se de vermelho no já esquecido "Massacre das bananeiras". Sob as ordens yanques da United Fruit os velozes punhais de chumbo silenciaram o protesto de mais de mil camponeses que caíam abraçados com suas mulheres e seus filhos... Ali, na pátria do "Bogotaço" onde assassinaram a voz de Eliécer Gaitán e depois caiu Camilo Torres.

Resistência... Sim... "Los pueblos pueden resistir y ser portadores de los principios más sagrados de la sociedad humana. De lo contrario el Imperio destruirá la civilización y la propia especie."

Extradição de militar torturador[31]

Passar a limpo tudo isso é só uma questão de tempo. Na história das lutas políticas e sociais, mais tarde ou mais cedo, sempre são revelados os nomes dos heróis e dos bandidos, das vítimas e dos algozes.

Este Major Cordeiro, acusado de tortura e desaparecimento de militantes de esquerda e do sequestro de uma criança de 10 anos, em 1976, teve muita sorte de escapar dos tribunais revolucionários dos Montoneros e do ERP (Ejército Revolucionario del Pueblo), na Argentina. Não foi esta a sorte de Dan Mitrione julgado e executado pelos Tupamaros em agosto de 1970, Uruguai.

Agente da CIA, o norte-americano Daniel Mitrione, na década de 70, operou na América Latina como "o mestre da tortura". No Brasil deixou muitos discípulos com as "experiências práticas" de tortura usando mendigos e indigentes presos e ensinando nossos agentes da repressão a torturar sem deixar marcas. Em 1969 foi para o Uruguai disfarçado de funcionário da Embaixada Americana e lá os Tupamaros encerraram a sua carreira "diplomática".

O torturador Juan Manuel Cordeiro teve uma carreira semelhante na ditadura mais sanguinária da América e está para a repressão argentina como Sergio Paranhos Fleury, Carlos Alberto Brilhante Ustra, José Paulo Burnier e muitos outros, não tão "ilustres", estão para a ditadura brasileira.

No Chile os torturadores de Pinochet já estão indo pra cadeia. O General Manuel Contreras, chefe da DINA, Polícia

---

31 Texto postado em 26 de janeiro de 2010 no blog *Palavrastodaspalavras*. Leia a matéria comentada aqui: <https://palavrastodaspalavras.wordpress.com/2010/01/25/brasil-extradita-acusado-de-integrar-operacao-condor/>.

Secreta da Ditadura Chilena, foi condenado, há um mês, a três anos de prisão pelo sequestro qualificado do poeta Ariel Santibañez em novembro de 1974. Ariel, na época editor da prestigiosa Revista Tebaida, onde pontificam os grandes poetas da geração sessenta , era membro do MIR (Movimiento de Izquierda Revolcionaria) e foi torturado até a morte. Me regozijo com a justiça feita ao seu carrasco porque partilhávamos os mesmos sonhos e tive, com Ariel, belos momentos em Arica, em agosto de 1969. Durante muito tempo trocamos cartas ao longo de minha viagem pela América Latina.

A memória desses crimes no Brasil está sendo revelada, não ainda pelos arquivos oficiais, mas pela publicação em livros, entrevistas etc..., dos depoimentos dos sobreviventes e herdeiros da dor dos mortos e desaparecidos.

Acabo de ler o livro *Virgílio Gomes da Silva – De retirante a guerrilheiro*, escrito pelos historiadores cariocas Edson Teixeira e Edileuza Pimenta e publicado pela Plena Editorial. Conta a história de um homem que deixa o sertão do Rio Grande do Norte e vem pra São Paulo, se politiza na luta sindical, entra para o Partido Comunista e depois para a Aliança Libertadora Nacional (ALN), comandada por Marighella e com o codinome de "Jonas" comandou, no Rio, em 4 de setembro de 1969, o sequestro do embaixador americano Charles Burke Elbrick, trocado por quinze presos políticos. Aprisionado uma semana depois em São Paulo, e resistindo ao interrogatório sem entregar os quadros da organização, Virgílio foi cruelmente torturado até a morte na OBAN (Operação Bandeirantes) pela equipe do capitão Benone de Arruda Albernaz. Em nenhum momento se intimidou e mesmo morrendo, cuspia na cara dos torturadores. Acredita-se que seja o caso mais cruel de tortura de um preso político durante a ditadura. A repressão mascarou e escondeu sua morte, dando-o como desaparecido (o primeiro desaparecido da ditadura) e somente em 2004, pela pesquisa datiloscópica é que se pode comprovar a tutela do Estado quando de sua morte.

Há uma parte do livro que diz o seguinte: "Um delegado do DOPS, doutor Orlando Rozande, contou, chorando, para o doutor Décio, o seguinte:

— A cena que eu assisti, nunca assisti em canto nenhum, em todos esses anos de delegado: os olhos do Virgílio tinham saltado como dois ovos de galinha, o pênis dele estava no joelho, de tanto pisarem em cima dele. Eu nunca vi uma coisa tão bárbara como aquela."

Os leitores interessados que não tiverem acesso ao livro poderão encontrar parte da história de Virgílio, na página 104 do livro *Direito à memória e à verdade – Comissão Especial sobre Mortos e Desaparecidos Políticos*, editado pela Secretaria Especial de Direitos Humanos.

Matadores de borboletas azuis[32]

"Pai perdoai-os porque não sabem o que fazem."

Diante da morte, e do julgamento mais iníquo da história, o inocente Nazareno perdoa incondicionalmente a seus algozes. Mas quem de nós pode perdoar a cruz imposta a Cristo? Como perdoar o desprezo e o falso julgamento de Caifás e as mãos lavadas de Pilatos?

Estes são os legítimos ressentimentos, as razões daqueles cujas bandeiras estampam as cores da justiça e da verdade. São também, entre tantas, nossas razões de poetas, os motivos pelos quais cantamos, nossas licenças literárias, nosso encanto e desencanto, nosso íntimo e angustiante tribunal.

Sabem os homens justos e sabemos os poetas que nossas denúncias e testemunhos, nossos líricos veredictos se escorrem, ignorados ou esquecidos, pelos ralos da inconsciência humana. Sabemos que o perdão pessoal é o único passaporte que cruza a fronteira da paz interior e da liberdade do espírito, e por isso a justiça deve ser impessoal e ser entregue aos tribunais inexoráveis da própria vida. Mas ainda não consegui vistar esse precioso documento.

Como perdoar a cicuta imposta a Sócrates, os que gargalharam no Coliseu ante os cristãos devorados pelas feras, como perdoar os crimes de Torquemada e a fogueira acesa a João Huss e a Giordano Bruno?

---

32 Texto postado em 20 de fevereiro de 2010 no blog *Palavrastodaspalavras*. Leia a matéria comentada aqui: <https://palavrastodaspalavras.wordpress.com/2010/02/15/matadores-de-borboletas-azuis-de-solivan-brugnara-quedas-do-iguacu-pr/>.

Nunca poderei perdoar uma Hiroshima arrasada, nem Auschwitz e nem Treblinka, e as crianças ardendo em napalm na Saigon bombardeada.

A Grande Alma da Índia, abençoando o assassino. Ele perdoou, e você? E o tiro em Luther King? Chico Mendes? Dorothy Stang? Por certo foram perdoados. Mas, na memória de Allende e dos mártires chilenos, não perdoo a Pinochet.

Não perdoo tanta dor por Caupolican empalado, Tupac Amaru, numa praça esquartejado e Otto René Castillo, durante três dias queimando.

Federico García Lorca...,
já não tinhas mais abrigo,
campo frio, amanhecendo,
caminhavas entre os fuzis....
e naquela hora em Granada fomos crivados contigo.
Morremos com Lord Byron,
pela liberdade da Grécia.
Morremos com Victor Jará,
com Ariel Santibañez
torturados até a morte nas prisões de Santiago.
Javier Heraud, ainda infante,
cinco livros publicados
o poeta guerrilheiro,
no verde vale do Cuzco,
com vinte e um anos apenas ele caiu emboscado.
Não perdoo, não perdoo,
tantos poetas sangrados,
pelas vidas silenciadas nos horrores dos DOI-CODI,
e os carrascos do Regime, só aqui anistiados.
Não perdoo, não perdoo, os crimes da ditadura,
a MEMÓRIA não perdoa
e a pátria jamais perdoa seus filhos sem sepultura.

Consola-me acreditar que, apesar da impunidade dos códigos da Terra e da nossa impotência ante a crueldade humana, há uma instância superior da justiça onde se colhe, obrigatoriamente, os frutos amargos dos atos humanos, semeados livremente, mas sem a noção do dever.

A longa despedida[33]

Parabenizo o autor e o editor.

Uma matéria com todos os pingos nos "is".

Quando os sobreviventes da ditadura subiram ao poder todos tínhamos, senão a certeza, pelo menos a esperança, de que toda essa lama seria removida dos porões da nossa história. Mas ela ainda está aí, parte inconfessavelmente lacrada na consciência delituosa de muitos generais, temerosos que essa "caixa de Pandora", se aberta, possa redesenhar seus "retratos de Dorian Gray", com os traços e as cores repugnantes de novos crimes. Outra parte dessa lama está espalhada na sala de visitas da nação, nessa triste exposição de valas escavadas, ossadas anônimas, documentos revelados, acusações irrefutáveis, nos retratos de alguns carrascos e na memória empestada de um tempo cujos anais recendem esse odor intenso e insuportável.

Até quando suportaremos essa imensa vergonha perante o mundo, perante as nações vizinhas que tiveram a coragem e a decência histórica de transformá-la em justiça. Até quando, todos nós brasileiros, sobreviventes ou herdeiros da tragédia, filhos dessa nação maravilhosa, viveremos tatuados com essa nódoa infamante.

Há algum tempo publiquei neste site o longo poema, "Cântico para os sobreviventes", escrito em 2003 e contando todo esse rastro de dor e resistência em nossa história. No ensejo desse corajoso artigo quero partilhar também minhas acusações e meu testemunho poético citando alguns dos seus versos:

---

33 Texto postado em 4 de abril de 2010 no blog *Palavrastodaspalavras*. Leia a matéria comentada aqui: <https://palavrastodaspalavras.wordpress.com/2010/03/16/a-longa-despedida-por-leandro-fortes-sao-paulo/>.

[...] E agora que o tempo secou a imensa lama
e os sobreviventes saíram das trincheiras;
agora que exumamos nossas vítimas
e os verdugos a tudo assistem impunemente;
perguntamos se o tempo também secou o rio de lágrimas,
se o coração das mães já despiu o amargo luto
se os órfãos receberam as respostas
se os amantes encontraram outros braços.
Pergutamos se todos os dossiês já foram abertos
se todas as senhas foram decifradas
porque prostituiram a justiça impunemente
e se os pretorianos já cumpriram a penitência.
Perguntamos se todos os nossos mortos já receberam
                                    [sepultura
se a história já revelou o preço da tragédia
e quem arrancará de nossa carne esse espinho lancinante.
Perguntamos..., até quando durará essa cumplicidade e esse
                                    [silêncio
quando será revogado esse decreto
e em que tribunal responderão enfim os acusados [...].

Sobre a Lilli Marleen de Frederico Füllgraf[34]

Eu já tinha ouvido "Lilli Marleen" na voz de Marlene Dietrich, mas não imaginava que aquele poema, transformado em música, tivesse uma trajetória tão fantástica e nem que Hans Leip tivesse sido um escritor tão fecundo. Quantos vultos famosos da história europeia estiveram, direta ou indiretamente, relacionados com essa célebre canção!!! A interculturalidade com que o texto é escrito leva-nos a caminhar pelos *fronts* históricos e geográficos da Segunda Grande Guerra, bem como pelos seus bastidores, chocando-nos com o terror da censura nazista sobre a cultura. Era a ironia da própria guerra trazendo, depois do bombardeiro alemão de Belgrado, o som radiofônico de uma canção ouvida e apreciada, a despeito da proibição de Goebbels, pelo prestígio do General Rommel e seus soldados nas areias da África. Como um rastilho de pólvora a parceria poético-musical Leip & Shultze começa correndo acesa, no idioma de Goethe, pelas trincheiras nazistas e aliadas, mas seu encantamento vai explodir também nos ouvidos dos soldados russos.

O rigor intelectual com que Frederico Füllgraf vasculhou e constatou, pela crítica documental de suas fontes, a autenticidade dos fatos, conduz o leitor pelos estranhos atalhos

---

34 Este texto foi postado em 14 de setembro de 2010 no blog *Füllgrafianas*, e republicado no blog de Luis Nassif em 4 de novembro de 2011 com o título: "Lili Marlene: a canção que virou hino de soldados". Leia as três partes da matéria comentada aqui: <http://fuellgrafianas.blogspot.com.br/2010/09/lili-marleen-os-95-anos-de-um-mito_5709.html>, <http://fuellgrafianas.blogspot.com.br/2010/09/lili-marleen-os-95-anos-de-um-mito_09.html> e <http://fuellgrafianas.blogspot.com.br/2010/09/lili-marleen-os-95-anos-de-um-mito.html>.

desse fantástico fenômeno musical, para nos apresentar uma admirável pesquisa sobre quase um século de vida do tão discutido poema-musical alemão. Seu ensaio envolve-nos com a história do um jovem soldado, saudoso da namorada, que lhe inspira, no campo de batalha, seus primeiros versos. Esse romântico enredo de guerra lembra o grande poema "Espera-me" que o poeta e dramaturgo russo Konstantin Simonov, escreveu, em 1941, no front contra os alemães à sua querida Valentina Serova. Traduzido para muitos idiomas, e para o português, com incomparável beleza lírica, por Hélio do Soveral, "Espera-me" ou "Espera por mim" é um dos mais conhecidos poemas da Rússia. A sensibilidade de Cleto de Assis escreveu a essência comovente dessa história no seu site *Banco da Poesia*: <http://cdeassis.wordpress.com/2009/06/19/poema-de-amor-e-guerra/>.

Abro aqui um parêntesis, fugindo do estrito significado musical do texto, para considerar as grandes motivações que o fenômeno da guerra tem trazido à criação poética e musical, propiciando produções ou veiculando versos de infinita beleza. Por certo a *Ilíada* e a *Odisseia* não existiriam sem a Guerra de Troia, nem a Itália teria seu grande poema épico se o início das Cruzadas não inspirasse Torquato Tasso a escrever *Jerusalém libertada*. A *Chanson d'Automne*, de Paul Verlaine, não seria tão conhecida se não fosse enviada também por rádio, como uma senha, à Resistência Francesa anunciando o desembarque aliado na Normandia e determinando o fim do Terceiro Reich, que pretendia durar mil anos. Que honra maior poderia ter um poema, abrindo com o lirismo e o suave encanto dos seus versos, as portas da liberdade do continente europeu dominado pelo nazismo? E nesse contexto as comparações se derivam para as canções que inspiraram a resistência revolucionária nas guerras civis que abalaram o mundo e se celebrizaram com o nome "Marselhesa", na França revolucionária e como *"Le chant des Partisans"*, entoado pela Resistência, na França invadida pelos exército alemão. Com o mesmo ardor se cantava *"Se me quieres escribir"* e *"Viva la Quinta Brigada"*, na Guerra Civil Espanhola. E assim foi, ao som da *"Bandiera Rossa"* e *"Bella Ciao"* na Itália, *"Nicaragua Nicaraguita"*, cantada pelos sandinista, *"Venceremos"*, no Chile socialista, onde *"Viva Chile Mierda"*, de Fernando Alegria, foi o poema mais declamado durante o governo de Salvador Allende. Aqui, no Brasil, a canção "Caminhando", de Geraldo Vandré, foi o hino revolucionário com que a nação inteira protestou, cantando, contra a ditadura militar.

Voltando à história sentimental do soldado Hans Leip e seu poema, e considerando a amplitude do texto, creio ser interessante repicar, neste comentário, alguns aspectos marcantes no longo artigo de Frederico Füllgraf. Primeiramente, o encanto musical das emissões diárias da "Canção de um jovem sentinela" pela rádio de Belgrado, polarizando a longínqua atenção dos soldados alemães no norte da África. A transmissão, captada também na região pelos soldados britânicos, levou o orgulho militar inglês, sob o comando de Montgomery, a criar uma sarcástica versão política de "Lilli Marleen" ironizando Hitler e o partido nazista. O autor nos fala da canção na voz radiofônica da BBC e de meio milhão de discos vendidos, em 1944, na Inglaterra e sua versão adaptada para 50 idiomas. Detalha a biografia conturbada e trágica de Lale Andersen e depois sua turnê pela Coreia e Indochina. A segunda grande intérprete da canção é Lucie Mannnheim, chegando enfim à Marlene Dietrich, que foi a mascote musical dos aliados, correndo os Estados Unidos e a Europa com "Lilli Marleen" nos lábios e as grandes plateias aos seus pés. Os intérpretes da famosa canção se sucedem, no incrível caleidoscópio de informações – que transpiram normalmente por todos os neurônios do Frederico que conhecemos –, passando por Edith Piaf e Bing Crosby, e por interpretações contemporâneas na voz da cantora francesa Patrícia Kaas, comemorando, em 2005, os 60 anos do Dia "D".

O texto, entre outras tantas revelações e curiosidades, traz uma passagem pitoresca envolvendo Winston Churchill e seu pesadelo com o General Rommel, em torno da sua preferência pela canção. Refere-se também a uma misteriosa versão judaica feita por Stefan Zweig. O ponto alto do texto é a referência a uma edição de 2006 do livro em que a autora, Lilly Freud Marlé, sobrinha de Freud, revela ser a pessoa que inspirou Hans Leip a escrever o poema que gerou a composição musical "Lilli Marleen", versão reiterada por outros descendentes de Freud.

Finalmente é surpreendente constatar que as sementes lançadas há noventa e cinco anos por um simples poema que se tornou canção, tenha se aberto em tantas flores musicais pelos idiomas do mundo inteiro, inclusive uma versão judaica de nome Lili, em homenagem à paraquedista Hannah Senesh, morta em Budapeste pela Gestapo, e geram ainda, ano a ano, tantos frutos "saborosos" para a viúva de Leip e mantenham repletos os celeiros amoedados do compositor Norbert Schultze.

Parabenizando o autor pela dimensão crítica e historiográfica do seu trabalho, ressalto as duas ironias genialmente bem colocadas: a primeira que "Lilli Marleen" foi a única contribuição dos nazistas para o mundo. E a segunda ironizando a primeira: "Que uma musa judia seria a inspiradora da mais célebre canção nazista."

Meu encontro com Geraldo Vandré[35]

Cheguei ao Chile em fins de abril de 1969 e creio que um mês depois chegou Geraldo Vandré. Eu visitava quase diariamente o apartamento onde moravam os exilados brasileiros Salvador Romano Losacco e Edmur Fonseca, ambos cassados em 1964 pela ditadura. Com o mineiro Edmur, refinado intelectual e na época professor de Ciências Políticas na Universidade do Chile, aprendi muita literatura. Com o paulista Lossaco, grande figura, professor de História, ex-deputado federal, um dos fundadores e primeiro presidente do DIEESE, em 1955, eu discutia Lucién Fevre, Marc Bloch e Fernand Braudel. Eles moravam no centro de Santiago, na Victoria Subercarceaux, nº 06. Num fim de tarde, quando lá cheguei, encontrei o Vandré já instalado. Foi uma agradável surpresa.

---

35 Texto postado em 4 de abril de 2010 no blog *Palavrastodaspalavras*. Leia a matéria comentada aqui: <https://palavrastodaspalavras.wordpress.com/2010/09/27/geraldo-vandre-especial-tudo-o-que-o-grande-mudo-da--mpb-disse-na-primeira-gravacao-que-faz-para-uma-tv-depois-de-decadas--hoje-ele-garante%E2%80%9Dnao-existe-nada-mais-subversivo-do-que--um-subdes/>.
Este comentário teve outros desdobramentos. A jornalista Mariana Filgueiras, produtora da entrevista que Geneton Moraes Neto fez, pela Globo-News, com Geraldo Vandré, pediu uma ampliação do meu comentário, cujo texto, com outras informações sobre o Vandré, pudesse usar como subsídio na biografia que ela e Geneton estavam projetando publicar sobre Vandré. O texto do comentário foi longamente ampliado, enviado a ela e posteriormente publicado em meu livro *Nos rastros da utopia: Uma memória crítica da América Latina nos anos 70*. O novo texto, pela sua extensão, foi parcialmente postado no blog português *Livres Pensantes*, em 7 de junho de 2013, e integralmente publicado na *Revista Hispanista* nº 68 de janeiro/fevereiro/março de 2017. O comentário original foi também parcialmente citado nas páginas 234/235 do livro *Geraldo Vandré: Uma canção interrompida*, de Vitor Nuzzi, publicado pela KUARUP em 2015.

Naquela época, entre maio-junho de 1969, muitos no Brasil pensavam que ele fora morto pela ditadura e, pelo que ele então significava, na ampla luta cultural e ideológica contra a ditadura, foi uma alegria encontrá-lo vivo.

Partilhamos durante muitas tardes suas canções e meus poemas, e através de um estudante chileno, chegamos a programar um recital juntos num teatro universitário. Ele estava compondo uma nova canção chamada: "América", e ambos treinávamos, muitas vezes, seu estribilho. Depois passei a ir muito raramente no apartamento do Losacco. Mudei de residência e viajei para o sul do Chile, para entrar em contato com os índios araucanos que, depois de 350 anos de massacre, sobreviviam invencíveis nas montanhas de Arauco. Quando voltei, soube que Vandré conheceu uma chilena chamada Bélgica Villa Lobos, e teriam se casado. Nos primeiros dias de julho nos encontramos pela última vez e ele me disse que tivera problemas com seu visto de permanência e teria que sair do país. Ele estava mudado e a posição aparentemente revolucionária que aparentara com suas canções, estava em desacordo com seu elegante vestuário e as preocupações com sua aparência, pensei eu. Mas depois constatei que essa era também a opinião de alguns exilados. Na despedida, me disse que estava indo para a Argélia participar de um festival de música e depois iria para a Europa. Depois desse último contato eu viajei, em seguida, para a Bolívia e nunca mais soube dele.

A ideia que me ficou de Vandré era de um homem sensível, um amante da beleza, mas tinha algo diferente, embora não fosse nada negativo. Algo de excêntrico, intimamente solitário, um pouco indiferente a tudo. Ele se esquivava da conversa ideológica e em nenhum momento se mostrava comprometido politicamente. Creio que se a ditadura o tivesse aprisionado naquela época, certamente o teriam torturado e quem sabe o tivessem morto, inocentemente. Vejo, agora, pela entrevista, que ele nunca se engajou. Ele era um poeta, com uma legítima preocupação com a arte e, particularmente, com a música, embora tivesse uma visão elitista do fenômeno cultural. Pelo que acabo de ler nessa entrevista parece que esta sua postura continua inalterável. E é ainda mais solitária a imagem que nos passa de sua vida atual. Tudo isso é um pouco triste quando nos lembramos que suas músicas traziam uma grande beleza histórica, retratando com encanto e lirismo as ansiedades da juventude daqueles anos e foram um estandarte de luta contra a ditadura. É claro que muita coisa mudou. Hoje os inimigos estão mascarados, os valores confundidos e as grandes ideologias desacreditadas. Mas não devemos nos conformar com o próprio sentido trágico da vida, com essa "cultura massificada" de que fala Vandré. Afinal não podemos fugir da dialética da história. Estamos realmente massificados pela globalização. Somos tão somente consumidores. Nossos inimigos são muito mais fortes que há 40 anos. Naquele tempo lutávamos contra um inimigo definido: chamava-se Imperialismo. Hoje este mesmo inimigo tem outro nome e mimetiza-se mundialmente com o "inofensivo" nome de globalização e contra o qual não temos atualmente como escavar novas trincheiras. Naquele tempo lutávamos contra o "capitalismo feroz", que hoje diluiu-se com o nome de "economia de mercado". Contudo, não podemos nunca arriar nossas bandeiras, abdicar dos nossos sonhos. São eles que nos mantêm vivos, apesar do mundo ter sepultado as mais belas utopias.

Sobre suas relações musicais com a Aeronáutica, é uma opção indigesta. Quem já se esqueceu do brigadeiro João Paulo Moreira Burnier, tristemente célebre como "o carrasco" da Força Aérea Brasileira? Quem, entre os daquela geração, já esqueceu o "Caso Para-Sar" e o que se passava nas sinistras dependências do Centro de Informações e Segurança da Aeronáutica (CISA)? Entretanto, deixemos o Vandré com sua "Sinfonia Fabiana", suas razões para viver e seu projeto de gravação de suas trinta canções em espanhol. Quem somos nós para julgá-lo? Como atirar pedras nos que criam a beleza? Também sou poeta e de louco todos temos um pouco. Haveremos de sempre honrar o seu passado. Quem deu ao Brasil uma contribuição tão bela como sua poesia e sua musicalidade, em 1967?

Osama Bin Laden está morto[36]

Este não é um momento nem alegre nem triste para um poeta. Essa insensata euforia ante a morte de alguém deveria ser um momento profundamente crítico ante este e tantos outros fatos que marcam o desencanto do mundo. Ante esta consciência crítica alguns poderão opinar, com algumas razões, que essa é uma guerra de bandidos contra bandidos. Contudo alguns, historicamente mais analíticos, podem justificar que essa é uma guerra de opressores contra oprimidos, de orgulhosos contra humilhados, de potentados contra miseráveis. Longe de mim justificar os equívocos criminosos da Al-Qaeda e seu sinistro e sangrento fundamentalismo. Mas este não é o momento de comemorar nada, porque os verdadeiros criminosos continuam vivos.

Preferimos, compreensivelmente, creditar aos legítimos e dolorosos sentimentos de orfandade e viuvez do 11 de Setembro a satisfação pessoal ante este estranho sepultamento no Mar da Arábia, contudo há muitos crimes a debitar ante o alienante *american way of life*. O mundo nunca esquecerá Hiroshima e Nagasaki e nem das bombas de napalm torrando velhos, mulheres e crianças no Vietnã. É preciso também relembrar os crimes justificados pela Doutrina Monroe no continente ("América para os americanos") e o que esteve por trás da queda de Arbenz, na Guatemala de 1954, da invasão da Baía dos Porcos, na Cuba em 1961, da invasão da República

---

36 Texto postado em 3 de maio de 2011 no blog *Palavrastodaspalavras*. Leia a matéria comentada aqui: <https://palavrastodaspalavras.wordpress.com/2011/05/02/osama-bin-laden-esta-morto/>.

Dominicana em 1965, da invasão de Granada em 1983, bem como a intervenção no Iraque e no Afeganistão e por aí vai este rastro prepotente. É preciso não esquecer os nomes de Lincoln Gordon e Vernon Walters, e das sinistras intenções norte-americanas na história secreta no golpe de 1964 no Brasil, no apoio de Pinochet no Chile de 1973 e na cumplicidade com agentes da DINA (Dirección de Inteligencia Nacional) no assassinato de Orlando Letelier em setembro de 1976, em Washington. É preciso não esquecer da United States Army School of the Americas, ou a Escola das Américas, no Pananá, onde os oficiais das ditaduras latino-americanos aprenderam as técnicas mais cruéis para torturar seus concidadãos e do grande mestre Daniel Mitrione que partilhou sua "sabedoria" com os torturadores brasileiros. É preciso também não esquecer das últimas revelações sobre Guantánamo.

Como se vê, este dossiê é muito longo para um simples comentário. Reitero que em acontecimentos mundialmente tão notórios como este, onde a morte de alguém é hasteada como uma vitória do bem contra o mal é preciso manter a reflexão e o espírito crítico, para sabermos que neste caso não há herois, mas historicamente só algozes e vítimas. Vivemos numa cultura de poder globalizado onde se desencoraja a discussão e se impõe, subliminarmente, a aceitação passiva dos fatos. É facil verificar que nestes dias a mídia ocidental destila o fato identificando a face estratégica dos interesses e dos salvadores do mundo. Quanto ao que nos toca, sabemos que o questionamento não é uma virtude do povo brasileiro. Aqui popularmente pouco se debate e oficialmente tudo se eufemiza. Somos muitos "caridosos" com os corruptos e nos fazem esquecer muito rapidamente os nossos escândalos.

Quero terminar acrescentando que surgem novas forças democráticas no Norte da África e no Oriente Médio e que as dinastias opressoras – algumas aliadas do Ocidente – terão que descer do trono. Esperamos que nesse impasse também o terror seja desterrado. É preciso manter a esperança, mas sem nos iludir, porque infelizmente ainda não há humanismo nesta lamentável trincheira de lutas.

Coronel Brilhante Ustra é condenado por morte de jornalista nos anos 70[37]

Diz o advogado do "brilhante" Coronel Ustra que "os atos que levaram à condenação foram 'apagados' pela Lei da Anistia". Creio que é preciso lembrar que a Lei da Anistia, aprovada pelo Congresso Nacional em 1979 foi uma fraude jurídica imposta pela Ditadura para impossibilitar a punição de policiais e militares comprometidos com a tortura e a morte de militantes de esquerda. O Congresso de então era composto por um terço de senadores biônicos (parlamentares investidos pela Ditadura sem o sufrágio do voto) e por uma oposição consentida. O outro projeto de anistia, proposto pela sociedade civil e encampado pelo MDB, propunha uma anistia ampla, geral e irrestrita, mas, por isso mesmo não foi aceito pelo Congresso, monitorado pelos generais. O que se lutava, na época, era por uma Anistia que devolvesse os direitos à cidadania, pela liberdade de organização política e sindical, enfim uma anistia com liberdade e o que se aprovou foi um conceito de anistia para o esquecimento dos crimes cometidos e a impunidade para os torturadores. Não se considerou o direito à resistência e os presos políticos, conceituados pela Lei de Anistia como terroristas, não foram anistiados e continuaram cumprindo penas. A verdadeira caminhada para a anistia começou quando da descoberta das 1.049 ossadas de presos políticos encontrados numa vala clandestina do cemitério de Perus, em São Paulo, no dia 4 de

---

37 Texto postado em 26 de junho de 2012 no blog *Palavrastodaspalavras*. Leia a matéria comentada aqui: <https://palavrastodaspalavras.wordpress.com/2012/06/26/coronel-brilhante-ustra-e-condenado-por-morte-de-jornalista-nos-anos-70-diogenes-campanha-sao-paulo-sp/>.

setembro de 1990. Foi esse fato que deu origem à Comissão dos Familiares de Mortos e Desaparecidos Políticos e às leis posteriores que reconheceram a responsabilidade do Estado pelos mortos e desaparecidos durante o Regime Militar. A ditadura terminou em 1985, mas somente agora, quase trinta anos depois, é que se começa, finalmente, a apurar seus crimes. Somente em novembro do ano passado o Brasil começou a redimir-se de sua vergonha nacional com a criação da Lei de Acesso à Informação e da criação da Comissão Nacional da Verdade, as quais vieram mudar uma cultura de silêncio vigente até então no país.

A Comissão da Verdade e a Lei de Acesso à Informação ampliaram os direitos civis da Constituição de 88, dando ao cidadão o poder de acessar informações que sempre lhe estiveram vedadas pela imposição do esquecimento e o claro propósito de impor o silêncio às vítimas da ditadura.

A Comissão da Verdade é uma conquista diante da impotência da Lei da Anistia, que veio para absolver os algozes e sepultar suas vítimas no passado. Foi somente com a valorização da Memória e a evidência pública da violência no Regime Militar, promovida por abnegados grupos de Direitos Humanos, em audiências públicas, livros e artigos publicados e palestras pelo país inteiro, que se começou a superar a cultura do esquecimento e se compreender o que significa o direito à resistência. Essas duas conquistas democráticas modificaram os paradigmas dessa transição. Nossos aplausos para Paulo Abrão, Presidente da Comissão de Anistia, que tem sido incansável na sua peregrinação pelo Brasil à frente da Caravana da Anistia. Diante dos países vizinhos, que se anteciparam na revelação das atrocidades cometidas por militares, o Brasil chegou atrasado, mas finalmente está chegando ao palco da justiça e da verdade, para reparar e dignificar a memória daqueles que deram a vida por um sonho.

Quanto ao julgamento dessa sinistra figura, que foi mestre da crueldade no DOI-CODI de São Paulo, e que certamente foi aluno de Dan Mitrione, sua condenação civil não é uma "pena", mas um "prêmio" se comparada com a perpetuidade penal dos seus comparsas argentinos. É consolador pensar que essa primeira condenação, ainda que civil, seja também o primeiro passo para criminalizar os verdugos da nossa Ditadura, já que os crimes de lesa-humanidade são imprescritíveis, seja pelo caráter de crime permanente (no caso dos desaparecidos), seja pela jurisprudência dos tribunais internacionais, assim como da Corte Interamericana de Direitos Humanos.

O Coronel Ustra abre o tribunal da nossa consciência histórica. Esperamos que outros réus sejam também trazidos ante o poder da Justiça. Vamos acreditar nessa agenda. Creio que isso é uma questão de tempo. Vamos começar a contá-lo porque "Nada há de oculto que não se torne manifesto, e nada em segredo que não seja conhecido e venha à luz do dia" (Evangelho de Lucas, 8:17).

NOVOS POEMAS

Bandeiras e máscaras[38]

Esse é o tempo cruel que antecede o amanhecer.
Em seu rastro marcham os filhos das estrelas e os herdeiros
[da penumbra.
Na moldura das horas as intenções se partem.
Ali, os justos ensaiam seus passos.
Acolá, nos becos, os ânimos crepitam
e engatilham seus gestos.
Nas ruas as faces empunham bandeiras,
as máscaras escondem punhais.

Passo a passo, portando consignas e estandartes, a multidão
[caminha...
ocupam estradas, bloqueiam rodovias, paralisam cidades,
avançam no seio da tarde denunciando os charcos do poder e
[os leilões da mais-valia.
É o nosso "Dia de Lutas", gritam os sindicalizados.
São cinquenta, são cem mil pedindo tarifas justas,
terras repartidas, quarenta horas semanais...
Faixas, cartazes, coros e gritos:
"Prisão para os corruptos", "Punição para os crimes da
[ditadura".
"O povo acordou, o povo decidiu, ou para a roubalheira, ou
[paramos o Brasil".

---

38 Este poema foi declamado em 9 de dezembro de 2013 pelo radialista Paulo Branco com imagens de Wasyl Stuparyk e pode ser ouvido nos links: <http://www.paulobranco.com/2013/12/bandeiras-e-mascaras.html> e <https://www.youtube.com/watch?v=HNGVfk4FhQI>

Eis o espaço do povo,
eis as ruas virtuais,
é a nova democracia,
pelas redes sociais.
Salve moças e rapazes,
salve as faces descobertas,
salve as bandeiras e os sonhos,
erguidos com transparência.

De repente as fronteiras são rompidas,
sobre as cores da paisagem as máscaras armam seus braços,
quais abutres insaciáveis atacam os cristais e escarram na
[decência.

Atrás dos grandes escudos os uniformes avançam.
Voam coquetéis e pedras, explodem gazes, morteiros,
soam tiros e foguetes entre o fogo e as barricadas.
Salve os agentes da ordem, salve os bons pretorianos.
O verde-oliva e o negro já cruzam suas espadas,
barras, paus e cassetetes
e as razões abaladas.

Chegou a tropa de choque nos trajes da truculência.
Surge o gesto inconfessável,
surge a fraude na vergonha e o flagrante forjado.
Asco aos falcões do cinismo algemando a inocência.

Eis o palco dos tumultos,
eis as cinzas da batalha,
eis o saldo do espanto
e a multidão dispersada.
Restou o ato incompleto,
sem o hino dos professores,
e sem o eco das promessas

na voz dos governadores.
Massacraram a primavera
e a magia da cidade.
Assustaram os pardais,
retalharam a liberdade.
Eis a cultura que herdamos
a esfolar nossas almas.
Abatido por tantos golpes,
o amor é um silêncio
e as avenidas soluçam,
qual um salgueiro de lágrimas.

E agora, eis-me aqui, diante da poesia,
assistindo desabar as velhas torres do encanto...
Perplexo, que posso ainda?
sou apenas um olhar melancólico diante da esperança.
Indignado ante a mística do horror,
quero transformar em versos os protestos, o confronto, as
[cicatrizes.
A realidade é um idioma intraduzível,
e eu impotente, ante o mistério sinuoso das palavras.
As palavras, oh! as palavras em sua essência,
elas não se revelam a qualquer poeta...
habitam em seu próprio enigma,
são silentes como os hinos do entardecer...
Nesse impasse, entre as imagens e o lirismo,
ante a sensibilidade e a violência,
sei de um roseiral em flor no caminho que me resta,
alhures há um campo de espigas que cantam, balançando
[ao vento
e, nesta palmeira esbelta, a vida é reproclamada nos trinos de
[um ninho em festa.

Curitiba, outubro de 2013

América, América...

Trago ainda na alma o mapa dos caminhos
Meus versos riscam teu dorso para marcar um tempo único e
[perfumado.
América, América,
Ali, entre o musgo e as rochas, o abismo florescido.
Acolá, o milho semeado e a colheita rumorosa.
Entre serras e quebradas vai o *colla* dedilhando sua flauta.
É seu hino à *pachamama* modulando o silêncio do altiplano.

Canto meu enredo de viandante,
passo a passo rumo ao norte e à alvorada.
Quantos atalhos, meu Deus, quantas fronteiras!
A travessia ao entardecer no Titicaca,
o Illimani batido pelo sol,
e aquela noite sob as estrelas em Macchu Picchu.
Ah! este aguaceiro vem agora molhar minha saudade,
e tudo me chega como um recanto do passado,
e se hoje digo amigos e digo hermanos,
ouço nossos passos ecoando nas vielas seculares de Quito e
[de La Paz.

Abre teu cântaro, ó Poesia, e dá-me um punho de rocio para
[escrever-te
porque ainda não te cantei quanto quisera.
América, América,
que canção para mim soará mais bela que tuas sílabas de
[encanto?

Canto o sul de Anahuác,
falo de uma América primeira,
asteca, quiché, chibcha, quéchua, mapuche e guarani,
essa América materna,
botânica e ancestral,
sangrada por Cortez, Pizarro e por Valdivia.

Canto a América que vivi
uma só pátria e violentada,
submetida pelas garras perversas do Império.
Vi tuas trincheiras abertas,
o fulgor do teu rosto renascido da utopia,
tuas bandeiras de sonhos
feitas de plumas e veias transparentes.
Os campos todos semeados
e o porvir tatuado em cada gesto.
Tudo era aroma na gleba cultivada,
nos brotos germinava a esperança
e nossas pálpebras se abriam para o amanhã.

Depois as densas trevas sobre o sul,
o chumbo cruel,
os labirintos da dor e das atrocidades.
E eis que gemem os cravos e gemem as rosas,
geme a vida ainda em botão.
Mancho este verso para nomear Garrastazu, Bordaberry,
                              [Videla e Pinochet.
Para denunciar a verdade sufocada
e os rastros genocidas do terror.
Para falar das valas clandestinas,
das ossadas do Atacama
e dos "voos da morte" para o mar,

Meu réquiem para trinta mil argentinos,
meu canto para as crianças da ditadura,
para os sobreviventes e suas cicatrizes,
para a viuvez e a orfandade
para *las Madres de Plaza de Mayo* e suas lágrimas perenes.

América, América,
quarenta anos se passaram
e tuas feridas ainda emergem da tragédia!
Eis porque denuncio a face perversa dos condores,
os teus generais malditos.
Canto a ti, América,
teu nevado esplendor tantas vezes torturado,
América de tantas agonias e massacres,
ouço-te ainda na voz melancólica dos charangos, quenas e
                                             [zamponhas,
chorando *por la matanza de San Juan*, em Potosi.
Uma América de lágrimas,
traída em Cajamarca,
esquartejada em Cusco,
sacrificada em La Higuera.
executada em Trelew, El Frontón, Villa Grimaldi e no
                                             [Dói-Codi.

Perdão... pelo meu canto,
ele é também assim: um áspero clarim ao entardecer.
Distante, tão distante,
no tempo e nos andares,
e hoje, em busca de mim mesmo,
ainda abrigo o mesmo combativo coração.
Não sei o que te espera, América,
os anos correram inquietantes e velozes
restando um mundo com seu som intolerável.

Por um momento digo basta,
há tanta dor nessas memórias.
Meu pensamento em prece, e num lampejo, viaja ao sul do
[Chile.
Lá, muito além do Bio-Bio, há um golfo deslumbrante.
Vou em busca de Arauco,
lá lutaram meus heróis, Caupolicán e Galvarino.
Foi lá onde viveu Lautaro e onde vive Frederico.
Vou para rever o cone nevado do Antuco
rever o vale e a Cordilheira,
o seu dossel verdejante, onde se gesta a vida.
Vou para relembrar uma baía de barcos,
para construir uma paisagem na alma,
uma tenda de luz para um amigo.

Curitiba, 20 de dezembro de 2013

O barco da memória

A infância sempre volta na hora humana do crepúsculo...
Vem de um tempo silenciado,
é um eco que cresce,
um fantasma que ronda e volta comovido,
surge remando no barco da memória,
abre na alma um sulco imaginário, tão formoso
e aporta para povoar a aldeia melancólica da saudade.

Traz consigo os seus inconfessáveis segredos,
as tardes azuis e açucaradas,
a dizer-nos que só se é criança uma vez na vida
e que tudo que lá ficou é um mágico clarão,
um enigma que arde imperecível,
um nunca mais.

Em cada dia houve um tempo...,
um tempo em que o mar banhou minha inocência.
Herdei essa extensão entre o horizonte e o branco cinturão de
[areia,
herdei do mar essa salgada lembrança,
o mar, sempre o mar, meu mágico recanto,
aquele mar que tanto amei
e onde o coração navegou o meu encanto.
A praia, o território itinerante nos meus passos,
os botos, em cada dia, nadando para o sul,
o voo preguiçoso das gaivotas,
as velas ligeiras ante a paz invencível da paisagem.
o azul e a luz espelhados sobre as águas da manhã,

as canoas trazendo suas translúcidas escamas,
o mantra suave das ondas,
esse rumor ainda presente no caracol dos meus ouvidos.

Eu tinha quatro, cinco, seis e sete anos,
a alma banhada, as retinas submersas
e em cada gesto uma sílaba antecipada do meu canto.
Tinha as mãos cheias de caramujos, de conchas,
e a vigiar meus olhos, o espanto.
Tinha meus castelos,
a espuma espessa e flutuante
e três castas amantes para brincar.
Tinha os fulgores da aurora, os mistérios constelados,
uma pequenina lagoa
e um canal estreito por onde as tainhas entravam no inverno.
Eu tinha de minha mãe o seu regaço: mel e ternura
[repartidos.

Lembro meu avô cortando lenha, meu retrato mais antigo.
Eu o chamava Pai Trajano.
Um dia ele levou minha pobreza seminua pela mão,
e lá, além da ponte, na loja do Seu Abrão,
vestiu-me uma camisa colorida.

....

Não, Drummond, não se dissipa nunca a merencória
[infância.

Curitiba, 26 de janeiro de 2014

A moldura dos tempos

Cada dia é um devir inquietante,
um enredo que anuncia a tempestade
e a bonança...?
ah! a bonança é um barco num medonho temporal!

Uma egrégora maligna comanda o turbilhão,
é a frequência subliminar que domina o mundo,
a combustão da história,
o trágico espasmo da vida,
o tumulto e a fúria linchando as derradeiras utopias.

Na moldura dos tempos cada alma revela o seu retrato,
entre a incredulidade dos "sábios" e a fé de uma criança,
transita a expectativa dos homens...
São dias sem bandeiras,
quando a verdade se envergonha da "justiça",
as togas e os mandatos acumpliciados na ambição,
os crimes lavados na corte dos "eleitos"
e os vilões absolvidos nesse palco de trapaças.
Até quando assistiremos a esse fatídico cenário?
Quem apagará as luzes dessa medonha ribalta?
Até quando, Senhor, suportaremos tanta ignomínia?

Nessa república de escândalos,
a corrupção gargalha da história.
Nos palanques da ilusão,
máfias partidárias e alianças promíscuas
maquiam seus patéticos contendores.

São dois bandos que disputam
contra a voz meiga e solitária da esperança.
É um ritual insuportável,
onde o poder trama as suas dinastias,
as ideologias são negociadas
e nas tribunas se mascara a hipocrisia.
Eis o reduto oficial dos futuros saqueadores,
festejando sua agenda eleitoral em sórdidos banquetes,
ante a súplica inconsolável no olhar dos miseráveis.

Não quero o esquecimento,
não aceito o silêncio,
sou a acusação e a profecia
vivo num tempo de iniquidades e presságios,
numa pátria humilhada pela impunidade,
comandada por homens sujos e soturnos
e eis porque hoje meu canto surge assim crispado,
testemunhando o impasse e esperando novos dias.
Sei que não se engana a posteridade,
que nessa nau dos insensatos toda perfídia será nominada,
todas as máscaras cairão.

Sei também que um lento alvorecer anunciará o amanhã,
e que a fé e a decência viverão muito além desse holocausto.
Mas até quando, Senhor, combateremos esse combate?
Há uma música sinistra e constante,
martelando, sem limites, em toda parte,
e eu e tantos outros não toleramos essa assuada.
Canto para os homens honrados e para os cultores da beleza
e vos peço perdão por tanto desencanto,
por vos dar meu verso sombrio e indignado,
e esse febril retrato da esperança.

Curitiba, 04 de julho de 2014

O desterro dos poetas

Nada vos quisera dizer que sonegasse o encanto
mas transito por um mundo sombrio
e por caminhos degradados.
Já não vejo flores nas campinas
nem lírios à beira das estradas,
já não ouço o cantar dos pássaros
nem o murmúrio das fontes.
Restou-nos a paisagem decepada e nua,
de quando em quando, pequenos bosques solitários
e o sibilar melancólico do vento.

Viandantes milenares da estesia e do mistério,
hoje somos seres desgarrados e silentes.
Nossas imagens foram abatidas,
nossos símbolos calcinados,
globalizaram as metáforas,
plastificaram as rosas,
poluíram as estrelas.

Restaram-nos o espanto e os pressentimentos,
e, nessa patética realidade,
entre rimas e a paixão pelo lirismo,
a poesia mendiga descalça pelo mundo,
trajando seu rosário de versos encolhidos.
Nossas páginas já não são abertas,
já não publicam nossos livros,
declamamos num palco de figurantes,
e ante os versos desse drama,

não há público nem aplausos...
Versejar é uma vocação solitária,
uma chama delirante que se apaga no coração dos homens.

Apesar de tanto desencanto,
nada vos direi que sonegue a esperança,
mas digo que os poetas jamais silenciarão seu canto,
porque ninguém poderá desterrar o sonho e a beleza
e porque sempre haverá um poema de amor a ser escrito.
Os poetas cantam desde a aurora dos tempos,
pela glória de Aquiles e pela paixão por Beatriz.
Cantam para gestar uma "Ode Triunfal",
para compor "Uma Canção Desesperada",
ou para erguer uma bandeira libertária.

Cantam para denunciar os calvários de chumbo que
                              [sangraram tantas pátrias
e para que o esquecimento não sepulte a história dos
                              [vencidos.
Cantam para acusar os tiranos e consagrar os mártires,
e para reunir na memória os punhos da bravura.
Os poetas sempre haverão de cantar,
enquanto a luz parir a vida, eles cantarão...
cantarão para abrir as janelas do infinito
e para semear novos sonhos nos herdeiros do amanhã.

Machucado por tanto desamor,
por esses acordes tolos e nocivos a malhar meus tímpanos,
e perante essa estética do absurdo,
a essa irreverência que empesta os ares
e proscrito por um tempo que confunde os nossos passos,
saio em busca do Eldorado.

Quero um cântaro de luz para beber a vida,
um sol de abril para iluminar meu rumo.
Quero meu veleiro, meu farol, meu porto, minha aldeia,
e "onde estiver meu coração, sei que lá estará o meu tesouro".

"Vou-me embora pra Pasárgada"
levando minhas ternuras e uma fé inabalável.
Minhas velas vão rasgando o desencanto,
navegando nas lágrimas do mundo
e nesses mares de naufrágios.
Sei que quando o impasse se acabar,
as flores repovoarão os campos
uma rosa purpurina se abrirá no teu canteiro
e a estrela da manhã surgirá num novo céu.
E eis que uma aurora de luz há de beijar a Terra,
o amor abraçará os filhos da esperança,
e só então a paz será um eterno banquete festejando a vida.
Vos digo que num só "idioma" se entenderão os povos,
que a música renascerá na melodia,
que uma nova literatura deslumbrará a alma
e que o nosso canto, sedutor e palpitante, reviverá no coração
[dos homens.

Curitiba, 20 de agosto de 2014

Prece de gratidão[39]

Eu te agradeço, Senhor,
ser filho do Teu amor
e herdeiro do Universo.
Ser cantor dessa beleza,
ter um lugar nessa mesa,
pelo sabor do meu verso.

Senhor, muito obrigado,
pelos pais bons e honrados
e pelas lições da pobreza.
Pelo café com farinha,
por tudo que eu não tinha
e que fez minha riqueza.

Pelo meu corpo perfeito,
pela poesia em meu peito
e os anos da minha idade.
Por todo dever cumprido,
pelo amparo recebido
e o céu da imortalidade.

Eu Te agradeço também
pela semente do bem

---

39 Este poema foi lido no Momento Espírita da Rádio Ouro Verde em 4 de outubro de 2011, na locução de Paulo Roberto Oliveira, diretor da Emissora. Pela mesma voz foi lido na cerimônia de abertura das XV e XVI Conferência Estadual Espírita do Paraná, realizadas em março de 2013 e 2014 na Expotrade, em Pinhais. Consta do CD Momento Espírita, v. 25, editado pela Federação Espírita do Paraná. O texto e o áudio estão disponíveis em vários sites e pode ser ouvido no link: <https://www.youtube.com/watch?v=LEu1cQKWHZM>.

plantada no meu pomar.
Pela doçura desse fruto
não ter me tornado um bruto
e ter aprendido a amar.

Pela água da minha fonte,
pela linha do horizonte
e um sonho de marinheiro.
Pelo meu mar de criança
e o meu barco de esperança
percorrendo o mundo inteiro.

Pelo pão, pelo abrigo,
pelo abraço do amigo,
por Teu carinho invisível.
Agradeço-Te com veemência
esta paz na consciência
e a minha fé invencível.

Pela luz que me ilumina
desde a antiga Palestina
na alegria e na dor.
Por quem sou, pelo que sei,
por Moisés trazendo a Lei,
por Jesus trazendo o amor.

Senhor, eu Te agradeço
pela dor e o tropeço
quando ensinam uma lição.
Ninguém paga sem dever
e a Lei obriga a colher
o efeito da nossa ação.

Pela sapiência contida
no pergaminho da vida,
na magia e na razão.
Agradeço-Te a minha parte,
pela ciência, pela arte
e pela Grécia de Platão.

Por Cabral no rumo certo,
pelo Brasil descoberto,
pela pátria e o cidadão.
Pelo herói da Inconfidência,
o Grito da Independência
e a bênção da Abolição.

Pelas lições da História,
pelo povo e a sua glória
na busca da liberdade.
E pela Humanidade inteira,
quando erguer sua bandeira
pela paz e a verdade.

Grato sou por ter um sonho,
sonhar com um mundo risonho
numa paz contagiante.
Ver este Brasil fecundo,
como o coração do mundo,
em um porvir deslumbrante.

Agradeço o bom combate,
e ter encarado esse embate,
com o coração despojado.
Com Tua luz nos meus passos,
a fraternidade em meus braços
e o meu sonho preservado.

Contigo, Senhor, sou forte,
tenho um fanal, tenho um norte:
amor, sensibilidade.
Eu moro na melodia,
na música, na poesia
e no farol da verdade.

Muito obrigado, Senhor
pelo trabalho e o suor,
pelo que dei e recebi.
Quando chegar meu momento,
se eu tiver merecimento,
me leva pra junto de Ti.

Curitiba, dezembro de 2002

FORTUNA CRÍTICA

Manoel de Andrade lança seu livro
Cantares em Camboriú[40]

Garcia de Garcia

Depois do surpreendente sucesso do lançamento de seu livro em Curitiba, Manoel de Andrade relança agora *Cantares* em Santa Catarina, sua terra natal. A obra, fruto da sua maturidade poética, foi publicada pela Editora Escrituras, de São Paulo e tem sido comentada em vários jornais do pais e em muitos blogs locais. A sessão de autógrafos, na noite de 7 de março, será o primeiro lançamento literário de poesia na Livraria Catarinense, recém-inaugurada no Balneário Camboriú Shopping.

Chamado de poeta maior pelo jornalista Aroldo Murá e elogiado pelo crítico Wilson Martins pela sua "grande poesia", Manoel de Andrade fugiu do Brasil em março de 69, quando era procurado pela Ditadura devido à panfletagem de seus poemas políticos. Deixava o país justamente numa época em que sua poesia começava a ser conhecida no Paraná e no Brasil, sobretudo pelo fato de ter seus versos publicados pela *Revista Civilização Brasileira*, em cujas páginas somente pontificava a elite da intelectualidade brasileira e internacional.

Peregrinou durante muitos anos pela América Latina escrevendo e declamando seus poemas, bem como debatendo a importância do engajamento político da arte e da literatura. Sua poesia revolucionária estreou em janeiro de 70 nas edições

---

40 Comentário do poeta uruguaio Garcia de Garcia, postado em 24 de fevereiro de 2008 no blog *Palavrastodaspalavras*. Veja o texto original aqui: <https://palavrastodaspalavras.wordpress.com/2008/02/24/manoel-de-andrade-lanca-seu-livro-cantares-em-camboriu-por-garcia-de-garcia/>.

panfletárias mimeografadas pelos estudantes peruanos de Cuzco e Arequipa. Em setembro daquele ano, no Teatro da Universidade Maior de San Andrés, em La Paz, seu primeiro livro *Poemas para la libertad* é lançado com prefácio do escritor Jorge Suarez e discurso de apresentação do poeta Pedro Shimose – Prêmio Casa das Américas em 1972 – duas das maiores expressões da literatura boliviana.

Pela força declamatória da sua ideologia poética foi "convidado" a sair da Bolívia em fins de 69, depois de participar do Congresso Internacional de Poetas em Cochabamba. Posteriormente, foi preso e expulso do Peru e da Colômbia, sempre pelo caráter destemido de seus versos, marcados pela denúncia política e social do seu testemunho itinerante e, sobretudo, pela sua visibilidade pública e participante como intelectual de esquerda. Jamais se intimidou diante de um roteiro continental marcado por perseguições, torturas e prisões, numa América controlada pela "inteligência" das ditaduras militares. Persistiu sempre em sua saga viandante de jogral por todos os países da América, dando palestras, promovendo debates e oferecendo recitais nas maiores universidades do continente e nos seus mais variados recintos de cultura política e popular. Deixa, com seu livro, *Canção de amor a la América y otros poemas,* publicado em Manágua, um rastro desafiador em plena ditadura de Somoza, e em fevereiro de 1971, a convite de revolucionários nicaraguenses exilados no México, declama seus versos nas Comemorações do 37º Aniversário de Morte de César Augusto Sandino, em Tampico.

Ainda em fevereiro daquele ano, o brasileiro Francisco Julião, fundador das Ligas Camponesas em Pernambuco e exilado no México, faz a apresentação da sua poesia, no Instituto Mexicano-Cubano, abrindo seus recitais na Cidade do México. A convite de organizações políticas de esquerda mexicanas, parte em seguida para a Califórnia a fim de levar aos chicanos – minoria norte-americana de origem mexicana que, na época, como os negros, lutavam por direitos políticos e civis – a notícia dos movimentos de liberação nacional que, desde os Tupamaros, no Uruguai, até as montanhas de Guerrero, no México, incendiavam a América com seus sonhos de justiça e liberdade. Seus versos foram publicados em revistas, jornais, panfletos e cartazes e muitos deles ilustrados por grandes pintores do continente. Atuou como jornalista, defendendo, na década de 70, em grandes reportagens, a vergonhosa situação dos chicanos no sudoeste dos Estados Unidos e denunciando o colonialismo português na África.

Depois de uma trajetória poética incansável e intensamente vivida, volta ao Brasil em 72 e por razões de segurança passa a viver no anonimato social e literário. Localizado, em Curitiba, pelos agentes do DOPS, transfere sua OAB para Santa Catarina, mas por estas e outras razões acaba não exercendo sua profissão de advogado. Com o tempo, a árdua luta profissional pela sobrevivência, bem como o exercício da liberdade sempre ameaçado pelo condicionamento político daqueles anos que precederam a abertura democrática, foram-lhe impondo, involuntária e naturalmente, o afastamento da vivência literária nos atos e nos fatos. Outras inquietudes de ordem intelectual ocupam suas leituras e reflexões, levando-o gradativamente ao esquecimento quase completo da sua condição de poeta e mesmo daqueles anos de peregrinação nos quais, com a poesia, cumprira uma das mais belas missões da alma humana: aquela que nos impõe a realização de um ideal. Pela química do seu lirismo político expressava a plena identificação com um sonho grandioso configurado num processo revolucionário que, a partir da Revolução Cubana, em 1959, passou a recrutar ideologicamente a América Latina inteira. Neste sentido seus *Poemas para la libertad* são a mais legítima expressão desse sonho incorruptível e inegociável, porque nasceram em pleno parto continental de um tempo semeado de esperanças, e porque cumpriram sua missão despojados de qualquer interesse pessoal, direitos autorais e veleidades literárias e, sobretudo, por serem o fruto de sua legítima indignação por tudo o que, naqueles anos, estava acontecendo no mundo, na América Latina e no Brasil.

Seu primeiro livro, *Poemas para la libertad*, com três edições em espanhol e ainda inédito em português, consta de vários catálogos da literatura política latino-americana, na internet. Por outro lado as marcas indeléveis da sua poesia revolucionária, escritas há 30 anos, estão vivas e espalhadas pelo continente. No ano 2000 a Epsilon Editores, do México, publicou a importante coletânea *Poesia Latino americana – Antologia bilíngüe* em espanhol e inglês, numa primorosa edição cuja capa e interiores é ilustrada com fragmentos da obra *La destrucción del viejo orden* do grande pintor mexicano José Clemente Orozco. Suas páginas são compartilhadas pela poesia de 36 celebrados poetas hispano-americanos, entre eles o uruguaio Mario Benedetti e a poetisa equatoriana Sara Vanégas Coveña e por apenas um brasileiro, o poeta catarinense Manoel de Andrade.

A seguir, publicamos seu poema "Memória", um lírico e comovente grito de saudade do Brasil, escrito em agosto de 70, no Equador. Numa época em que lá, a imagem da pátria lhe chegava "como uma mãe em lágrimas". Chegava "pelos gemidos e os estertores da bravura... e pelos sonhos que a morte silencia". Chegava "pelo inquietante dossiê dos tempos e por uma sombra imensa aquartelada sobre o povo."

Memória

De onde venho e por quem sou
desterrado da face do meu povo
desterrado dos amores e do meu sangue...
pelo meu coração de êxodo e batalhas
e pelo nostálgico lirismo da poesia,
eu te saúdo, pátria minha.

Por onde venho e rumo ao norte
sobre o dorso iluminado da América
por minha fé
pelo mágico idioma da utopia
e pelas páginas clandestinas do meu canto,
pátria minha... eu te saúdo.

Avançando entre o mar e a cordilheira
estrangeiro, bardo e peregrino
semeando a flor do bom combate
aprisionado
silenciado no meu canto
banido pelas tiranias do altiplano
e hoje... enfim...
recebido pelas mãos da liberdade...
passageiro da brisa e do encanto...
hoje, pátria...
é para ti meu canto aberto e solidário.

Com a alma povoada de caminhos
partilhando meus punhos e meus sonhos
e respirando o ar dessas trincheiras...
daqui,
onde não me alcançam as mãos que te torturam
repartido entre a dor e a esperança

e pela estrofe combativa dos meus versos,
levanto minha voz por teu martírio.

Hoje eu canto com a memória dos caídos,
escrevendo teu nome ensanguentado
e do meu refúgio latino e americano
e pelo tempo que te dure esta noite
e este silêncio,
há de ouvir-se o testemunho implacável dos meus versos.

Hoje escrevo sobre a água
e sobre o vento
mas um dia há de voltar meu desterrado canto.
Hei de voltar um dia
levando nos lábios uma canção de trigo
há de voltar minha alma de cigarra
e o marinheiro antigo.

Ó pátria minha...
hoje te sigo pelos mares mais longínquos
pelos portos onde tua bandeira chega navegando
e pela notícia de uma ação política,
e o impasse de um sequestro,
sinto no peito que tua ferida está aberta.

Eu nunca quis cantar-te assim,
com amargura...
mas hoje me lembro de ti, do teu regaço ...
e a tua imagem me chega como uma mãe em lágrimas.
Chega pelos gemidos e os estertores da bravura...
por esses sonhos que a morte silencia.
Chega pelo inquietante dossiê dos tempos
e por essa sombra imensa aquartelada sobre o povo.
E aqui, onde a Terra em duas latitudes se reparte,

pelo que sei e o que não sei,
em dois pedaços...
meu coração aqui também se parte.

Hoje eu canto pelo amanhecer luminoso que te espera
e te deixo em verso essa memória...
hoje escrevo a palavra: companheiros...
para que não se extinga a fé nesse combate.

Quito, agosto de 1970

Meu nome é Legião[41]

Wilson Martins[42]

Como os antigos exércitos romanos, elas avançam em formação cerrada, as juvenilidades auriverdes da poesia brasileira, recrutando seus guerrilheiros em todas as províncias do Império, de Itambaracá, no Paraná, a Passo Fundo, no Rio Grande do Sul, e também em Araraquara, Maringá, Curitiba, Bauru, Paranaguá, Londrina, S. João do Caiuá e Pato Branco, além de Onças, SC... No caso, são 26 poetas "nascidos na década de 60 ou aproximadamente alguns antes ou depois", selecionados numa antologia que se propõe reunir "o melhor da poesia no estado" (Paraná), dos quais o mais novo tem 20 anos e o mais velho 46, ainda que sejam numerosos os nascidos entre 1956 e 1965.[43]

Demarchi aceita a ideia, aliás discutível, de que "o Paraná é uma terra de desenraizados, de recém-chegados". Daí a escolha do título, que "remete a essas questões, de ser esta antologia um instantâneo de poetas desenraizados, um trânsito constante no espaço, produzindo numa década de fim de

---

41 Artigo publicado no caderno G do jornal *Gazeta do Povo* em 30 de setembro de 2002. A resenha não é integralmente dirigida à poesia do autor e refere-se, sobretudo, aos livros *Passagens* e *Próximas palavras*. Ao analisar esta última obra o crítico Wilson Martins se refere ao autor no último parágrafo do texto.

42 Wilson Martins (São Paulo, 1921 – Curitiba, 2010): professor, escritor, magistrado, jornalista, historiador e crítico literário brasileiro. Recebeu o Prêmio Jabuti em 1977 e 1978 e o Prêmio Machado de Assis em 2002. Entre seus livros destacam-se *A ideia modernista*, *A crítica literária no Brasil* (2 volumes) e a monumental *História da Inteligência Brasileira* (7 volumes).

43 DEMARCHI, Ademir (org.). *Passagens: Antologia de poetas contemporâneos do Paraná*. Curitiba, Imprensa Oficial, 2002.

século ou entre séculos, sob a marca da transitoriedade cultural e econômica em jogo, em que se identificou a globalização que facilita a todos a possibilidade de extinção de fronteiras."

É evidente que os "recém-chegados" vieram de algum lugar (onde, por sua vez, se sentiram desenraizados), de forma que o fenômeno, correspondendo a complexos movimentos demográficos, nada tem de especificamente local: deve haver no paranaense de nossos dias um tipo de "enraizamento" que escapa à visão macroscópica dos cientistas sociais. Por outro lado, se Demarchi, não resistindo a palavras da moda, acredita que a globalização "facilita a todos a possibilidade de extinção de fronteiras" pode-se concluir, ainda por aí, que o Paraná não é um caso na dinâmica das populações.

Na excelente introdução do volume, ele observa que certo poeta "lembra" Murilo Mendes, enquanto outros "lembram" Jorge de Lima e os surrealistas (diluídos), Bandeira, Cabral, José Paulo Paes e Dalton Trevisan, ao lado dos que escrevem "longos haicais", clara impossibilidade ontológica. Não será a originalidade o sinal definidor desses poetas, e sem originalidade não se justifica escrever poesia. Mas, em matéria de influências e criatividade, a questão mais interessante refere-se ao superestimado Paulo Leminski:

> dada a importância e propagação, não só no estado, mas nacional, que a dicção peculiar de Paulo Lemisnski, bem como suas preferências poéticas – caso específico é o haicai –, conseguiram, influenciou-se de forma incontestável os poetas das gerações seguintes [...]. Muitos dos seus continuadores souberam sair desse gueto renovando sua linguagem e explorando caminhos próprios, como são os casos, nesta antologia, de Ademir Assunção, Marcos Losnak, Maurício Arruda Mendonça, Ricardo Corona, Roberto Prado, ou Édson de Vulcania e Nivaldo Lopes [...].

Nessas perspectivas, Ademir Demarchi propõe uma releitura do quadro de valores aceito pelos novos poetas (e boa parte da crítica brasileira):

a influência de Leminski foi evidente, a tal ponto que talvez não haja um poeta aqui que não tenha, em algum momento, repetido a sua dicção ou escrito um haicai, formato este que, pode-se dizer, se alastrou de tal forma que parece ser o soneto nauseante de nossa época. Leminski, assim tornou-se uma influência superada, portanto a se opor, sobretudo para estar à altura daquele poeta irreverente, militante e do contra [...]. Nesse sentido, outra característica desta antologia [...] foi a de tanto quanto possível, ignorar os haicais e evitar os poemas que lembrassem demais a retórica de Leminski [...].

Aí começa a "revisão de Leminski", para lembrar a palavra predileta dos antigos concretistas, eles próprios necessitando agora de uma revisão desmistificadora, juntamente com os imitadores temporões. Concebidas e compostas sob o signo do transitório, as antologias são o cenotáfio das letras, mais que o momento imperecível dos séculos. A lei dos grandes números joga contra elas, sendo tanto menor a possibilidade de recolherem obras-primas quanto maior for o elenco dos poetas selecionados; por paradoxal que pareça, são os poetas menores que as constituem em maior parte.

Soa, em consequência, como um epigrama involuntário a inclusão de um poema satírico de Paulo Hecker Filho na antologia da *I Reunião de Poetas – Sul* ("Próximas Palavras". Curitiba: Quem de Direito, 2002);

Os poetas menores vão conversar nas livrarias, frequentam palestras, congressos, seminários e tardes de autógrafos, pensando nas suas [...].

Ninguém mais fácil de contentar do que um poeta menor. Lembre algo que ele publicou e logo receberá em casa suas obras completas. [...] O poeta menor não chora de noite como o poeta, de noite ele dorme [...].

Diante desses fatos, e outros de teor semelhante, vê-se que os poetas não costumam ser agradáveis e que os poetas menores são encantadores.

É ir ao poeta pelo seu poema e folhear em pessoa o poeta menor.

Nessa linha de raciocínio, pode-se pensar que o poeta menor é "de direita", sendo geralmente "de esquerda" o poeta maior (falo da República das Letras). Infelizmente, também na esquerda há poetas menores e até insignificantes, nomeadamente os que usam a linguagem da poesia para escrever manifestos ideológicos em prosa. Em provocação pueril (que já não provoca mais ninguém) Nelson Padrella escreve o "Poema sem a palavra Cuba", mas é traído pelos deuses quando, em outro poema ("Quartel"), refere-se aos "tambores silenciosos", denominação, como se sabe, de um grande ritual cívico do integralismo.

A grande poesia, nesta coletânea e na literatura brasileira dos nossos dias, foi escrita por Manoel de Andrade; "vivendo desse sonho / eu fui partindo [...] / embarcava com os tripulantes [...] fiz amigos e inimigos entre marinheiros, aprendi a língua deles [...]." É um longo poema de fulgurações whitmanianas e profunda consciência da condição humana, poesia de um homem no mundo dos homens, e também o testemunho de suas ansiedades. Basta ler esses versos simultaneamente com a maior parte dos que compõem estas antologias para perceber a diferença de natureza entre o poeta, de um lado, e, de outro, as pesadas legiões dos menores.

No primeiro post, uma homenagem[44]

Cleto de Assis

Há quase 43 anos, participei de uma aventura editorial, que resultou em dois números de uma revista de cultura que, segundo afirmam os contemporâneos, marcou aquela época da vida curitibana. Era a revista *Forma*, feita em parceria com Philomena Gebran. Pretendíamos fundar uma tribuna concreta de divulgação da cultura, "num esforço conjunto de todos os que sentem a falta de uma revista de cultura, em nosso ambiente tão necessitado, cada vez mais, de melhores meios de comunicação entre os que trabalham e se preocupam com o problema cultural", conforme escrevemos no primeiro editorial.

Mas de antemão fazíamos a previsão da curta vida: "Sabemos, os descrentes já nos contaram, que somos movidos por um sonho quase irrealizável e que estamos sujeitos à inclusão entre os casos – comuns – de 'mortalidade infantil' das

---

44 Esta postagem de 14 de março de 2009, a primeira a ser publicada no blog *Banco da Poesia*, ocupa, nestas páginas, a honrosa posição que me concedeu uma grande amizade. Parte de sua história é contada no próprio texto. O "Poema brabo", aqui ilustrado, nunca apareceu em meus livros. Foi publicado em 1966 no número 1 da *Revista Forma*, e, anteriormente, em 25 de abril de 1965, na edição dominical do *Jornal Estado do Paraná*, noticiando seu primeiro lugar no Concurso de Poesia Moderna, promovido pela página literária daquele matutino e o Centro de Letras do Paraná. Não tomou parte nos meus livros de poesia por pertencer a uma fase de minha formação literária ligada a uma efêmera experimentação poética contagiada pelo Concretismo, que reneguei, preferindo deixá-lo, junto com outros poemas da mesma lavra, esquecidos numa gaveta. Contudo, é com alegria que resolvi incluí-lo nas páginas deste livro para significar um gesto de gratidão à homenagem recebida do meu melhor amigo. Quanto aos quatro comentários parabenizando o editor pela estreia do seu blog *Banco da Poesia*, preferi deixar apenas o meu comentário, pela sua pertinência com o motivo da postagem.

revistas de cultura, conforme a expressão sugerida por Sylvio Back, um dos membros do Conselho de Redação." Conselho, aliás, composto por colaboradores de peso, como Adherbal Fortes de Sá Junior (decano da imprensa do Paraná), Célia Reis Lazzarotto (esposa de Poty), Cesar Muniz Filho (poeta perdido para a Economia), Ernani Reichmann (escritor paranaense, considerado um dos maiores especialistas em Soeren Kierkegaard, José Renato (diretor teatral que, à época, ajudava a fundar o Teatro de Comédia do Paraná), Marcos de Vasconcellos (escritor e arquiteto carioca), Sérgio Rubens Sossela (um de nossos grandes poetas, que nos deixou recentemente) e o já citado Sylvio Back, conhecido por seus filmes e, mais recentemente, por seu trabalho poético.

Fonte: <https://cdeassis.wordpress.com/2009/03/14/no-primeiro-post-uma-homenagem/#comments>.

Chegamos ao segundo número bastante animados com a repercussão da iniciativa, não só no Paraná, mas em várias cidades brasileiras. Mas não escapamos do registro amargo no mapa epidemiológico da cultura, que registrou a revista como mais uma vítima da tal mortalidade infantil.

Como pretendíamos sobreviver sem inserções publicitárias, nos baseamos em promessas de apoio cultural de autoridades da época, que, afinal, foram somente promessas. Mas valeu a experiência.

Valeu tanto que, passados mais de quarenta anos, ao reler os dois únicos números, podemos verificar que todos os nossos colaboradores, se ainda não eram consagrados, tiveram todos brilhantes caminhos em suas atividades culturais. E *Forma* ainda é lembrada com elogios, apesar de sua curtíssima existência.

Mas volto ao assunto principal deste primeiro post, que é uma homenagem a um dos primeiros poetas publicados por *Forma*. Ficamos sem nos ver também por quase 4 anos. No reencontro, rapidamente religamos os laços separados por diferentes fados, sem que tivéssemos diminuídas as ligações de amizade e valores comuns daqueles tempos de juventude.

Remarcada a agenda social, até mesmo para apresentarmos as respectivas famílias, tivemos um encontro em minha casa, na noite de 21 de maio de 2008. Conheci Neiva e ele conheceu Teresa. Com o papo mais animado, criei um momento de suspense, dizendo lamentar por ele não ter lembrado que, exatamente naquele dia, um filho seu completava 42 anos. Mas eu, querendo reparar seu esquecimento pelo filho abandonado, resolvera trazer-lhe o herdeiro para revê-lo. Claro que a comediazinha causou certo *frisson* no ambiente, principalmente pelo fato de Neiva, até aquela altura, desconhecer a existência de um filho de seu marido com aquela idade. Para desvendar rapidamente o mistério, entreguei-lhe o "filho" aparentemente esquecido, que veio à luz no dia 21 de maio de 1964 e foi publicado na revista *Forma 1*, em 1966. Era o "Poema brabo", do reencontrado Manoel de Andrade, poeta e amigo de longa data, ressuscitado em forma de um pôster emoldurado, com a reprodução da página da revista. Apenas acrescentei, como dedicatória: reeditado em maio de 2008.

E é esta a homenagem que o primeiro post do Banco da Poesia quer fazer ao Maneco, como ele é chamado carinhosamente, com a publicação, já em formato eletrônico, de seu "Poema brabo", tal como foi editado na *Forma*.

Fonte: <https://cdeassis.wordpress.com/2009/03/14/no-primeiro-post-uma-homenagem/#comments>.

Resposta de Manoel de Andrade para "No primeiro post, uma homenagem"

CLETO...,

Encho a boca e o coração para te dizer: QUERIDO AMIGO. É delicioso relembrar aqueles anos quando percorríamos os caminhos da arte, do teatro e da poesia e nossa amizade, ainda em botão, já exalava o perfume imperecível desse fraterno sentimento que o tempo preservou com sua misteriosa magia. A vida nos impôs outros nortes e quarenta anos transcorreram na saudade. Agora aqui estamos, venturosos pelo reencontro e por essa abundante alegria partilhada com outros amores que a vida nos concedeu.

Obrigado amigo, pela primícia desta homenagem. Meu poema, premiado em 65, recebeu seu melhor prêmio quando tua originalidade gráfica o ilustrou no primeiro número da Revista Forma em janeiro de 1966, e agora, postado novamente pelas tuas mãos, no Banco da Poesia, sai outra vez a caminhar pelo mundo, neste território ecumênico e democrático da virtualidade.

Parabéns pelo espaço que tua sensibilidade intelectual abre para os versos de todos nós, os poetas, apenas tolerados numa cultura onde a poesia perdeu sua cidadania cultural.

Um grande e fraterno abraço...,
Maneco

Os *Poemas para a Liberdade,* de Manoel de Andrade: A poesia como arma[45]

Alberto Moby[46]

A editora paulistana Escrituras acaba de lançar o livro *Poemas para a Liberdade*, do poeta catarinense Manoel de Andrade, do qual já havia publicado, em 2007, *Cantares*. *Poemas para a Liberdade* é, na verdade, uma reedição. Publicado inicialmente na Bolívia, no Peru e na Colômbia, em 1970, e no Equador, em 1971, é um conjunto de poemas que falam da luta armada e cantam a saga guerrilheira na América Latina dos anos 1970, então controlada por ditaduras militares. Independentemente do seu valor histórico inestimável, *Poemas para a Liberdade* é uma obra da qual, apesar de tudo, transbordam delicadeza, amor, esperança e por isso consta de vários catálogos de literatura latino-americana e seus poemas, de várias antologias, como *Poesía Latinoamericana – Antología bilíngue*, publicada em 1998, pela editora Epsilon, do México, cujas páginas o autor compartilha, entre outros,

---

45 A presente resenha foi publicada originalmente em julho de 2009, no blog *Minhas Histórias* de Alberto Moby e pode ser lida aqui: <http://albertomoby.blogspot.com/2009/07/os-poemas-para-liberdade-de-manoel-de.html>.
E foi republicada em 12 de julho no blog *Palavrastodaspalavras* e pode ser lida aqui: <https://palavrastodaspalavras.wordpress.com/tag/alberto-moby/>.

46 Alberto Moby Ribeiro da Silva nasceu no Rio de Janeiro em 1957. É historiador, jornalista e professor de História, com mestrado e doutorado em História Social pela Universidade Federal Fluminense (UFF). É autor do livro *Sinal Fechado – a música popular brasileira sob censura*, lançado em 1994 e da obra, em espanhol, *La Noche de las Kygua Vera – La mujer y la reconstrucción de la identidad nacional en la posguerra de La Triple Alianza* (1867-1904) publicada em 2010 pela Editora Intercontinental em Assunção, no Paraguai. É autor de diversos ensaios, artigos e capítulos de livros nos quais o tema é a História Cultural.

com poetas consagrados como o uruguaio Mario Benedetti, falecido este ano.

Os mais jovens talvez não saibam. Os que sabem nem sempre se lembram. E os que lembram provavelmente não sintam mais aqueles sentimentos angustiantes e ao mesmo tempo cheios de esperança que moviam milhares de jovens na América Latina em busca de uma sociedade justa e fraterna. Falo dos chamados "anos duros" da ditadura militar no Brasil, logo acompanhada por outras ditaduras, e das lutas de resistência, com as armas possíveis e as imaginadas, contra o autoritarismo, a falta de liberdade e a barbárie que entre as décadas de 1960 e 1990 povoaram boa parte da América Latina.

Entre esses jovens havia um, chamado Manoel de Andrade, vindo do interior de Santa Catarina, que começou a se destacar entre os colegas (na época ficaria melhor o termo "companheiro") de Curitiba, onde decidiu viver, pelo caráter engajado de sua poesia.

Lembre-se que "engajado", naquela época, era sinônimo de "subversivo" e, quase sempre, também de "comunista", "palavrões" que, naqueles tempos de Guerra Fria, podiam também ser traduzidos como o "Mal", em oposição ao "Bem", representado pelo "mundo livre", isto é, os EUA e seus aliados (quase sempre muito mais por medo do que por afinidade ideológica).

Em 1965, Manoel de Andrade, com sua poesia militante, ganhou o 1º prêmio do Concurso de Poesia Moderna, do Centro de Letras do Paraná. No mesmo ano, participou da histórica Noite da Poesia Paranaense, ao lado de poetas hoje consagrados como Helena Kolody, João Manuel Simões e o grande poeta e compositor Paulo Leminski, no teatro Guaíra, de Curitiba. Em 1968, aos 28 anos, é apontado pela imprensa paranaense como uma dos seus três grandes destaques literários, junto com Jamil Snege e o contista Dalton Tervisan. No mesmo ano, a *Revista Civilização Brasileira* publica seu poema "Canção para os homens sem face":

Canto a vergonha de ser brasileiro num tempo defecado
canto meu povo
e se ainda não canto meu país,
é porque não sei cantar na presença de homens indecentes;
eu canto sobretudo para aqueles que preservaram seu sonho,
para os que ousaram lutar e morrer por ele,
canto a memória de um guerrilheiro argentino.

E eis que meu verso se endurece
para que eu cante meu melhor combate
e só assim posso cantar para os irmãos e camaradas
recrutando companheiros para a luta...
e quando meu canto é feito para os ouvidos dos justos,
eu canto sem temor [...]

[...] Como guerreiros invisíveis
meus versos se infiltrarão no país dos corruptos
pelas fronteiras das entrelinhas
e renascerão nos lábios dos militantes
ora como uma flor, ora como um fuzil.

Talvez, mesmo que esses versos façam algum sentido para você e mesmo que possam ser identificadas, lá no distante 1968, vergonhas muito parecidas com as de hoje, e que possamos também reconhecer este nosso tempo, de democracia e liberdade, como um "tempo defecado", de "homens indecentes" ou um "país dos corruptos", talvez seja quase impossível imaginar o que significava isso naqueles "anos de chumbo". Outras palavras do poema expressam melhor que clima era aquele: eram os tempos dos "que ousaram lutar e morrer", que evocava "a memória de um guerrilheiro argentino" – Ernesto Che Guevara, morto no dia 8 de outubro do ano anterior, em nome de uma luta que se pretendia internacional contra a injustiça do capitalismo e, particularmente na América Latina, contra a opressão dos ditadores. Por isso o poema de Manoel de Andrade era feito de versos para "cantar para os irmãos e camaradas", "recrutando companheiros para a luta", "ora como uma flor, ora como um fuzil".

Não podia ter dado outra coisa. Em março de 1969, perseguido pelo regime militar, principalmente pelo fato de ter feito panfletagem de seu poema "Saudação a Che Guevara", Manoel de Andrade foge do Brasil. Nessa época sua poesia já começava a ser conhecida por todo o país por meio de jornais e revistas literárias. Nos perigosos versos que lhe valeram a fuga do país, ele dizia:

> No nosso ódio indigesto
> na voz da rebelião,
> na passeata de protesto
> em cada homem sem pão,
> em cada cidadão livre
> que é metralhado na rua,
> no seio de cada greve
> no salário de quem sua,
> no estômago que late
> na opressão e na fome
> nesse mal que nos consome
> como farol claro e forte
> surge tua imagem, teu nome
> teu braço de guerrilheiro
> teu sonho e tua verdade
> nos apontando o roteiro
> em busca da liberdade.

A força e a contundência desses versos, hoje, podem parecer ingenuidade, coisa de uma juventude demasiadamente crédula, especialmente empolgada com o sucesso da Revolução Cubana, em janeiro de 1959, e com seu herói mais charmoso, Che Guevara, filho de uma família de classe média argentina que, depois de percorrer toda a América Latina, conhece, no México, os irmãos Fidel e Raúl Castro e, com um pequeno grupo, resolve se meter numa "aventura" que por acaso deu certo. Mas, insisto, não é possível ter uma visão minimamente clara daqueles jovens (que, aliás, se transformaram em alguns de nós atualmente ou já nos pais de muitos outros que agora leem esse meu post) e, consequentemente, da poesia de Manoel de Andrade sem nos fixarmos na época em que tudo isso aconteceu. Ou, então, como explicar que um simples poema pudesse ser o principal responsável pela saída de alguém do próprio país, deixando pra trás família, amigos, projetos, o curso de uma vida?

Mas a vida de cavaleiro andante de Manoel de Andrade estava só começando. Ao deixar o Brasil foi para a Bolívia, onde continuou escrevendo e divulgando seus poemas engajados. Em 1970 é lançado, pelo Comitê Central Revolucionário da Universidad Mayor San Andrés, em La Paz, seu primeiro livro, *Poemas para la libertad*, publicado também pelas federações universitárias de Cuzco e de Arequipa, no Peru, que foram consumidas e reeditadas em todo o meio estudantil do Peru, cujos exemplares se espalharam por toda a América do Sul, levados por mochileiros e estudantes latino-americanos.

Mas a ampla aceitação de seus poemas pela juventude universitária não deram a Manoel de Andrade nenhuma tranquilidade. Muito pelo contrário, essa aceitação representava ainda mais perigo, perseguições, fugas. Expulso da Bolívia em 1969, antes da publicação de seu livro, foi para o Peru, de onde também foi expulso, no ano seguinte, e para a Colômbia, onde, no mesmo ano, sofre o mesmo destino. O alcance da sua militância política pode ser avaliado pelo destaque que na época os mais importantes jornais da América Latina e as maiores agências internacionais de informações, como a AP e a UPI, deram a ele. Numa época em que não havia telefones celulares nem internet, pode-se imaginar o perigo que seus poemas revolucionários podem ter representado.

Conhecido por promover debates, ministrar palestras e declamar seus versos em universidades, teatros, galerias de arte, festivais de cultura, congressos de poetas, sindicatos, reuniões públicas, privadas e clandestinas e até no interior das minas de estanho da Bolívia, Manoel de Andrade e seus versos não podiam ser vistos como nada menos do que muito perigosos. Por isso o governo peruano o expulsa do país "por realizar atividades que constituem um manifesto perigo para a tranquilidade pública e segurança do Estado".

Mas a aventura de Manoel de Andrade não pararia aí. Em 1971 estava no México, onde, entre outras coisas, se apresentou no Instituto Mexicano-Cubano; participou das comemorações do 37º aniversário de morte do herói revolucionário nicaraguense Augusto César Sandino; viajou para a Califórnia, nos EUA, onde ministrou várias palestras e recitais em organizações chicanas e nas universidades de Los Angeles e Berkeley. É o próprio autor quem nos conta, generosamente, parte dessa trajetória:

> Eu chegara ao México, depois de cruzar, ao longo de três anos, todos os países da América Latina (exceto Venezuela) e trazia, desfraldada na alma, a bandeira das lutas de liberação nacional que incendiavam o continente e por isso, depois do meu recital no Instituto Mexicano-Cubano, na Cidade do México, fui

"convocado" para levar aos chicanos (norte-americanos de origem mexicana) a notícia do que se passava na América, como um estímulo à sua luta no contexto de segregação em que viviam dentro das próprias entranhas do "monstro" imperialista. É uma fase belíssima da minha vida que não posso contar aqui. Meu livro Poemas para a Liberdad, teve sua 3ª edição em San Diego. Ao cabo de três meses tive que voltar ao México para novo visto no passaporte, mas quando tentei voltar para terminar minha "missão", os yanques já não me permitiram a entrada. Do México fui para Equador, onde dei um cliclo de palestras na Universidade Central do Equador, sobre problemas centro-americanos [...] e mexicanos. No Equador publicaram a 4ª edição do meu Poemas para a Liberdade. Depois de dois meses tive que sair correndo de Quito (onde cheguei a primeira vez, expulso do Peru e a segunda, espulso da Colômbia) porque fui acusado pelos estudantes de agente da CIA. (Eles não entendiam como é que eu corria a America Latina, pra cima e pra baixo, e estava sempre 'infiltrado" entre a classe estudantil e o pessoal de esquerda). Fui alertado por um amigo estudante de arquitetura e saí por Quayaquil, num transatlântico italiano (Rossini) e entrei, sem problemas, no Peru, pelo porto de Callao. Resolvidos alguns problemas no Peru, fui para o Chile de Allende, onde comecei a escrever minhas memórias de viagem e artigos para jornais e revistas sobre o problema dos chicanos e sobre o colonialismo português na África. Minha mulher foi pra Santiago e, pela minha filha, voltei com ela ao Brasil em meados de 72, e em Curitiba, depois de descobrir que o DOPS já sabia da minha volta e me procurava, transferi minha OAB para Santa Catarina, para tentar advogar. Mas também lá o clima de repressão e espionagem era terrível. Era a época em que estava começando a Guerrilha do Araguaia. Voltei pra Curitiba e passei a viver no anonimato social e literário. Por indicação de um amigo, e para sobreviver, *fui vender a Enciclopedia Delta Larousse. Ninguém sabia onde eu estava. Somente aparecia no fim do mês para entregar os meus contratos de venda e receber minha comissão. Em seguida sumia pelo interior do Paraná ou Santa Catarina e somente minha família sabia de mim. Foi uma bela estratégia porque eu pude trabalhar e me esconder ao mesmo tempo.*

[...] Voltei a escrever em setembro de 2002 [...], durante os 30 anos que não escrevi nada, tive uma vida muito intensa e acabei esquecendo que eu era poeta [...], mas também tive uma vida intelectual muito rica.

Tive o privilégio de conhecer Manoel de Andrade graças à coincidência de termos uma amiga em comum, a antropóloga e historiadora Philomena Gebran, a quem ele não via há mais de 30 anos e que, através de mim, graças às maravilhas da internet, pôde reencontrar em Curitiba, onde ambos moram atualmente. Somos, portanto, apenas amigos virtuais. Mas é como se fôssemos amigos há muitos anos, compartilhando a maior parte dos sonhos, das grandes frustrações e, principalmente, as esperanças que os muitos sustos da vida não conseguiram levar. Naqueles tempos difíceis parecia para muitos que a força das armas – e, no caso de Manoel Andrade, a sua eram os versos – era o caminho. Hoje, não sei qual o caminho (e acredito que ele também não), mas continuo acreditando, como ele, em uma sociedade justa, humana, fraterna. Por isso recomendo com veemência a leitura dos seus *Poemas para a Liberdade*. Pelo menos para que os que não saibam fiquem sabendo, os que sabem se lembrem e os que lembram voltem a pensar sobre a esperança.

Palavras ao invés de fuzil[47]

Marcio Renato dos Santos[48]

Manoel de Andrade, 68 anos, voltou à poesia – depois de 30 anos de silêncio. Em 2002, o poema "Tributo" praticamente se impôs, e está nas páginas do livro *Cantares*, publicado em 2007. Conhecido por "Maneco Poeta", Andrade era apontado por amigos, na década de 1960, como um possível "novo Castro Alves".

Houve uma celebração em 1965 que, para muitos, poderia não ter acabado. Foi a 1ª Noite da Poesia Paranaense, no Pequeno Auditório do Teatro Guaíra. Entre os 12 autores, Paulo Leminski, João Manuel Simões e – naturalmente – Manoel de Andrade. Ele declamou o poema "A náusea", crítica aos fardados todo-poderosos de então. Em outubro de 1968, quatro mil cópias de outro poema político, "Saudação a Che Guevara", circularam pelo Brasil. Dia 13 de dezembro daquele ano, o AI-5 "entrou em cartaz" e, para gente como ele, a saída foi o exílio.

Saiba mais sobre a trajetória de Manoel de Andrade:

1940 – Nasce no dia 3 de novembro, em Rio Negrinho (SC). A família muda-se para Piçarras. Posteriormente, passa uma temporada em Itajaí.

---

47 Resenha publicada na coluna Perfil, do jornal *Gazeta do Povo*, Curitiba, em 16 de maio de 2009.

48 Marcio Renato dos Santos nasceu em Curitiba em 1974. É jornalista, escritor, Mestre em Estudos Literários pela Universidade Federal do Paraná (UFPR) e escreve para a Seção de Ensaios e Resenhas do jornal literário *Rascunho*. Publicou os livros de contos *Minda-au* (Record, 2010), *Golegolegolegolegah!* (Travessa dos Editores, 2013), *2,99* (Tulipas Negras, 2014), *Mais Laiquis* (Tulipas Negras, 2015), *Finalmente hoje* (Tulipas Negras, 2016) e *Outras dezessete noites* (Tulipas Negras, 2017).

1957 – Migra para Curitiba. Faz o chamado "clássico" no Colégio Estadual do Paraná.

1961 a 1966 – cursa Direito na UFPR.

1969 a 1972 – Perambula por 15 países da América do Sul. Escreve poemas políticos.

1972 – Retorna ao Brasil e escreve o seu último poema. Durante a década de 1970, vive como vendedor. Não tem endereço fixo no Brasil.

2002 – Retorna à poesia.

2007 – Publica *Cantares*.

2009 – Publica *Poemas para a Liberdade*.

De 1969 a 1972 ele perambulou por 15 países. Do Paraguai ao Equador. A sua produção corria pelas veias abertas do continente. Foi preso e expulso de alguns desses países. Queria expor as fraturas. Ao invés de armas, palavras. Os mais expressivos frutos da época foram reunidos no livro *Poemas para a Liberdade*, edição bilíngue (em espanhol e português), recém-publicado.

Wilson Martins, colunista da *Gazeta do Povo*, já se pronunciou duas vezes a respeito da produção de Andrade. No texto "Poesia cerebral", publicado dia 2 de agosto de 1980, Martins compara Andrade a Carlos Nejar: "A inspiração épica que falta ao poema de Carlos Nejar encontra-se no de Manoel de Andrade, aqui evocado como contraste à poesia cerebral e hermética." Em 2002, no artigo "Meu nome é Legião", o crítico afirma que Andrade é "o poeta", diferentemente das pesadas "legiões" de menores.

O poeta, publicamente consagrado pelo rigoroso crítico, ficou desconectado do fazer poético de 1972 a 2002 – como já foi mencionado anteriormente. Bacharel em Direito, optou por outras veredas. Década de 1970 afora, consagrou-se o campeão brasileiro de vendas da Enciclopédia Delta Larousse.

Ganhou dinheiro. Fez o seu pé-de-meia. Hoje, presta serviço para uma empresa de planos de saúde. Todo prosa, acredita que a poesia voltou a roçar a sua sensibilidade.

Ele, que mastiga lentamente a comida durante as refeições, e bebe apressadamente café, não lamenta o tempo de não-poesia. Leu muito durante o hiato? "Quem tem sede como eu tenho, jamais fica saciado." Lamenta, apenas, o que a vida fez com alguns de seus colegas de geração – aqueles que queriam mudar o mundo –, principalmente depois que provaram o gosto do poder. José Dirceu? "Uma lástima". José Genoíno? "Deprimente."

E agora, qual seria a batalha para alguém, como ele, que teve na poesia uma bandeira de luta? "Hoje não há utopia". Andrade fica um tanto melancólico ao falar do presente. "Isso (o presente) é um shopping de ilusões". Talvez, para ele, para quem a poesia não pode ser apenas um mero encadear de palavras, a solução – mais do que uma rima – venha a ser um mergulho no passado. Para, de repente, recriar o que se foi – e também, o que poderia ter sido.

Manoel de Andrade, o poeta brasileiro que escreveu para toda a América Latina[49]

Julio Daio Borges[50]

A globalização enfraqueceu os regionalismos. Somos "do mundo todo", mas, para isso, não somos "de nenhum lugar específico". Particularidades, hoje, afastam; similitudes aproximam, a ponto de nos homogeneizarem até demais... Há pouco tempo, era diferente. Há algumas décadas, quero dizer. E tão diferente que agora não conseguimos entender direito... Estou falando da segunda metade do século XX e da aproximação que sentíamos, aqui no Brasil, da América Latina. Hoje, por exemplo, estamos mais próximos de Rússia, Índia e China (a fim de compor os tais BRICs) do que de nossos vizinhos.

Entre os anos 60 e 70, havia um poeta brasileiro que podia nos transmitir esse sentimento perdido: de ser latino-americano e ser do Brasil. Ainda pode, na verdade. Trata-se de Manoel de Andrade, que teve o seu *Poemas para a Liberdade* lançado, recentemente, em edição bilíngue (pela Escrituras Editora).

---

49 Esta resenha foi originalmente publicada em 29 de maio de 2009 no website *Opera Mundi*. Posteriormente em 31 de maio no *Portal Vermelho*, em 5 de junho em *Pátria Latina*, em 12 de junho de 2009 no blog *Palavrastodaspalavras* e no nº 40, da *Revista Hispanista*, edição de janeiro/fevereiro/março de 2010. Leia a publicação original aqui: <http://operamundi.uol.com.br/conteudo/geral/16655/manoel+de+andrade+o+poeta+brasileiro+que+escreveu+para+-toda+a+america+latina.html>.

50 Julio Daio Borges nasceu em São Paulo em 1974. Formado em Engenharia da Computação, começou sua carreira jornalística em 1997 com artigos comentados pelo colunista Luis Nassif, na *Folha de São Paulo*. É o editor-fundador do prestigioso site *Digestivo Cultural*, com postagens diárias sobre arte e literatura, ensaios, comentários e publicação mensal de colunas e entrevistas. Seus textos foram publicados no *Opera Mundi*, *O Estado de São Paulo*, *O Globo*, *Gazeta Mercantil*, no jornal literário *Rascunho* e no *Observatório da Imprensa*.

Numa época como a nossa, em que artistas brasileiros almejam se lançar no exterior, Andrade escreveu poesia para toda a América Latina. Ecoou o sentimento do homem latino-americano, a partir do Brasil, e percorreu o continente, num autoexílio de provação e, ao mesmo tempo, de consagração.

O apelo à coletividade ecoa já no princípio, em "Canción para los hombres sin rostro", poema escrito em setembro de 1968, em Curitiba. Manoel fala em mártires:

"Yo he de morir para que tú no mueras". Fala de *outsiders*: "Canto a los parias de la vida" ("Canto a los hombres sin raíces, sin familia, sin patria"). E se espanta, obviamente, com os anos de chumbo: "Ah, que tiempos son esos?". Entregando, finalmente, sua produção a todos: "Mis versos que al final nunca serán de nadie". Dentro do contexto de triunfo do indivíduo a que chegamos, atualmente, com mais falantes do que ouvintes (por exemplo, nas novas mídias), fica quase impossível entender como alguém podia abrir mão do que escrevia, preferindo soltar poemas apócrifos, diluindo-se no sentimento geral.

As palavras de Manoel de Andrade rodaram a América Latina, sendo republicadas em periódicos de quase todos os países, mas não porque ele apostasse em "marketing pessoal", fizesse "marketing viral" ou fortalecesse "sua marca" – e, sim, porque preferia não assinar, para ser mais simpático à causa de todos; porque, nesse esforço de identificação, todos o repassavam de bom grado; e porque, sem interesse, ele transcendeu suas limitações pessoais.

"Portunhol selvagem"

Em "Que es la poesia... mi hermano?", ao afirmar "es el amor hecho fuego", Manoel se aproxima do nosso contemporâneo Douglas Diegues, que, neste momento, prega, além do "portunhol selvagem", a "poesia feita com esperma". Fora coincidências como essa, que não poderia jamais prever, Manoel de Andrade se aproxima de antecessores consagrados, como Fernando Pessoa, em "Mensaje" (dirigindo-se profeticamente ao futuro): "Vosotros que aguardáis la vida en el vientre de los siglos". Evocando Pessoa, outra vez (mais especificamente Bernardo Soares, do *Livro do desassossego*), em "El sueño del sembrador": "Es necesario hacer del sueño la última trinchera". E, naturalmente, traçando paralelos com o universal Che Guevara, em "Réquiem para um poeta guerillero".

Em entrevistas, inclusive, Manoel reconheceria: "Por ahora creo que soy más necessario en la poesía que en outro tipo de lucha". Lemos, ainda, que "poesía comprometida" se opunha então à chamada "poesía de consumo" e percebemos que, apesar de todas as aproximações que podemos fazer através da forma, há um abismo entre a produção de agora e a de antes, por um simples motivo, o do engajamento (ou da falta dele): "Los nuevos poetas del continente [nos anos 60 e 70]... han sabido comprometer sua poesia con la época que les toca vivir".

Nem tudo são rosas na trajetória e na produção de Manoel de Andrade, contudo. Em "El marinero y su barco", escrito em Lima, em 1969, ele deixa escapar: "Si, hay cosas tristes en la vida". E, abordando o autoexílio (que infelizmente não detalha muito no livro), registra ainda entrevistas que acrescentou ao volume (como "fortuna crítica"): "Las acusaciones contra Manoel de Andrade se resumen en una: hace versos". Em "Canto a los marginales", parece falar a si próprio: "Donde están tus fariseos y las piedras que te lanzaron?". E, num momento de desespero, volta-se, mais uma vez, a Guevara: "En cualquier lugar que nos sorprenda la muerte, bienvenida sea".

Esquecido

Mas a principal tragédia de Manoel de Andrade não foi, artisticamente, a perseguição ou mesmo a ameaça de morte física. Foi o esquecimento nestas últimas décadas (no Brasil): "De celebrado autor de libros por el continente, se resignaba a ser un modesto vendedor de enciclopedias". Os anos de chumbo se consolidaram nos 70 e desembocaram, finalmente, na abertura, a partir dos 80, mas o poeta não conheceu, novamente, a consagração de antes, nem teve a oportunidade de ser resgatado, como autor. Fala com distanciamento hoje, 40 anos depois, da sua primeira edição desde o auge.

Poemas para a Liberdade, em suma, deve ser lido menos como uma curiosidade de uma época distante, que se afastou do próprio autor com o passar dos anos, e mais como uma realização, legitimamente autoral, que transcendeu as fronteiras e alcançou o que muitas obras não alcançaram, com toda a eficiência posterior das comunicações. Dizem que o que nossa época perdeu em matéria de "sonho", ganhou em matéria de "realidade", mas é o caso de perguntar, talvez a Manoel de Andrade, se é este o "futuro" com que se sonhou e, principalmente, se estamos sendo dignos dos que lutaram a fim de que desfrutássemos dessas liberdades todas.

O pós-modernismo nos roubou o senso histórico. Podemos não cair em armadilhas utópicas e totalitarismos, mas, ao mesmo tempo, guardamos no íntimo a sensação de não estar dialogando o suficiente com os problemas do novo milênio... É tudo menos "monolítico" hoje, as opiniões não são mais "a favor" ou "contra", mas, apesar desta nova consciência, o sentido (e a força) de um desejo de transformação evaporou-se. Manoel de Andrade, como nós, não deve entender o que está acontecendo, mas seu *Poemas para a Liberdade* pode nos mostrar, ao menos, diferenças inquietantes do sentimento de ser brasileiro e de ser latino-americano.

O poeta Manoel de Andrade é convidado para participar de encontro latino-americano de literatura[51]

Niterói, 02 de fevereiro de 2010

Prezado poeta Manoel de Andrade:

Considerando o recente lançamento de seu livro "POEMAS PARA A LIBERDADE", em edição bilíngue, no Brasil, considerando a repercussão que a obra teve, em suas várias publicações na década de 70 na América Latina e a recente atenção que a mídia tem dado ao livro em todo o país, queremos convidá-lo para apresentá-lo na próxima 138ª JORNADAS ANDINAS DE LITERATURA LATINOAMERICANA (JALLA), cujo Congresso será realizado de 02 a 06 de agosto de 2010 no Instituto de Letras da Universidade Federal Fluminense, em Niterói, Rio de Janeiro.

Informamos que sua participação faria parte da proposta da Revista Hispanista, onde já temos contado com sua colaboração. Acreditamos que seria uma oportunidade de divulgar seu livro e sua poesia para representantes e professores de literatura de toda a América Latina, dentro da proposta a ser apresentada pela Revista Hispanista. Como você sabe a Revista, de ano a ano, cresce em prestígio no Continente, reconhecida com vários prêmios internacionais e enfatizando a importância de seu caráter virtual em edições bilíngues, divulgando, para todos os países de língua portuguesa e espanhola, a literatura, a história, o folclore, o cinema e as artes plásticas.

Saliento que me sentirei honrada com sua participação na minha proposta de trabalho, vinculada à minha pesquisa e docência em Literaturas Hispânicas e Comparada.
Solicito sua resposta com alguma urgência, já que as propostas de trabalho deverão ser entregues até dia 28 de fevereiro de 2010.

Profa. Dra. Suely Reis Pinheiro
Editora da Revista Hispanista

Redação: Rua Fernando Libório Filho, 501 - Pendotiba - Niterói - RJ - Brasil
CEP 24320-270 - Fax - 021-616-5606
e-mails - webmaster@hispanista.com.br e suely@hispanista.com.br

Fonte: arquivo pessoal do autor.

---

51 Página publicada em 13 de fevereiro de 2010 no blog *Palavrastodaspalavras*. Veja a postagem aqui: <https://palavrastodaspalavras.wordpress.com/2010/-02/13/o-poeta-manoel-de-andrade-e-convidado-para-participar-de-encontro-latinoamericano-de-literatura/>.

A obra poética de Manoel de Andrade analisada no JALLA 2010 de 2 a 6 de agosto no Rio de Janeiro[52]

Equipe Palavreiros da Hora

Na próxima semana o poeta catarinense Manoel de Andrade, colaborador deste site e atualmente radicado em Curitiba, estará participando, em Niterói, do Congresso Jornadas Andinas de Literatura Latino-Americana.

Em vista do conteúdo histórico-político de seu livro *Poemas para a Liberdade* nas quatro edições que teve na América, na década de 70, seu lançamento em edição bilingue o ano passado no Brasil e a repercussão de sua poesia na atualidade, a obra poética de Manoel de Andrade será apresentada ao Congresso JALLA 2010 por Suely Reis Pinheiro, Doutora em Literatura Espanhola e Hispano-americana, Professora da UFF, UERG e Unigranderio, e diretora da *Revista Hispanista*. Seu tema será "A poesia de Manoel de Andrade: um canto de amor e liberdade na América Latina". Na oportunidade o poeta participará com a leitura de seus poemas.

Considerado como um dos mais importantes encontros literários da América Latina, o JALLA 2010 se realizará de 02 a 06 de agosto, no Instituto de Letras da Universidade Federal Fluminense. O primeiro congresso do JALLA aconteceu em La Paz em 1997, e desde então vem se convertendo num disputado espaço de integração e interlocução entre prosadores, poetas e pesquisadores da literatura do continente. O Congresso, com realização a cada dois anos, já foi sediado

---

52 Texto publicado em 27 de julho de 2010 no blog *Palavrastodaspalavras*. Veja a postagem aqui: <https://palavrastodaspalavras.wordpress.com/2010/07/27/a-obra-poetica-de-manoel-de-andrade-analisada-no-jalla-2010-de-2-a-6-de-agosto-no-rio-de-janeiro/>.

em cidades como: San Miguel de Tucuman (Argentina), Quito (Equador), Cuzco (Peru), Lima (Peru), Bogotá (Colômbia), Santiago (Chile) e o Congresso de 2010 será o primeiro a ser realizado no Brasil, fora da América Hispânica e do mundo andino que lhe empresta o nome.

O evento, ao longo dos anos, vem ampliando sua temática e transformando-se num espaço de amplo diálogo cultural latino-americano, expandindo a imagem da regionalidade que marcou sua origem, para estabeceler relações de cultura que integrem todo o continente. Neste sentido está de parabéns o Instituto de Letras da Universidade Federal Fluminense, integrando-se ao JALLA com a intenção de abraçar culturalmente a nossa dupla latinidade, não só buscando a fraterna comunhão das línguas ibéricas, mas propondo temas de interação para o pensar latino-americano. Para isso propôs temas com objetivos bem mais inclusivos abrindo o diálogo entre a América Hispânica, o Caribe e o Brasil e buscando um discurso que incorpore estas diferentes áreas culturais numa geografia cultural que integre nossa historicidade, nossas diferenças antropológicas e nossos idiomas.

Com 1.110 inscritos, entre escritores, professores de literatura, pesquisadores e assistentes de várias áreas culturais, as plenárias e os debates versarão sobre os seguintes temas:

1. América Hispânica e Brasil: diálogos culturais e literários
2. O Caribe como área cultural latino-americana
3. Afro-Indo-Latino América: interlocuções
4. Tradução como mediação cultural
5. Subalternidades, resistências e alternativas na cidade globalizada da América Latina
6. O entre-lugar do intelectual latino-americano
7. Os bicentenários das independências dos países latino-americanos.

Os *Poemas para a Liberdade* de Manoel de Andrade[53]

Fernando Py[54]

Nos seus *Poemas para a Liberdade* (São Paulo: Escrituras, 2009; edição bilíngue português/espanhol; tradução do autor), o catarinense Manoel de Andrade tem o desassombro e a temeridade de cantar a luta armada contra a ditadura militar. Pode parecer um anacronismo, já que os militares brasileiros há muito deixaram de comandar os destinos do Brasil. Mas, na verdade, o caso de Manoel de Andrade é bem diverso. Perseguido pela ditadura, em 1969, devido à panfletagem do poema "Saudação a Che Guevara", refugiou-se na Bolívia, onde se integrou ao movimento guerrilheiro. Em junho de 1970, publicou na Bolívia, em espanhol, os *Poemas para la Libertad*, cuja 2ª edição saiu na Colômbia, em setembro. Expulso tanto do Peru como da Colômbia, atravessou diversos países da América, publicando livros, promovendo debates, dando palestras e declamando seus poemas em teatros, sindicatos e universidades. Em janeiro de 1971, seu livro *Canción de amor*

---

53 Esta resenha foi originalmente publicada no jornal *Tribuna de Petrópolis*, em 1º de outubro de 2010 e em 11 de dezembro de 2010 no blog *Palavrastodaspalavras*. Veja o link: <https://palavrastodaspalavras.wordpress.com/2010/12/11/fernando-py-comenta-os-poemas-para-a-liberdade-de-manoel-de-andrade--petropolis-rj/>.

54 Fernando Py, Fernando Antônio Py de Mello e Silva, nasceu no Rio de Janeiro, em 1935. É poeta, crítico literário e tradutor. Colaborou em vários jornais do país, entre eles o *Jornal do Brasil, Jornal da Tarde* e *O Globo*. Traduziu na íntegra os sete volumes da monumental obra proustiana *Em busca do tempo perdido*, além de outros autores importantes como, Honoré de Balzac, Marguerite Duras e Saul Bellow (Nobel em 1976). Tem mais de quinze livros publicados entre poesia e crítica. Atualmente assina a coluna "Literatura" no jornal *Tribuna de Petrópolis*, cidade onde vive.

a América y otros poemas foi editado na Nicarágua e em El Salvador. Depois de vários êxitos no exterior, Andrade regressou anônimo ao Brasil (1972), onde se manteve afastado da literatura durante trinta anos. Em 2002, participou da coletânea paranaense *Próximas Palavras*, e publicou *Cantares* em 2007. Esta edição dos *Poemas para a Liberdade* é, que eu saiba, a primeira editada do Brasil.

É claro que a poesia política do autor paga tributo aos grandes poetas latino-americanos que sempre se opuseram às ditaduras fascistas, especialmente Pablo Neruda. O tom dos poemas, sua oralidade intrínseca, o pendor para uma abordagem vívida das condições sociais e humanas da nossa época, são ingredientes básicos do volume. A eles, porém, não está ausente um toque de lirismo, o lirismo de quem sabe que a poesia dita "engajada" não se sustenta apenas com uma mensagem libertária ou um repúdio incisivo a um estado de coisas intolerável. O poeta soube dosar muito bem os materiais de que se utilizou, e o resultado é um livro coeso, muito bem realizado dentro do que ele se propôs, e que lhe confere uma posição de relevo em nossas letras. Parabéns.

El cantor peregrino de América[55]

Enrique Rosas Paravicino (Peru)[56]

Un proverbio chino dice que un largo viaje empieza con un simple paso. Este paso en la vida de Manoel de Andrade debió ser una palabra, una metáfora, un verso juvenil, algo que diera inicio a la gran aventura de su existencia: escribir y caminar, crear y peregrinar, versificar el dolor social y recorrer los infatigables caminos de América. Como León Felipe, fue el viento áspero y testimonial de las injusticias de la tierra, pero además, el que proclama su fe en aquel tiempo nuevo que la historia reserva para los pueblos oprimidos. Poesía labrada en la lucha tenaz, macerada en lágrimas y enunciada con tono viril y desafiante a pesar de los tiranos, poesía esparcida por las

---

55 A propósito del libro *Poemas para a liberdade*. Ed. Escrituras, São Paulo, 2009. Resenha originalmente publicada no nº 43 da *Revista Hispanista*, outubro/novembro/dezembro de 2010 e postada em 13 de janeiro de 2011 no blog *Palavrastodaspalavras*. Eis os links: <http://www.hispanista.com.br/artigos%20autores%20e%20pdfs/artigo326.htm> e <https://palavrastodaspalavras.wordpress.com/2011/01/13/enrique-rosas-paravicino-sobre-manoel-de-andrade/>.

56 Enrique Rosas Paravicino nasceu em Cusco, no Peru, em 1948. É narrador, poeta, ensaísta, romancista e autor dos livros: *Ubicación del hombre* (1969), seu primeiro poemário. *Los Dioses Testarudos* (1973), *Al filo del rayo* (1988), *El gran señor* (1994), *Ciudad apocalíptica* (1998), *La edad de leviatán* (2005), *Muchas lunas en Machu Picchu* (2006), *El patriarca de las aves* (2006), *El ferrocarril invisible* (2009), *Elogio de la escritura radical* (2012) além de inúmeros artigos publicados em revistas especializadas. Em conjunto com outros autores também publicou: *Fuego del sur* (1990), *Alfredo Yépez Miranda y su tiempo* (2001) e *Nueva antología del Cusco* (2005). Em 1993 foi designado Secretário peruano de JALLA (Jornadas Andinas de Literatura Latinoamericana). Seus textos integram estudos e varias antologias. É professor e pesquisador da Universidade Nacional de San Antonio Abad del Cusco e reconhecido com vários prêmios e distinções nacionais.

tempestades andinas para que resuene en villorrios, ciudades, centros mineros, fábricas y comarcas campesinas. ¿De dónde salió Manoel de Andrade con esa misión que se impuso, como un apostolado laico, con una firme convicción que lo identifique como esencial entre los poetas de su generación? Salió de Curitiba, Paraná, la noble tierra brasileña que se arrulla con el eco cercano del Atlántico. Nació en un hogar proletario, se hizo hombre a golpe de esfuerzo y necesidad. Por algo en uno de sus poemas se define forjado en la dureza de las privaciones:

"Cuando me preguntan de qué vale un poeta en el mundo / yo contesto con mi canto de hijo proletario / con mi infancia descalza ysin juguetes / con todos los niños del mundo que fui en mi estómago de agua". ("Tiempo de siembra")

En tal origen humilde ya estuvo el germen de una poética que proclamaba derechos y utopías sociales. Bajo el magisterio de los dos íconos latinoamericanos más influyentes del siglo XX, Vallejo y Neruda, el brasileño se propuso entonces poetizar la gesta popular, el sacrificio colectivo, la solidaridad de clase, el ansia de libertad y el rechazo a la exclusión y el oprobio. En ese afán, crispa el puño contra los opresores de toda laya, aquellos que convirtieron la ancha tierra americana en una comarca de cadenas, saqueos y fosas comunes. Su poesía es una respuesta a esa paz de cementerio impuesta por los dictadores, pero también poesía matizada con tonos de ternura, de requiebros afectivos y de reafirmación de principios. Fueron años intensos de recorrido del poeta por Bolivia, Perú, Chile, Colombia, Ecuador y México. Portador de la bandera de "los hombres sin rostro", Manoel de Andrade sintetiza así su largo peregrinar por el continente:

...Y de pueblo en pueblo / por esas ciudades llenas y vacías / en los teatros y las fábricas / en las escuelas y en los sindicatos / por los socavones profundos de las minas / en lo alto de los Andes / y por el eco misterioso de las montañas / sobre los valles florecidos / y entre los campesinos en medio de la cosecha / de frontera a frontera, / de esperanza en esperanza / por todas partes sembraré mi canto. ("El caminante y su tempo")

El poeta se yergue contra la infamia de las tiranías y se constituye en una voz digna y desafiante, esto es, la voz del sur que reclama la justicia secuestrada por los tecnócratas del norte opresivo, la palabra vibrante que conjuga, en sí, ética y estética, y resuena acompasada por el péndulo de los grandes ideales humanos. Porque, ciertamente, la ruta al futuro está asfaltada de "sacrificios profundos" (dixit, Eduardo Galeano), con las acciones de los mártires y los sueños aurorales de los paladines de la emancipación continental. Convenzámonos de esto hoy que celebramos el segundo centenario de nuestra Independencia, momento propicio para revalorar una poética como la de Manoel de Andrade, firmemente enraizada en el fermento de las luchas populares, vivificada por una herencia histórica llena de gestas libertarias; sin perder en tal contexto su yo poético, ese pronombre identitario que se enlaza con el yo colectivo de los humillados y negados de América.

Yo vengo a denunciar falsas revoluciones / y el oportuno pacifismo / vengo a hablar de un tiempo de destierros y torturas, / yo vengo a hablar de un terror que crece uniformado, / y de estos años en que cada promesa de paz es una mentira. ("Canción de amor a América").

No es gratuito, entonces, que en sus versos asomen los arquetipos de la heroicidad latinoamericana: Ernesto Guevara Serna, Javier Heraud, Guido Inti Peredo y Otto René Castillo, entre otros. Tampoco es casual que su primer poemario, publicado en Bolivia, lo haya dedicado a la memoria del líder minero Federico Escobar Zapata. Ni menos nos sorprende que los editores de sus primeras hojas volantes hayan sido estudiantes bolivianos y peruanos, quienes fueron, asimismo, sus más entusiastas difusores. De ahí que Manoel de Andrade más que un simple hablante periférico, viene a ser la personificación de una conciencia moral que al señalar, reclamar y nombrar en representación del pan y la equidad, le restituye a la palabra su inflexión más raigalmente humana, allí donde madura la simiente inicial de todo proyecto de justicia en el mundo. Su invocación a la libertad lo retrata mejor en esta ruta:

Libertad… oh libertad… / hoy somos apenas los guardianes de un sueño / los que sustentamos en tantas patrias la bandera de la bravura / hoy somos los guerreros del silencio / para que tu himno pueda ser entonado con alegría por los hijos del mañana. ("Libertad")

Extraño caso el de este poeta. Adquirir el prestigio de la voz no en su patria natal, sino en el exilio y en el rumor de las multitudes sin voz de América. Él encarna esa ansia de liberación, la necesidad de romper los grilletes que atan al hombre a la enajenación, la miseria y a la marginalidad. El prestigio de su poética viene, esencialmente, de su identificación con la causa de los expoliados, de los que teniendo memoria han sido privados de futuro, de aquellos que con su duro trabajo cotidiano forjan las riquezas ajenas y acrecientan el poder opresivo de los pocos. Esta tesitura verbal se sustenta en certezas cotidianas y palpables, no así en abstracciones metafísicas decimonónicas; es una poesía que denuncia y alega, a la vez que afirma y remarca convicciones de lucha, en un tiempo en que pareciera decaer la fe en los valores supremos de la humanidad. En fin, es una poesía que debemos hacerla nuestra, porque nos representa como discurso y como demanda, porque todos estamos inmersos en su reclamo fidedigno y en la promesa que conlleva: la llegada de un amanecer que sea, necesariamente, el inicio de una historia de plenitud para nuestros pueblos.

Gracias, Manoel de Andrade, por resemantizar, con notable solvencia de voz, la memoria social de América.

Cusco, Perú, primavera de 2010

A Poesia de Manoel de Andrade: Um canto de amor e liberdade na América Latina[57]

Suely Reis Pinheiro[58]

"Ai, América, que longo caminhar!". Através deste verso que inicia o instigante poema "Canção de Amor à América", fiz o primeiro contato com o poeta Manoel de Andrade, nos idos de 80.

Hoje, quando se levantam, abertamente, questões sobre os desaparecidos e os torturados do tempo do regime militar e ainda com a triste lembrança dos horrores de uma ditadura que me atingira, na figura paterna, evidencio um combatente da palavra cuja obra, difundida na América Latina e pouco conhecida no Brasil, nos chega agora, depois de um hiato de 40 anos.

Nossa história literária com o poeta começava há mais de 20 anos quando epigrafei com os versos do transgressor

---

57   Artigo publicado na *Revista Hispanista*, n° 43 – octubre/noviembre/diciembre de 2010. Veja o texto original aqui: <http://www.hispanista.com.br/artigos%20autores%20e%20pdfs/325.pdf>.

58   Suely Reis Pinheiro tem mestrado em Lingua e Literatura Hispânicas, pela UFRJ, doutorado em Literaturas Espanhola e Hispano-Americana, pela USP, é membro da Associação Internacional de Hispanistas – Associação Brasileira de Estados Medievais e Associação de Professores de Espanhol do Estado do Rio de Janeiro. Ex-professora da Universidade Federal Fluminense – UFF, da Universidade do Estado do Rio de Janeiro – UERJ e da Unigranrio. Diretora e editora da *Revista Hispanista* virtual. Possui diversos artigos em livros, coletâneas e revistas nacionais e estrangeiras. Participou de bancas de Mestrado e de Concursos Públicos. Sua principal linha de pesquisa é Literatura e outras linguagens, com enfoque na Literatura Picaresca, na Paródia, na Antropofagia e na Pintura.

poeta minha dissertação de mestrado, intitulada "Garabombo: um pícaro politizado", baseada no romance do escritor peruano Manuel Scorza, *Garabombo, el invisible*. O poema em questão, "Canção de Amor à América", mostra o arcabouço poético da obra de Manoel de Andrade, um sonho libertário, em seu "largo caminhar" por uma América Latina incendiada de ideais.

Mas, afinal quem é Manoel de Andrade? E por que merece, ele, estar neste dossiê que fala do Intelectual latino-americano de hoje e de ontem? Manoel de Andrade nasceu em Rio Negrinho, Santa Catarina. Na juventude radicou-se em Curitiba, formando-se em Direito. Procurado pela Ditadura em razão da panfletagem dos seus poemas, fugiu do Brasil em 69. Percorreu 17 países da América, dizendo seus versos, dando palestras e promovendo debates sobre a importância política da arte e da literatura. Expulso da Bolívia em 69, preso e expulso do Peru e da Colômbia em 70, teve seu primeiro livro, *Poemas para la Libertad*, publicado em La Paz, nesse mesmo ano e reeditado na Colômbia, EE.UU. e Equador. Publicou também *Canción de amor a la América y otros poemas*, em 71, em El Salvador. Com Mário Benedetti, Juan Gelman, Jaime Sabines e outros grandes poetas do continente, participou da importante coletânea *Poesía Latinoamericana – Antología bilíngue*, em 1998 e da antologia *Próximas palavras* em 2002. Seu último livro, *Cantares*, foi publicado em 2007 e *Poemas para a Liberdade* foi finalmente editado no Brasil em 2009, em edição bilíngue.

Em entrevista a Julio Daio Borges, em site publicado na internet, fala o poeta:

A América Latina foi minha grande universidade. Com meus versos na garganta, muitos percalços e alegrias pelos caminhos, preso e expulso de alguns países, mas avançando sempre rumo ao norte, meus poemas atravessaram o continente, cruzaram o Rio Bravo e foram cantar a justiça e a liberdade nas próprias entranhas do "monstro" imperialista. Ecoaram na Califórnia de 40 anos atrás, para dizer da saga revolucionária latino-americana aos nossos irmãos chicanos, cuja latinidade, maculada pelo esbulho da própria pátria mexicana, buscava forças em suas raízes para lutar contra a discriminação, as humilhações e as injustiças após 150 anos de genocídio cultural, com a anexação, em 1848, do Novo México, Arizona, Califórnia, Utah, Nevada e Colorado ao território estadunidense.

Por outro lado, não creio que hoje se possa experimentar uma acolhida tão solidária como aquela fraternidade ideológica que envolveu a América Latina nos anos 70. A Revolução Cubana acendeu uma fogueira que iluminou a tantos e nos sulcos das suas trincheiras muitos nos alinhamos, segurando o mesmo estandarte. O mundo mudou e hoje eu não cantaria mais a mudança do mundo com as armas na mão. O muro de Berlim se despedaçou sobre nossos sonhos. A Rússia centralizou sua "democracia" e a China negociou o socialismo com o "capitalismo de Estado". É triste dizer que, hoje, não temos mais uma utopia. Exilado da pátria, viandante incansável e expulso de tantas fronteiras, como vimos, o poeta traz à luz uma poesia que revela a triste história política e social do seu tempo. A beleza e a pujança dos seus versos se mostram no diálogo com um texto que identifica não só o Brasil, como também povos vizinhos e irmãos, já que escreveu para toda a América Latina:

> *Ai América, que longo caminhar!*
> *[...] Agora venho cantar-te*
> *e meu canto é como o dia e como a água*

para que me entenda sobretudo o homem humilde.
Agora venho cantar-te
mas em teu nome, América,
eu só posso cantar com a voz que denuncia.
Eu não venho cantar o esplendor de Machu Picchu,
a Grande Cordilheira e a neve eterna;
não venho cantar esta América de vulcões e arquipélagos,
esta América altiplânica da lhama esbelta e da vicunha.
Venho em nome de uma América parda, branca e negra,
e desde Arauco a Yucatán,
venho em nome desta América indígena agonizante.
Venho sobretudo em nome de uma América proletária,
em nome do cobre e do estanho ensanguentado.

[...] Ai América,
que longo caminhar!

Eu venho falar do camponês
de sua pele seca e sua cor de bronze,
de sua túnica desbotada e o seu colchão de terra,
de sua resignação e o seu misterioso silêncio,
de seu grito incontido que em alguma parte se levanta,
de sua fome saciada com o sangue dos massacres.

[...] Eu não venho falar do encanto colonial destas
                                    [cidades,
dos altares espanhóis recobertos com o ouro incaico,
das grandes praças onde se erguem as estátuas dos
                                    [libertadores.
Venho falar de favelas, barriadas e tugúrios,
de povoações calhampas e vilas-misérias.
Venho denunciar a tuberculose e o frio,
venho em nome dos meninos sem pão e chocolates,
em nome das mães e de suas lágrimas.
Eu venho falar por toda voz que se levanta,

por uma geração reprimida com fuzis,
venho falar das universidades fechadas
e com a marca das tiranias encravada nas paredes.

Eu venho denunciar falsas revoluções
e o oportuno pacifismo,
venho falar de um tempo de desterros e torturas,
eu venho alertar sobre um terror que cresce uniformado
e sobre estes anos em que cada promessa de paz é uma
[mentira.

[...] Oh caminhar, caminhar...
e saber sentir-se um caminhante!
Pois é tão triste morrer a cada dia,
morrer com os punhos abertos e o coração vazio.
Morrer distante do homem e sua esperança
morrer indiferente ao mundo que morre
morrer sempre,
quando a vida é um gesto de amor desesperado.

[...] Fui prisioneiro,
mas outra vez sou pássaro,
outra vez um caminhante,
e volto a abrir a alma com meu canto.

Hoje me detenho aqui...
levanto minha voz, minha bandeira de sonhos, minha fé.
Recolho meu testemunho e me vou.

Eu sou o jogral maldito
e bem amado.
Meu canto é um grito de combate
e eu não canto por cantar.
Eu parto deixando sempre uma inquietude,
deixando numa senha a certeza de uma aurora.

Eu sou o cantor clandestino e fugitivo,
aquele que ama a solidão imensa dos caminhos.
Passo despercebido de cidade em cidade,
em algum lugar público eu vou dizer meus versos
e ali conheço amigos e inimigos.
Mas sempre pude encontrar ao grande companheiro,
ao homem novo,
aquele que traz a face da esperança,
aquele que se aproxima em silêncio
e com um gesto inconfundível me saúda.

Ai América,
que longo caminhar!
Eu venho amada América,
para iluminar com meu canto este caminho.
Te trago meu sonho imenso, latino e americano
e meu coração descalço e peregrino.
Mas quando sinto meu sangue escorrendo-se nos anos
e que a vida se me acabe antes de ver-te amanhecida;
Quando penso que é muito pouco, amada minha,
o que eu posso dar-te em um poema;
Ai, quando penso nestas flores de sangue que murcharam,
nestes iluminados corpos que tombaram,
e que ainda não pude fazer por ti quanto quisera;
Ai, se com o tempo eu descobrir
que este lírico fuzil que empunho não dispara,
ai América...
quem dirá que a intenção que tive foi sincera.

No texto "El cantor peregrino de América", publicado em *Palavrastodaspalavras*, o professor e escritor peruano Enrique Rosas Paravicino assim se posiciona sobre o poeta, com sua opinião abalizada:

Extraño caso el de este poeta. Adquirir el prestigio de la voz no en su patria natal, sino en el exilio y en el rumor de las multitudes sin voz de América. Él encarna esa ansia de liberación, la necesidad de romper los grilletes que atan al hombre a la enajenación, la miseria y a la marginalidad. El prestigio de su poética viene, esencialmente, de su identificación con la causa de los expoliados, de los que teniendo memoria han sido privados de futuro, de aquellos que con su duro trabajo cotidiano forjan las riquezas ajenas y acrecientan el poder opresivo de los pocos. Esta tesitura verbal se sustenta en certezas cotidianas y palpables, no así en abstracciones metafísicas decimonónicas; es una poesía que denuncia y alega, a la vez que afirma y remarca convicciones de lucha, en un tiempo en que pareciera decaer la fe en los valores supremos de la humanidad. En fin, es una poesía que debemos hacerla nuestra, porque nos representa como discurso y como demanda, porque todos estamos inmersos en su reclamo fidedigno y en la promesa que conlleva: la llegada de un amanecer que sea, necesariamente, el inicio de una historia de plenitud para nuestros pueblos. Gracias, Manoel de Andrade, por resemantizar, con notable solvencia de voz, la memoria social de América.

A estrutura da grande dicotomia que vem dominando a sociedade durante várias gerações, separando opressores e oprimidos, acaba por modificar o comportamento social que adquire um caráter de anomia que, segundo estudo de Robert Merton, Estrutura Social e Anomia (MERTON, 1968), pode ser definida como a ausência de normas de comportamento em uma sociedade instável. A reação dos indivíduos que vivem nesse contexto cultural, segundo Merton, obedece a cinco tipos de adaptação à estrutura social: a conformidade, a inovação, o ritualismo, o retraimento e a rebelião.

Com base nos estudos de Merton, nos deparamos com a trajetória poética de Manoel de Andrade, que anomicamente transita por diversa tipologia social, enquanto poeta que não se ritualiza, nem se retrai e, sim, desliza pela inovação comportamental.

Manoel rejeita os valores predominantes que antes o inseriram na conformidade quando cantou os amigos, os poetas, deu recado à mulher amada, à recém-nascida, fez saudação a Che Guevara e passa a ser o cantor clandestino, fugitivo para não ver morrer a sua utopia e sobreviver com suas cicatrizes, incorruptíveis na dor e no silêncio, citando o próprio autor.

Seu amor à América ficou denunciado no seu canto de sonho imenso latino e americano, em nome dos perseguidos e caídos por ditaduras militares. Este é o cenário de sua "Canção para os homens sem face":

> *Não canto minha dor...*
> *dor de um só homem não é dor que se proclame.*
> *Canto a dor dos homens sem face*
> *canto os que tombaram crivados*
> *os homens escondidos*
> *os que conheceram a nostalgia do exílio*
> *para os encarcerados.*
> *Canto aos párias da vida...*
> *aos bêbados, aos vagabundos e aos toxicômanos.*
> *Canto as prostitutas*
> *e as mulheres que foram embora com o homem amado.*
>
> *[...] Canto a vergonha de ser brasileiro num tempo*
> > *[defecado*
> *canto meu povo*
> *e se ainda não canto meu país,*
> *é porque não sei cantar na presença de homens*
> > *[indecentes;*
> *eu canto sobretudo para aqueles que preservaram seu*
> > *[sonho,*

para os que ousaram lutar e morrer por ele,
canto a memória de um guerrilheiro argentino.

[...] Ah, que tempos são esses!?

[...] Ah, meus versos,
meus versos que não são meus,
que são de todos os homens e de todas as mulheres que
[eu canto;
que são de todos os que se aproximam de mim
e que falam comigo.
Meus versos que afinal nunca serão de ninguém,
caminhando pela terrível solidão branca do papel,
pelo itinerário clandestino das gavetas;
estampados nas palavras escarlates da minha revolta
[pública,
impressos no meu olhar solitário de samurai.

Eu canto para todos os homens
contudo, neste tempo,
eu canto para os homens sem face...
aqueles que se perdem na multidão das grandes cidades,
e que amadurecem, a cada dia,
os punhos para a luta.

Desta forma, é no processo de construção da sedutora linguagem é que se observa no poeta uma tensão rumo ao novo espaço da anomia na categoria de rebelião. De acordo com Merton, a rebelião rejeita os valores predominantes e propõe sua substituição por novos valores em relação às metas culturais e aos meios institucionalizados.

Sua poesia política, carregada de emoção, remete a uma saga literária original, que cruzou as fronteiras latino-americanas. Nasce, então, um doloroso gesto de despedida e, ao mesmo tempo, iluminado pelo brilho da esperança com o poema "Véspera":

Quatorze de março
mil novecentos e sessenta e nove.
É preciso...
é imprescindível denunciar o compasso ameaçador
[destas horas,
descrever esta porta estreita que atravesso,
esta noite que me escorre numa ampulheta de
[pressentimentos.

Um desespero impessoal e sinistro paira sobre as horas...
O ano se curva sob um tempo que me esmaga
porque esmaga a pátria inteira...

Nossas canções silenciadas
nossos sonhos escondidos
nossas vidas patrulhadas
nossos punhos algemados
nossas almas devassadas.

Pelos ecos rastreados dos meus versos
chegam os pretorianos do regime.
Alguém já foi detido, interrogado, ameaçado
e por isso é necessário antecipar a madrugada.

E eis porque esse canto já nasce amordaçado
porque surge no limiar do pânico.
Meu testemunho é hoje um grito clandestino
meus versos não conhecem a luz da liberdade
nascem iluminados pelo archote da esperança
para se esconderem na silenciosa penumbra das gavetas.

Escrevo numa página velada pelo tempo
e num distante amanhecer
é que o meu canto irá florescer.

Escrevo num horizonte longínquo e libertário
e num tempo a ser anunciado pelo hino dos sobreviventes.
Escrevo para um dia em que os crimes destes anos
                              [puderem ser contados
para o dia em que o banco dos réus estiver ocupado pelos
                                        [torturadores

Contudo, nesta hora, neste agora
o tempo se reparte pra quem parte
e um coração se parte nos corações que ficam...
O amanhecer caminha para desterrar os nossos gestos
para separar nossas mãos e nossos olhos
e nesta eternidade para pressentir o que me espera
já não há mais tempo para dizer quanto quisera.

Tudo é uma amarga despedida nesta longa madrugada
e neste descompassado palpitar,
contemplo meus livros perfilados de tristeza
retratos silenciosos de tantas utopias,
bússolas, faróis, retalhos da beleza.
Aceno a Cervantes, a Lorca, a Maiakovski
mas só Whitman seguirá comigo
nas suas páginas de relva
e no seu canto democrático.
Contemplo ainda os pedaços do meu mundo
nos amigos do penúltimo momento
nas lágrimas de um bem querer
na infância de minha filha
e nesse beijo de adeus em sua inocência adormecida.

Nessa agonia...
nesse abismo de incertezas...
abre-se o itinerário clandestino dos meus passos.
De todos os caminhos
resta-me uma rota de fuga, outras fronteiras e um destino.
Das trincheiras escavadas e dos meus sonhos,

> restou uma bandeira escondida no sacrário da alma
> e no coração...
> um passaporte chamado... liberdade.

Tal rebelião anômica atinge autor e leitor e se estabelece através da função pragmática que permite a concretização do processo da comunicação, uma vez que o emissor-poeta e o destinatário-leitor recuperam, igualmente, a memória do passado histórico da negra ditadura.

Em seu périplo peregrino, mapeando a América latina, torna-se um "renegado político". Seu caminhar foi longo, mas a "bandeira desfraldada ao longo do continente, quando a América era uma só trincheira", anunciava já o sopro da liberdade que nunca se apagou na voz do revolucionário trovador:

> Bandeira mutilada
> onde enrolaste um coração de pássaro.
> Se foi para abafar o canto
> e a voz de um povo,
> pois que se faça amiga da revolta.
>
> Liberdade
> é o teu nome
> e toada dos companheiros em marcha.
>
> Primeiro tu foste a inocência
> correndo pelas areias ensolaradas do meu mar,
> correndo no pátio dos recreios
> no bairro operário onde vivi
> e na praça principal da minha infância.
>
> Depois foste minha rebelde bandeira
> e a mágica certeza na adolescência do meu ser.
> Tu me trouxeste a paixão e a fantasia
> e aquele sonho imenso de ser marinheiro um dia.

Mais tarde
a história me mostrou que era ainda maior tua beleza,
e me ensinou a escrever teu nome
na saga gloriosa de Espártaco,
no martírio heroico de Tupac Amaru e de Caupolican
e no exemplo imperecível dos Inconfidentes.

E assim... de busca em busca,
na biografia dos heróis,
pelas páginas da poesia
e pela verve da eloqüência,
tu te abriste, dia a dia, como uma rosa no meu peito...
e depois, quando a pátria cavou suas trincheiras,
como um corcel de luz,
ressurgiste na aldeia de minh'alma,
com teu galope indomável
tua resistência
teu rastro clandestino
e me trouxeste tuas cicatrizes
tuas amarras rompidas
e o teu sonho inabalável.

E desde então marcho nos teus passos...
e éramos dez, éramos cem, éramos mil...
e eras então o ar com que respiravam os ideais de um
                                        [povo inteiro...
e no coração do nordestino eras a esperança do pão,
da água e da terra repartida.
Eras tu que no sul comandavas a greve,
o comício e a passeata...
cantávamos contigo a canção popular...
eras tu que inspiravas a arte, o teatro e a poesia...
tu eras em toda a nação a véspera de um amanhecer
                                        [inadiável.

Liberdade, liberdade...
um pedaço de ti sobrevive aqui,
na intimidade e no lirismo do meu canto.
Em alguma parte da América,
por essas terras e montes,
apesar dos meus pesares,
cantam os rios e cantam as fontes...
mas eu canto a negra angústia
por teu sangue...liberdade
na minha pátria ferida.
E aqui, à beira desse longo caminhar...
aqui onde por ti caíram Hidalgo, Morelos e Zapata,
daqui convoco meu povo emudecido
para recompor teu semblante massacrado.

Liberdade, liberdade...
suprema promessa da esperança...
tu serás ainda a terra por inteira repartida,
os campos finalmente semeados
e o nosso sonho a dançar nas espigas onduladas pelo
                                                    [vento.

Na imorredoura certeza do amanhã
renascerás como raiz ardente;
e no seio de uma primavera palpitante
tu crescerás como uma árvore de beijos
para seduzir os homens, as aves e as estrelas...
e, flor da insurreição
irás desabrochar no retalhado coração dos oprimidos.

Liberdade, liberdade...
lâmpada do abismo, estandarte de luz,
melodia do vento na rota das aves peregrinas,
barca misteriosa do destino
a singrar... sempre a singrar
formosa e impassível em busca do amanhecer.
Liberdade, liberdade...

Tu és o tribunal na consciência dos tiranos
dos oprimidos és o baluarte e a véspera da vitória
O sonho americano de Bolívar foi escrito com teu nome,
 porque tu és a fonte, o cântaro, a água que embriaga,
sede perene da alma, da vida tu és a dádiva suprema.
Foste a tribuna dos abolicionistas
e assinaste a glória da pátria com a mão de uma princesa
és o hino dos militantes, o cântico triunfal, delírio
bandeira dos Inconfidentes, ainda que tardia
liberdade, ó liberdade
meu único amor
meu peito de viola te entoa enamorado.

Liberdade... ó liberdade...
hoje somos apenas os guardiões de um sonho
os que sustentamos em tantas pátrias a bandeira da
                                        [bravura
hoje somos os guerreiros do silêncio
para que teu hino possa ser entoado com alegria pelos
                                [filhos do amanhã.

Hoje, Manoel de Andrade se firma como poeta da Resistência, no compromisso de resgate, de acusação, de testemunho e de esperança. Transformando política em poesia, sua narrativa poética resistiu e desafiou as imposições do regime militar. Nos seus versos confluem questões que desembocam no político, no social, no cultural, na justiça social, na fraternidade, no homem alijado da sua sociedade, denunciando e dessacralizando os símbolos impostos pela ditadura.

Por fim, resta-me dizer que este texto teve por objetivo dar visibilidade e discutir o poeta Manoel de Andrade que sabe, com sua arrebatada e vigorosa poesia, não só seduzir, mas também, incitar o leitor a ouvir, com seu legado poético, o clamor de várias vozes da América. Ai América, que longo caminhar!

Manoel de Andrade – *En las huellas de la utopía* – *Nos rastros da utopia*[59]

Frederico Füllgraf (Chile)[60]

Tempos atrás, o poeta e pensador paranaense, Manoel de Andrade, começou a dar vida a um projeto que vinha acalentando há vários anos: o resgate de sua memorável caminhada do Brasil até a fronteira do México, durante os anos de chumbo das ditaduras, época que em outros países coincidia com o rebrotar da efervescência política e cultural, do que foram exemplos os governos progressistas, civis e militares, no Peru, Chile e na Bolívia. Destas lembranças nasce *O bardo errante*, livro do qual Manoel nos cede gentilmente alguns

---

59 Esta nota editorial foi postada em 8 de maio de 2012 por ocasião da publicação antecipada do capítulo "Nos rastros da utopia", do livro então titulado provisoriamente de *O bardo errante* e somente publicado em 2014 com o título *Nos rastros da utopia: Uma memória crítica da América Latina nos anos 70*. O texto bilígue, com tradução ao castelhano por Cleto de Assis, pode ser lido aqui: <http://fuellgrafianas.blogspot.com.br/2012/05/manoel-de-andrade-nos-rastros-da-utopia.html>.

60 Frederico Füllgraf nasceu na Alemanha e foi criado no Brasil. Retornou à Alemanha, estudando Comunicação Social, Ciências Políticas e Filosofia na FUB – Universidade Livre de Berlim, até o grau de Mestrado (MA). Após sua estreia como redator de rádio (rede nacional ARD) e diretor de TV (canal ZDF), retornou ao Brasil na década dos anos 80 como repórter associado à ARD TV, realizando algumas dezenas de reportagens e documentários sobre temas socioeconômicos, ambientais e culturais da América do Sul. Residindo em Berlim, mas viajante obsessivo, conheceu a Europa toda. Algumas missões profissionais o levaram à Índia, ao Japão, à África do Sul e Namíbia, aos EUA, Argentina e Chile. Como enviado especial e documentarista, cobriu, entre outros, a Revolução dos Cravos em Portugal, a independência de Angola (1975), a ditadura do Gal. Pinochet no Chile, a queda da ditadura argentina, a tragédia de Bhopal (Índia, 1985) e as alterações climáticas na Antártida. Sua reportagem sobre e com Emilie Schindler (a viúva abandonada na Argentina por Oskar, da "lista de Schindler") realizada para a Deutsche Welle TV, foi vista em mais de trinta países. No final da década de 80, estreou também como escritor, publicando *A bomba "pacífica" – o Brasil e outros cenários da corrida nuclear* (Brasiliense, 1988).

capítulos a título de pré-divulgação, iniciada com *Nos rastros da utopia*.

No Brasil, o poeta-viandante, Manoel de Andrade, é um personagem que foge à regra, no Paraná e em Curitiba, é pioneiro. Refiro-me, em primeiro lugar, à alma que subjaz ao seu projeto literário, o da grande crônica de viagem e de costumes, estilo virtualmente extinto em nosso jornalismo e até mesmo na literatura brasileira contemporânea. A alma manoelina que narra, questiona, celebra e canta, é a do abraço cultural e afetivo com a América de raízes indo-latinas.

Quem no Brasil conhece sua história, sua gente, suas riquíssimas culturas, sua literatura, seus cantos, e não por último – como comem, bebem e amam esses hermanos? Tomemos como exemplo o convívio entre os vizinhos. Houve épocas, e duraram muito, em que o ignaro baronato do café, aquela república autoritária instalada no Catete, mas que pensava no Vale do Paraíba apenas, tratava os vizinhos argentinos como "cucarachas", e é bem verdade que, muitas décadas além, a recíproca era verdadeira, isto é, para os portenhos os brasileiros não passavam de "los negritos". Trocado em miúdos: as velhas oligarquias, das quais apenas a Argentina merecia ter atributo de elite, minimamente erudita – deste velho senhorio nada a esperar para o desvelo das diferenças; quem dirá das complementariedades. E fazê-lo, com o esforço da lembrança

---

Seu primeiro filme, *Queremos que esta terra seja nossa*, rodado em Portugal, em 1975, aborda a Revolução dos Cravos, seguindo-se *Fogo sobre Cristal – um diário antártico* (2002) e *Maack, Profeta Pé na Estrada* (2006), sobre o cientista alemão Reinhard Maack, um precursor do ambientalismo, Prêmio Doc. TV do Ministério da Cultura, estreado em 2007, com difusão nacional pela TV Cultura de São Paulo. Trabalha em seu romance *O caminho de Tula* e, desde 2012, vive no Chile onde tem produzido, como repórter e como cineasta, reportagens e documentários publicados e prestigiados pela mídia e intelectuais chilenos. Sua investigação sobre a morte de Neruda foi publicada no Chile, México e Portugal e pode ser lida em seu blog: <fuellgrafianas.blogspot.com> e no blog de Luis Nassif, (Jornal GGN) onde escreve com regularidade.

(lá se vão quarenta anos dessa odisséia) e a fúria investigativa – este é o primeiro mérito da obra, ao mesmo tempo hercúlea e apurada, de Manoel de Andrade, que percorre trilhas jamais sonhadas pelo jovem Guevara em sua romantizada viagem de motocicleta, realizada quinze anos antes.

A segunda virtude dessa "crônica do selvagem a pé" é sua indignação. Estupor e ira justificadas contra a decadência, que Manoel atribui a quatro novos "cavaleiros do apocalipse", a saber a "contracultura, a pós-modernidade, a globalização e a destruição ambiental". Manoel não faz denúncias vazias, sua dor transcende os cenários e os protagonistas da rapina e do pensamento único da mais-valia, pois deplora também a incapacidade dos "sujeitos históricos", os da década de 1960, de trazerem para mais perto a Utopia – seja porque foram violentamente reprimidos e obliterados da face da Terra (o caso argentino), ou porque décadas depois grande parte dos sobreviventes confundiu-se com as regras do jogo (o alpinismo social, as ligações perigosas, a corrupção) transformando-se nos senhores da banca.

Talvez algumas assertivas soem polêmicas, mas aí estão para suscitar o debate – que o leitor se sinta à vontade para articular sua discordância.

Eu era um poeta engajado, um militante da poesia, e me transformei em refugiado[61]

Nome: Manoel de Andrade
Profissão: Advogado e Poeta
Idade: 73 anos

Em outubro de 1968, um poema exaltando um ano da morte de Ernesto Che Guevara transforma a vida de Manoel Andrade, nascido em 1940 em Rio Negrinho, cidade de Santa Catarina, já diplomado em 65 em Direito pela Universidade Federal do Paraná, casado e pai de uma filha de seis anos. Com a ode ao revolucionário que pregava a luta armada para combater ditaduras, Manoel teve o poema mimeografado em quatro mil cópias que foram distribuídas fartamente pelos amigos nas universidades, sindicatos, entidades ligadas a movimentos sociais e onde houvesse um grupo de resistência ao Regime Militar.

Foi o que bastou para despertar na repressão o interesse pelo autor dos versos, considerado "subversivo, terrorista e perigoso". "Eu era um poeta engajado, um militante da poesia, e me transformei em refugiado", lamenta Manoel. Para fugir da perseguição e possível prisão, deixou mulher e filha e iniciou um autoexílio em março de 69 no Paraguai, depois passando por Argentina, Chile, Bolívia, Peru e Equador.

---

61 Depoimento ao vivo dado em Curitiba, em setembro de 2013, ao Memorial da Anistia: Projeto Depoimentos para a História – A Resistência à Ditadura Militar no Paraná – desenvolvido pelo DHPaz – Sociedade Direitos Humanos para a Paz, em parceria com a Comissão de Anistia do Ministério da Justiça e sob a coordenação do Grupo Tortura Nunca Mais, do Paraná. O depoimento de 1:14:16 h, em áudio e vídeo pode ser assistido aqui: <http://www.dhpaz.org/dhpaz/depoimentos/detalhe/52/eu-era-um-poeta-engajado-um-militante-da-poesia-e-me-transformei-em-refugiado>.

Nesse périplo pelos países da América Latina, Manoel sobrevive da solidariedade dos apoiadores aos exilados políticos, e da poesia, ainda engajada, editada em livretos e livros, além de palestras para jovens nas universidades que também lutam contra governos opressores. No Peru, é preso por quatro dias por suas críticas contidas em sua produção literária e é expulso para o Equador. Quase quatro anos depois, em final de 1972, volta ao Chile e recebe no exílio a visita da esposa, que com o sogro, senador brasileiro, negocia o retorno ao Brasil.

Para voltar, lembra Manoel, a condição era ficar longe da poesia e da política. "Para sustentar a família, fui vender a Enciclopédia Delta Larousse no interior do Paraná", conta Manoel, que mesmo assim ainda era vigiado pelos agentes da repressão. Em seu depoimento, Manoel Andrade conta como foram os tempos de autoexílio e os 30 anos longe da poesia e da militância política, já que somente em 2002 volta a escrever poemas, sempre engajados.

Novo livro de Manoel de Andrade[62]

Cleto de Assis[63]

Depois de longa caminhada pelo chão da América Latina, Manoel de Andrade completa a não menos extensa jornada literária sobre a sua aventura em busca da utopia

Finalmente, a editora Escrituras lança uma empreitada de mais de 900 páginas que condensam os vários anos do errante percurso do poeta Manoel de Andrade pelas veias abertas da América Latina – como metaforizou Eduardo Galeano – há mais de quatro décadas, quando todo o continente buscava portos seguros para suas contradições sociais e políticas. Mas Manoel de Andrade não fez de seu livro um mero relato autobiográfico e nem uma narrativa que desculpasse sua saída do Brasil para desfraldar sua poesia em defesa de ideais utópicos. Em verdade, *Nos rastros da utopia* tenta redescobrir a América por meio dos personagens que o autor encontrou e conheceu, com quem dialogou e conviveu por tempos breves, mas absolutamente enriquecedores.

Endosso o convite feito pela editora e por Livrarias Curitiba. E principalmente o convite do próprio escritor:

---

62 Resenha, postada no blog *Banco da Poesia* em 16 de março de 2014, pelo seu editor. O texto original pode ser lido aqui: <https://cdeassis.wordpress.com/2014/03/16/novo-livro-de-manoel-de-andrade/>.

63 Cleto de Assis nasceu em Mafra, SC, em 9 de maio de 1941. Formou-se em Letras e Belas Artes. Artista plástico, poeta, tradutor, jornalista e editor, é um dos pioneiros do Ensino à Distância, no Brasil. Sua versatilidade intelectual também o levou à vida pública assessorando vários ministros em Brasília. Foi Secretário de Projetos Especiais do Ministério da Educação (MEC). Foi Secretário de Comunicação Social no segundo governo de Ney Braga. Na atualidade, é Secretário-Geral do Conselho Estadual do Educação do Paraná. Edita o blog *Banco da Poesia* (<https://cdeassis.wordpress.com/>).

"convido-o a viajar comigo por caminhos e por um tempo fascinante, em que o sonho e a esperança comandavam os rumos da História. Ventura e desventura, encanto e desencanto são os sabores com que estão temperados os fatos que passarei a relatar".

Um texto antigo sobre *Nos rastros da utopia*

[...] Já repeti, ali e acolá, que minha amizade com Manoel de Andrade ultrapassa as fronteiras do trivial e localiza-se no que há de melhor em uma relação fraterna. Para repetir um clichê, afirmo que, mais que irmão consanguíneo, Maneco é o mano escolhido, selecionado durante a jornada da vida.

Mas isso não nos torna irmãos corsos: temos as nossas diferenças de pensamento, adotamos crenças distintas em matéria política e religiosa. O que não nos transforma em inimigos ou adversários, como requer o saudável convívio democrático, que admite positivamente a multiplicidade de opiniões e a boa convivência entre os contrários. E não é bom assim? Chatice seria o consenso absoluto, que não nos permitiria sequer perseguir objetivos vitais e construir as mais variadas utopias.

Na narrativa de Manoel de Andrade, sempre com máximo respeito às ideias que o levaram a formular sua utopia, venero mais o entusiasmo do cavaleiro andante a percorrer as pátrias latino-americanas, em um tempo coberto por sombras e indefinições políticas, como tem sido, desde tempos imemoriais, a história deste continente. Sempre reunido a grupos que se acercavam à sua alma de artista sonhador, naquela idade vintaneira: estudantes idealistas e expressões culturais de cada local visitado. Muitas dessas expressões eram nascentes, ainda jovens como ele.

Cresceram e firmaram conceitos de credibilidade intelectual e não deixaram de lembrar-se do brasileiro que os visitou e, quase sempre, recebia toque de retirada das cornetas governamentais dos países pelos quais passava. Na bolsa da memória do viajante foram acumulados, passo a passo, tesouros de bom relacionamento (com o povo que o recebia, não com os donos eventuais do poder) e de comunhão de utopias, que agora migram para o papel do escritor e poeta.

Passados tantos anos – mais de 40 – Manoel de Andrade fez um natural *upgrade* em suas utopias (para usar um termo atual, sem qualquer intenção irônica), mas continua em busca de sonhos, para poder continuar o caminho, como define Fernando Bini, citado em seu texto. Novas buscas na espiritualidade, novos sonhos no campo da justiça social. As velhas utopias – algumas desmanteladas por quedas de muros e pelo desânimo de descobrir que a ambição humana, o apego ao poder e o extremismo da corrupção e da deslealdade não têm cor política, mas estão sempre de tocaia no cérebro límbico do homem, prontas a aflorar à superfície, se as circunstâncias facilitarem – foram remodeladas, mas o escritor de agora permanece leal à alma condutora do jovem errante de ontem.

Já declarei, também, que seu livro *Nos rastros da utopia* será, quando publicado (e o está sendo agora), um marco para a história dos anos 60 em nosso continente. Depois de quatro décadas, diante de confessa perplexidade com este início de século, Manoel de Andrade pode dizer-se dono de uma certeza: somente os bons carregam à sua frente, continuadamente, as incertezas das utopias. Os maus têm projetos ambiciosos, preferencialmente para o presente ou futuro bem próximo, sem se importar com o que acontecerá para a sociedade que nos é comum. E é nos rumos dessas incertezas que se vão colhendo resultados positivos e se estabelecem as conexões corretas para ampliar a justiça e a harmonia sociais. Como seu leitor, vejo claramente que sua melhor utopia se chama Fraternidade.

Ler Manoel de Andrade[64]

Maria José Vieira de Souza (Portugal)[65]

> "Atravesar el Atlântico no es sólo atravesar un mar,
> sino también otra historia".
> Manuel Scorza, "Manuel Scorza: Mito, Novela, Historia",
> Juan & Gonzalez. In *Encontros com a Civilização Brasileira*,
> nº 25, Rio de Janeiro, 1980

Ao ler o novo livro de Manoel de Andrade, confirmamos a força das palavras de Manuel Scorza. Uma longa história narrada e vivida na primeira pessoa que nos transporta a um continente imenso que foi martirizado por dolorosas convulsões.

Ler *Nos rastros da utopia* é descobrir quantos latino-americanos tiveram de lutar pelo quinhão pátrio de cada território, ao longo de vários séculos.

Quando atravessou dezesseis países, na época libertária dos anos setenta, Manoel de Andrade inscreveu-se na história desse tempo. Um tempo diferente que descreve e caracteriza numa narrativa memorialista de grande fulgor emocional em parceria com um intenso e rigoroso retrato histórico, social, artístico e civilizacional de um continente.

---

64 Resenha, postada no blog português *Livres Pensantes* em 15 de abril de 2014, pela sua editora. O texto original pode ser lido aqui: <http://livrespensantes. blogspot.com.br/2014/04/ler-manoel-de-andrade.html>.

65 Maria José Álvares Soares de Moura Vieira de Sousa é licenciada em Filologia Românica pela Faculdade de Letras da Universidade Clássica de Lisboa e Pós-Graduada em Bioética pela Universidade Nova de Lisboa. Professora aposentada de Português e Francês. Como bolsista da União Europeia (UE) elaborou projetos na área da Educação e colaborou com a Unesco na Rede de Escolas Associadas (SEA). É autora de diversos artigos para publicações relacionadas com as atividades que desenvolveu, além de outras obras em poesia e em prosa. Vive em Portimão, no Algarve, onde é editora do prestigioso blog *Livres Pensantes*.

No Prólogo desta obra, Manoel de Andrade explicita factos e introduz informações relevantes, que nos levam a transcrever, com reiterado prazer, alguns excertos.

Faltou muito pouco para que este livro não fosse escrito. Os primeiros capítulos dessas memórias, iniciadas em Santiago, no verão de 1972, foram abandonados por trinta anos na solidão de uma gaveta. Em abril de 2002, quando iniciei os procedimentos para enviar ao Ministério da Justiça meu processo de anistia, resumi em 70 páginas a história de minha peregrinação pela América Latina, a fim de passar aos seus futuros relatores, fatos que pudessem informá-los sobre as razões do pedido.

Acabei não enviando o texto, por acreditar que não estavam ali, e sim nos documentos públicos anexados, as peças essenciais para legitimar o processo. Novamente engavetei minha breve história em face da luta pela sobrevivência familiar, que não deixava tempo nem motivação para reavivar meu velho sonho de escrevê-la. O projeto estava completamente esquecido, como esquecida esteve também, por trinta anos, a minha condição de poeta quando, na primavera de 2002, a inspiração bateu, súbita e magicamente em minha porta, e cinco anos depois seus frutos resultaram na publicação do livro Cantares. *Finalmente, em 2009, meu primeiro livro,* Poemas para la libertad, *lançado em La Paz em 1970, e com outras sete edições no exterior, era publicado, numa edição bilíngue, em São Paulo. Foi essa inesperada volta à Literatura e a persistente sugestão de parentes e amigos que me fizeram voltar a escrever os fatos aqui relatados.*

A América Latina que conheci há quarenta anos vivia de joelhos, marcada por brutais desigualdades, regida por forças reacionárias, pela violência das instituições e um profundo abismo entre uma riqueza orgulhosa e a pobreza humilhada. A exploração desumana do trabalho no campo, as massas

*indígenas deserdadas e famintas, o êxodo rural, a exclusão ur-
bana e a face inconsolável da miséria eram os seus traços vivos
e chocantes, marcados pela sobrevivência do feudalismo e pela
persistência dos privilégios colonialistas, que a Independência
não modificou. Atravessei toda a região quando seu território
era, literalmente, o "quintal" dos Estados Unidos e os interesses imperialistas dominavam os grandes "negócios" do continente. Era um tempo em que a direção dos nossos passos era
determinada em Washington, e seu ritmo, pelo poder político
das burguesias urbanas e as oligarquias agrárias. Na década de
70 – indelevelmente marcada pela Guerra Fria – as esquerdas,
em todo o continente, mobilizavam-se para reverter todo esse
processo de pilhagem, dependência e marginalidade, preocupadas com a teoria e a prática revolucionárias, visando a conquista de soberania e liberdade. Em torno dessa tese se discutia a
natureza da revolução, dividida entre nossa excepcionalidade
indo-americana e a visão eurocêntrica do socialismo. Este anseio de liberdade foi um momento fascinante da história latino-americana e aqueles que puderam vivenciá-lo, quer como
observador ou como um militante, jamais puderam apagar da
alma as luzes das utopias que iluminaram aquele tempo. Fui
um desses observadores e o que proponho, nestas páginas, é fazer um inventário não só daquela época, marcada por tanta
diversidade e que prodigalizou as mais justas promessas, mas
também uma revisão histórica dos conflitos sociais que marcaram os quinhentos anos das lutas libertárias do continente. Os
rastros mais antigos e heroicos dessas lutas foram deixados pelos
araucanos no Chile e pelas revoluções indígenas da Bolívia e do
Peru. Seus exemplos de bravura e de martírio vivem até hoje nas
imagens imperecíveis de Lautaro, Caupolicán, Túpac Katari e
Túpac Amaru. Suas mensagens abriram, na década de 70, não
apenas novas trincheiras ao longo de todo o continente – onde*

tantas vanguardas revolucionárias honraram seus Movimentos com o nome desses heróis – mas também iluminaram poetas e prosadores cujas obras se alistaram nessa saga libertária.

A década de 1970 foi uma época de contrastes. De luzes que ofuscaram o mundo e de sombras que abateram os povos. De ideais que incendiaram corações e de corações incendiados pelo ódio. Se é verdade que naqueles anos semeou-se tantos sonhos, também colheu-se profundas desilusões, cujas cicatrizes continuam abertas em quase todos os países da América. Compromisso, resistência e clandestinidade fizeram o contraponto com a repressão, o exílio e a morte.

Este não é um livro político e aqui não se discute as grandes teses que polarizaram o ideário daqueles anos. Ainda assim, hoje perguntamos: De que valeram o rigor das posições dogmáticas e tantos debates teóricos ante o despojamento e o sacrifício daqueles que entregaram a vida por um sonho?

[...] Com este livro entrego o testemunho de um longo caminhar. Ao deixar o Brasil em março de 1969, meus passos cruzaram 16 países num prolongado autoexílio pelo continente. A América Latina foi minha verdadeira universidade e nestas páginas palpita o espírito curioso de quem buscou saciar sua sede na leitura apaixonada da História, da Literatura e da Arte de tantos povos. Palpita o significado de experiências humanas vividas no convívio caloroso das grandes amizades, na tribuna combativa da poesia e nos amargos momentos da solidão dos cárceres. Palpita ainda um coração angustiado com os passos sem rumo, o olhar vazio e os gestos suplicantes dos filhos do calvário. Este livro é, sobretudo, o relato de um poeta itinerante, de um bardo errante, profundamente identificado com seu tempo e com sua condição de latino-americano. Um confidente solitário, comprometido com o resgate de uma América povoada de utopias e com a saga lendária daqueles que ousaram sonhar com um "admirável mundo novo".

[...] Meu registro é tão somente uma mínima parte da memória esquecida dos anos 60-70 e que ainda está por ser escrita. Seus protagonistas foram aqueles que, entre as flores e os espinhos, construíram um ninho, um berçário de ideias e promessas que nem todos os sobreviventes que ascenderam ao poder souberam honrar nos atos e nos fatos. Nestes embates, a poesia rebelde ocupa uma honrosa galeria de mártires, lembrando dezenas de poetas que empenharam suas vidas, seus sonhos e o encanto de suas metáforas para cantar a mística revolucionária pela lírica dimensão da poesia. Eis porque estas memórias contam também a aventura de um livro chamado Poemas para la libertad. *Um livro que nasceu nas edições panfletárias de estudantes peruanos e cujos versos foram publicados em jornais, revistas, opúsculos, cartazes e em milhares de panfletos por todo o continente. Seus poemas foram ouvidos em universidades, teatros, galerias de arte, festivais de cultura, congresso de poetas, sindicatos, reuniões públicas, privadas e clandestinas e até no interior das minas de estanho da Bolívia. Suas edições se esgotavam rapidamente e seus exemplares percorreram a América Latina e o sudoeste dos Estados Unidos levados pelos mochileiros latino-americanos e pelos estudantes e intelectuais chicanos. Um livro proibido, confiscado e tendo que cruzar certa fronteira na bagagem de contrabandistas. Seus versos são filhos do sonho de liberdade que percorria o mundo. Alguns foram escritos no Brasil e nasceram silenciados pelo medo e pela impotência, numa pátria esmagada pela repressão. Outros foram se desfraldando ao longo de novas fronteiras, registrando os passos de uma imensa luta que incendiou a América há quarenta anos.*

Enfim, estas páginas saem em busca de um passado nem sempre venturoso, e por isso sucedem-se para contar, sobretudo, a história dos vencidos. Vivemos num tempo em que todos os sonhos foram despedaçados e se escrevo estas memórias, é para que se possa ouvir o eco dos hinos que ficaram tão distantes. Meu livro é, acima de tudo, a longa crônica de um poeta que sonhou com o impossível, e cruzou tantas fronteiras acreditando que pudesse mudar o mundo com seus versos. Passados quarenta anos, há entre o que fui e o que sou uma profunda fidelidade. Intactos estão a disposição de indignar-me com as injustiças, um coração solidário e um sentimento imperecível de gratidão..., aos amigos que ficaram, ao Bom Deus, que amparou meus passos e à vida, por permitir que eu chegasse até aqui! Eis porque, caro leitor, convido-o a viajar comigo por caminhos e por um tempo fascinante, em que o sonho e a esperança comandavam os rumos da História. Ventura e desventura, encanto e desencanto são os sabores com que estão temperados os fatos que passarei a relatar.

Manoel de Andrade

"Prólogo" de *Nos rastros da utopia: Uma memória crítica da América Latina nos anos 70*, Ed. Escrituras, São Paulo, 2014

"Guerrilheiro" lírico ou agente da CIA?[66]

Helio de Freitas Puglielli[67]

Um dos mais incríveis episódios vividos pelo poeta Manoel de Andrade, em suas andanças pela América, foi o boato de ser agente da CIA, propalado por um argentino com "dor de cotovelo". Quem conta esta e outras histórias, ao longo de um volume de quase mil páginas, *Nos rastros da utopia* (Ed. Escrituras, São Paulo, 2014), onde sintetiza suas aventuras pelo continente, é o próprio poeta.

Indignado com a instauração do regime militar, em 1964, e tendo escrito um poema sobre Che Guevara (que o incriminou aos olhos dos agentes da repressão), deixou o Brasil em 1969 e só regressou três anos mais tarde, depois de percorrer quase toda a América Latina. Como os rapsodos e aedos que perambulavam pela Grécia Antiga, Manoel palmilhou milhares e milhares de quilômetros, dando recitais poéticos e vendendo seu livro *Poemas para a Liberdade*, em espanhol (em português só viria a ser publicado muito mais tarde).

---

66 Resenha postada no blog de Aroldo Murá em 30 de abril de 2014 e no *Jornal Industria&Comércio* em 2 de maio de 2014. O texto original, escrito pelo jornalista e escritor Helio de Freitas Puglielli, pode ser lido em: <https://issuu.com/icnews/docs/02-05-2014> ou <http://www.diarioinduscom.com/category/colunistas/aroldo-mura/page/70/>.

67 Helio de Freitas Puglielli, nascido em Curitiba, é jornalista, escritor e poeta e foi um dos 13 participantes da Noite da Poesia Paranaense, realizada no Teatro Guaíra em 1965, ao lado de Helena Kolody, João Manuel Simões, Paulo Leminski, Manoel de Andrade e os demais. Foi editorialista dos jornais *O Estado do Paraná, Indústria & Comércio* e *Gazeta do Povo*, professor da UFPR, da PUC/PR, Superintendente da extinta Fundação Teatro Guaíra e diretor do Setor de Ciências Humanas, Letras e Artes, da UFPR. É autor dos livros *Para compreender o Paraná* e *O Ser de Parmênides chama-se Brahma*.

Revolução pela palavra

Inflamado pelos arroubos da juventude, Manoel queria defender a liberdade com armas na mão, mas foi convencido por amigos argentinos e bolivianos a usar a arma que melhor sabia e poderia manejar: a poesia revolucionária. Numa época de grande ebulição política, sua mensagem teve enorme repercussão em toda a América Latina.

Apresentou-se nas principais universidades do continente, aplaudidíssimo pela juventude estudantil. O sucesso incomodou autoridades dos países "hermanos", preocupadas com a manutenção do *status quo* e Manoel foi "convidado" a sair de países como o Peru e o Equador. Vendo esgotadas as possibilidades de sua peregrinação lírico-revolucionária e com saudades da pátria e da família, retornou enfim a Curitiba.

Trinta anos de silêncio

Ocupado em ganhar a vida e cuidar dos familiares, Manoel permaneceu 30 anos em silêncio, até que seu impulso poético redespertou nos primeiros anos deste século. O resultado foi o livro *Cantares,* onde ele manifesta coerência com o estilo inflamado que caracterizou sua poesia de intenção política. Mas, além de cantar, era preciso contar. E o catarinense nascido em Itajaí, mas já curitibano por longa permanência, escreveu e publicou suas memórias dos anos aventureiros pela América Latina. E talvez nada tivesse acontecido para contar, se não tivesse, meio século atrás, mostrado sua poesia datilografada sobre o Che para o livreiro José Eugênio ("Dude") Ghignone. Este, à revelia do autor, imprimiu e distribuiu o texto, sem suprimir o nome de Manoel. Ou seja: fácil identificação de mais um "subversivo". Manoel não quis "pagar para ver" e resolveu autoexilar-se, considerando as condições da época, que caracterizavam o período mais drástico da repressão. Agora, tudo se transformou em literatura... E da boa, como estão dizendo os críticos, daqui e d'além-mar, pois *Nos rastros da utopia* está repercutindo também em Portugal. Um exemplo é o da professora Maria José Vieira de Souza, docente aposentada de literatura da Universidade de Lisboa, que encara o livro sob a perspectiva europeia ao afirmar que se trata de "uma longa história narrada e vivida na primeira pessoa, que nos transporta a um continente imenso que foi martirizado por dolorosas convulsões. Quando atravessou dezesseis países, na época libertária dos anos setenta, Manoel de Andrade inscreveu-se na história desse tempo".

Depoimento do autor

Faltou muito pouco para que este livro não fosse escrito – esclarece o autor. Os primeiros capítulos dessas memórias, iniciadas em Santiago, no verão de 1972, foram abandonados por trinta anos, na solidão de uma gaveta. Em abril de 2002, quando iniciei os procedimentos para enviar ao Ministério da Justiça meu processo de anistia, resumi em 70 páginas a história de minha peregrinação pela América Latina, a fim de passar aos seus futuros relatores fatos que pudessem informá-los sobre as razões do pedido. Acabei não enviando o texto, por acreditar que não estavam ali, e sim nos documentos públicos anexados, as peças essenciais para legitimar o processo. Novamente, engavetei minha breve história em face da luta pela sobrevivência familiar, que não deixava tempo nem motivação para reavivar meu velho sonho de escrevê-la. O projeto estava completamente esquecido, como esquecida esteve também, por trinta anos, a minha condição de poeta quando, na primavera de 2002, a inspiração bateu, súbita e magicamente em minha porta, e cinco anos depois seus frutos resultaram na publicação do livro Cantares. Finalmente, em 2009, meu primeiro livro, Poemas para la libertad, lançado em La Paz em 1970 e com outras sete edições no exterior, era publicado, numa edição bilíngue, em São Paulo.

Com essa bagagem Manoel já tem lugar assegurado na literatura paranaense, brasileira e latino-americana.

Os excessos de um poeta utópico[68]

Rodrigo Casarin[69]

Dude atuava na ala esquerda do Partido Comunista e se propôs a tirar quatro mil cópias do poema e usar alguns militantes do Partido para distribuí-las, discretamente, nas universidades, centros acadêmicos, sindicatos, organizações de classe etc... [...] O que eu jamais poderia ter imaginado é que aquela ideia luminosa do Dude e da panfletagem do meu poema ao Che, em Curitiba, em plena ditadura militar, mudaria todo o futuro da minha vida, obrigando-me a deixar o Brasil, e durante quatro anos peregrinar como um poeta errante ao longo de dezesseis países da América Latina.

Visto em retrospectiva, parece muita inocência de Manoel de Andrade acreditar que um poema de grande repercussão em homenagem a Che Guevara passaria incólume pelos braços da ditadura, que sufocavam qualquer manifestação artística de alguma forma crítica ao regime. Contudo, à época, provavelmente essa percepção não era tão aguçada. Restou a Andrade deixar o país e perambular pelo parque de diversões dos Estados Unidos, o qual tomava providências para evitar que o comunismo ou o socialismo vingasse nos

---

68 Resenha originalmente publicada no jornal literário Rascunho, na edição de junho de 2014 e em 24 de julho no blog *Canto dos Livros*. Veja o texto comentado aqui: <http://rascunho.com.br/os-excessos-de-um-poeta-utopico/> ou <https://cantodoslivros.wordpress.com/2014/07/24/os-excessos-de-um-poeta-utopico/>.

69 Rodrigo Casarin é jornalista e pós-graduado em Jornalismo Literário. Vive em São Paulo onde atua profissionalmente como freelancer e edita o blog *Canto dos Livros*. Como escritor, é coautor de *Punk – o protesto não tem fim* e de livros de memória empresarial e familiar.

países latino-americanos. Por onde passou, o poeta encontrou solidariedade – palavra-chave da empreitada – de pessoas comuns e, principalmente, de outros ativistas de esquerda.

Mais de quarenta anos depois, Manoel de Andrade transformou a sua forçada aventura no livro *Nos rastros da utopia*. O poeta apoiou-se principalmente em cartas enviadas aos familiares durante o período, nos recortes de jornais que guardou, num pequeno caderno de endereços, nas datas de seu antigo passaporte e em sua "extraordinária memória" para construir uma narrativa de viagem permeada por historicismo, ensaísmo político e muitas recordações afetivas.

A viagem de Andrade começa pelo próprio Brasil, quando parte rumo ao nordeste para conhecer a parte do país onde jamais pisara e da qual traz passagens valiosas, como os encontros com vaqueiros e jangadeiros. O poeta dá vida e complexidade a esses personagens típicos e constata realidades interessantes, como "Os nordestinos do sertão emigram para as grandes cidades da região e para o sul do país, mas os pescadores jamais deixam o litoral". Também se mostra em campo, convivendo com essas pessoas. Animei-me, achei que esse seria o tom do livro; contudo, não é exatamente o que acontece. Ao longo da obra, as pessoas são mais citadas e rascunhadas do que propriamente descritas e mostradas em movimento, com alguma representatividade mais abrangente do que a primeira impressão. Uma pena.

Pena que se estende para outro ponto. *Nos rastros da utopia* é repleto de passagens e histórias excelentes, algumas até que justificariam um livro apenas para si. Para ficarmos apenas em dois exemplos, uma noite Andrade dorme dentro do parque histórico de Machu Pichu; em outra, numa cama exposta no Museu Histórico de Cusco, a mesma em que Simón Bolívar teria dormido quando passou pela cidade.

São momentos mágicos, sensacionais, únicos, que poderiam ter sido mais bem explorados, com mais detalhes, sensações, emoções, divagações...

Mais derrapadas

Andrade derrapa também no cuidado com as palavras – algo ainda mais grave para um poeta –, como no seguinte trecho: "Acostumado às grandes distâncias e a dispor de um longo *tempo* para tudo, seu sentido de espaço e duração é sempre relativo. Dir-se-ia que ele, tal como o jangadeiro em alto-mar, vive num *tempo* mágico, naquele sentido de duração do *tempo* que permanece, fora do *tempo* linear e contínuo do relógio" (As marcações são minhas). Será mesmo necessário repetir a palavra "tempo" quatro vezes, aparentemente sem objetivar nenhum efeito estilístico? Outra passagem problemática: "Boa tarde, os senhores poderiam me conseguir um pouco de água? – cumprimentei-os, perguntando". Precisava mesmo do "cumprimentei-os, perguntando"? O "boa tarde" já não evidencia o cumprimento, enquanto a interrogação transforma a oração numa pergunta?

Há também excessos com detalhes que pouco agregam à história, exageros como o resumo e a resenha de uma obra literária – *Huasipungo*, clássico indigenista do equatoriano Jorge Icaza – e a necessidade de se homenagear muitas pessoas. É bonita a gratidão do autor, mas não considero uma obra literária o melhor lugar para se acertar dívidas fraternas de pouco valor à narrativa. A mim, soa como falta de cuidado, mas não culpo exclusivamente Andrade. Pode até ser que o editor tenha alertado quanto aos excessos e o autor não tenha dado ouvidos; o editor, no entanto, deveria mostrar que passagens excelentes podem passar despercebidas numa história contada em mais de novecentas páginas (muitas delas desnecessárias) e poderia orientá-lo a transformar suas memórias e sua aventura numa narrativa sólida e coesa. Ainda caberia à editora evitar os problemas com o português – palavras com grafia errada, pontuações equivocadas e repetição de linhas.

Em defesa dos oprimidos

Há, entretanto, méritos a se destacar.

É precioso o registro de Andrade sobre como poetas de diversas nações se posicionavam e incomodavam os poderosos – tanto que muitos acabaram exilados (como o próprio autor), torturados ou até mesmo assassinados pelos fardados. E para mostrar como foi perseguido politicamente no Brasil, o autor não tem pudores em expor os documentos relacionados à sua pessoa: descobre e mostra os registros que os militares faziam de seus passos – aterrorizante se deparar com um relato de todas as suas atividades –, assim como os comunicados que os militares trocavam entre si e que, em algum momento, citavam-no, e apresenta todo o seu processo de anistia, revelando inclusive quanto recebe de pensão.

Andrade também faz de *Nos rastros da utopia* um relato dos povos que resistiram, porém tombaram ao longo da história latino-americana após a chegada de Cristóvão Colombo, essenciais em sua caminhada. "Meus passos pela América não teriam sido tão fecundos se não tivesse encontrado os rastros libertários de Lautaro e Caupolicán, Túpac Amaru e Túpac Katari, Bartolina Sisa e Micaela Bastidas, Juana Azurduy e Manuela Sáenz, bem como, em episódios mais recentes, os exemplos memoráveis dos poetas Javier Heraud, Otto René Castillo e a luta atual e incondicional do ex-guerrilheiro Hugo Blanco em favor do indígena", escreve.

Ao apresentar histórias não oficiais, a história dos derrotados, não há como deixar de comparar a obra com *As veias abertas da América Latina* (1971), de Eduardo Galeano. Contudo, Andrade se perde nessas incursões ao passado. Em muitas oportunidades vai bastante longe, imerge no que aconteceu e esquece de si mesmo. Em nítidos rompimentos, praticamente abandona a sua história para contar outra. Ainda que alguns relatos sejam extremamente oportunos, como o massacre sofrido pelos mapuches no Chile ("o maior holocausto, na trágica história dos povos indígenas da América"), são construídos de modo didático demais, exaustivo.

Enfim, *Nos rastros da utopia* é mais uma obra que surge quando relembramos dos cinquenta anos do golpe militar no Brasil (do que li até aqui, destaco principalmente as de Bernardo Kucinski, *K.* e *Você vai voltar pra mim*). É um relato oportuno, com um viés bastante interessante, mas repleto de poréns. Acredito que uma edição futura, melhor trabalhada, enxugada, possa fazer bem à obra.

Durante aquele mês que prorroguei minha estadia na Bolívia, estava estranhando a ausência de cartas dos meus familiares. Alguns brasileiros que viviam em La Paz, e entre eles a jovem refugiada política Talita Rosa Munhoz, já haviam comentado sobre a violação de correspondência vinda do Brasil. As suspeitas se confirmaram quando, em 1º. de julho de 1970, recebi uma carta de minha esposa Marilena, datada de 22 de junho, com as extremidades do envelope coladas com fita adesiva. Eram os sinais do cerco que fazia a ditadura brasileira a qualquer sinal de "subversão".

Entre a resistência e a repressão: *Nos rastros da utopia,* de Manoel de Andrade[70]

Rafael Alonso[71]

O poeta catarinense (nascido em Rio Negrinho), mas radicado há décadas em Curitiba, Manoel de Andrade, não esperou a ordem do governo militar brasileiro para deixar o país. A ordem viria, cedo ou tarde. Mas antes que ela viesse, o poeta decidiu autoexilar-se. Um detalhe aparentemente trivial – aparentemente, já que num regime de exceção todo detalhe deixa de ser trivial – motivou a decisão, que se deu em outubro de 1968: um poema sobre Che Guevara. O poema intitulado "Saudação a Che Guevara", que lembrava o período de um ano da morte de Che, foi reproduzido em quatro mil cópias e se espalhou pelo país. O livreiro e amigo José Guignone, que o leu, julgou-o de caráter explosivo. Assim, era questão de tempo que Manoel caísse na malha fina da ditadura nacional. A situação vivida pelo poeta no momento da partida poderia tê-lo feito agir de modo diferente: o início de carreira era promissor e Manoel negociava sua estreia na cena literária numa antologia da editora Civilização Brasileira. Mas o destino do poeta parecia ser o de seguir os rastros de outros poetas latino--americanos. Manoel fugiu pelo Paraguai, chegou à Argentina e deu início à sua peregrinação pelo continente, que duraria até 1972 e atravessaria quinze países: Estados Unidos, México,

---

70 Este ensaio foi publicado no livro *Imagens da América Latina*, editado eletronicamente por Edições O Guari, em 2014. O texto original pode ser encontrado aqui: <http://oguari.blogspot.com.br/p/livro.html>.

71 Rafael Miguel Alonso Júnior é professor e ensaísta, graduado em jornalismo, mestre em Teoria Literária e doutorado em Literatura pela Universidade Federal de Santa Catarina (UFSC).

Guatemala, El Salvador, Honduras, Panamá, Costa Rica, Equador, Colômbia, Chile, Uruguai, Argentina, Paraguai, Peru e Bolívia.

Esse período de intensa caminhada pela América (latina e americana) é o que o leitor pode encontrar nas mais de 900 páginas do último livro publicado por Manoel de Andrade, *Nos rastros da utopia: Uma memória crítica da América Latina nos anos 70,* editado pela Escrituras, em 2014. Foi durante a viagem, por sinal, que Manoel escreveu seu primeiro livro, *Poemas para la libertad.* O livro foi publicado em La Paz, na Bolívia, em 1970, e em 2009 ganhou reedição bilíngue, também pela Escrituras. Outro livro que merece destaque é *Cantares*, de 2007, uma coletânea de poemas.

De volta aos *Rastros da utopia*, ou aos rastros do poeta, merece destaque o fato de Manoel ter peregrinado por uma América Latina quase inteiramente assolada por regimes ditatoriais. Como lembra o poeta no prólogo do livro, o continente era regido por forças reacionárias e marcado por desigualdades brutais. Havia um verdadeiro abismo entre ricos e pobres, no qual se afundava, especial mas não somente, a população rural e indígena. A independência não havia modificado os privilégios colonialistas e os rumos da América Latina passavam principalmente pela boa (ou má) vontade das decisões tomadas em Washington. Em contrapartida, as esquerdas de todo o continente mobilizavam-se em direção oposta, na tentativa de diminuir o processo de exclusão, exploração, dependência e perseguição. Preocupadas com a teoria e a prática revolucionárias, lutavam constante e diariamente pela liberdade.

É sob esse segundo ponto de vista, o de uma minoria marginalizada que nunca deixou de levantar a bandeira dos valores democráticos, e que, mesmo diante de uma máquina estatal totalitária que parecia não deixar brechas, nunca cessou de emitir as luzes de utopia, que se pode dizer que as memórias narradas por Manoel de Andrade não carregam tom pessimista. Muito pelo contrário. Como observador privilegiado dessa história, a preocupação de Manoel, com o recente livro publicado, é a de dar ouvido aos gritos de liberdade, aos ideais revolucionários supostamente esquecidos, aos atores de uma luta pouco mencionados ou ignorados pela história oficial. Trata-se de um período de ilusões e desilusões, e muitas das feridas abertas em décadas anteriores estão longe de cicatrizar.

O próprio poeta faz questão de dizer que não escreveu um livro sobre política e não se preocupou em discutir a fundo os temas que polarizaram o ideário daqueles anos. A política no livro de Manoel se dá, natural e espontaneamente, através dos relatos do próprio poeta e dos rastros deixados por outros tantos. Como ele mesmo gosta de definir, *Nos rastros da utopia* é resultado das andanças de um poeta itinerante, de um "bardo errante", identificado com seu tempo e com a condição latino-americana. Uma das acepções de "bardo", no dicionário, é poeta que exalta o valor dos heróis. Mas, no caso de Manoel, não se trata de ressaltar os heróis conhecidos da história, mas a narrativa dos derrotados, ou melhor, dos que sonharam com a liberdade e ousaram se contrapor ao regime totalitário.

Sendo assim, os "rastros" perseguidos por Manoel não se limitam à década de 60 e 70, mas regridem por vários séculos. Trata-se de um trabalho de registro histórico que tenta lançar luzes sobre mais de quinhentos anos de conflitos sociais que marcaram o continente. É o caso do texto, incluído em *Nos rastros da utopia*, que Manoel agora publica em *Imagens da América Latina*. O texto, intitulado "Juana Inés de la Cruz: glória, esquecimento e redenção", resume a vida da freira Juana Inés (1651-1695), de quem Manoel ouviu falar em 1971 em conversas com poetas e intelectuais na Cidade do México.

Nascida no século XVII, duas opções – em tese – apresentavam-se para Juana: o casamento e o convento. Com impressionante propensão à literatura e ao conhecimento de forma geral, ela escolhe a reclusão do convento, onde poderia, ainda que com algumas limitações, levar a cabo seu projeto intelectual. Assim, Juana ingressa na Ordem das Jerônimas, onde a disciplina era mais relaxada. É ali que passa a vida, numa cela de dois andares (o segundo, dizem, acomodava sua imensa biblioteca), escrevendo versos sacros e profanos, autos sacramentais, peças teatrais etc... Tendo recusado o matrimônio, mesmo muito cortejada, parte de seus textos contrariava a lógica da sociedade paternalista, atribuindo aos homens muitos dos vícios que estes atribuíam às mulheres. O relato de Manoel é guiado pela extensa obra de Octavio Paz sobre a revolucionária mexicana, *Sóror Juana Inés de la Cruz: As armadilhas da fé*, publicado em 1982. Para Manoel, trata-se do estudo mais abrangente e completo não só sobre Inés, mas sobre o contexto cultural do século XVII.

A trajetória de Juana, brilhante desde o início, termina de modo melancólico. Após ter uma crítica a um dos sermões do padre Antônio Vieira levada a público, Juana passa a ser perseguida pelas autoridades políticas e religiosas do México, em especial pelo arcebispo Aguiar y Seijas, servindo de oportunidade para o retorno de antigos preconceitos. Mesmo não tendo recebido uma condenação explícita, como o cárcere ou até a morte, Juana precisou abdicar da carreira literária, livrar-se de sua biblioteca e pedir perdão pelos textos publicados até então. Anos depois, morre, doente, no convento.

De qualquer forma, o legado de inconformismo da freira, que no século XVII arriscou-se pela literatura, não se apagou. Legado que inspirou poetas e intelectuais latino-americanos durante os "anos de chumbo". A narrativa de Inés é uma, entre inúmeras outras, presentes no volumoso *Nos rastros da utopia*. Como afirma a professora Suely Reis Pinheiro, estudiosa de Manoel de Andrade e a quem conheceu ainda nos anos 80, a poesia política de Manoel remete a uma saga original que dá origem a "um doloroso gesto de despedida e, ao mesmo tempo, iluminado pelo brilho da esperança" (PINHEIRO, 2010, p. 7). Para Suely, trata-se de um processo de "rebelião anômica" (PINHEIRO, 2010, p. 9) que permite a escritor e leitor compartilharem a memória de um passado negro.

APÊNDICE

APÊNDICES

O BARDO ERRANTE: EXÍLIO E POESIA DE MANOEL DE ANDRADE (1969-1972)[72]

---

[72] Resolvi incluir esta monografia como um apêndice especial à Fortuna Crítica, em primeiro lugar, como um gesto de gratidão ao jovem Vinícius Rodrigues Mesquita pela generosidade de estudar minha obra poética e minhas narrações de viagem pela América Latina. Agradecê-lo, sobretudo, por transformá-las em texto de diplomação em História e num documentário de curta-metragem, enfatizando a participação dos meus versos na memória da resistência e a militância ideológica de esquerda durante os "anos de chumbo". O segundo motivo é a pertinência histórica de seu trabalho, como texto e como imagem, surgir às vésperas do cinquentenário do ano de 1968, no Brasil, marcado pela intensa mobilização ideológica e estudantil e pelo efeito traumático do AI-5 na vida nacional.

UNIVERSIDADE FEDERAL DO PARANÁ
DEPARTAMENTO DE HISTÓRIA

VINÍCIUS RODRIGUES MESQUITA

O BARDO ERRANTE:
EXÍLIO E POESIA DE MANOEL DE ANDRADE (1969-1972)

Monografia apresentada como requisito parcial à obtenção do título de Bacharel, Curso História Memória e Imagem, Setor de Ciências Humanas, Universidade Federal do Paraná

Orientador: Prof. Dr. Marcos Gonçalves

CURITIBA
2017

TERMO DE APROVAÇÃO

VINÍCIUS RODRIGUES MESQUITA

O BARDO ERRANTE:
EXÍLIO E POESIA DE MANOEL DE ANDRADE (1969-1972)

Monografia aprovada como requisito parcial à obtenção do título de Bacharel, Curso História Memória e Imagem, Setor de Ciências Humanas, Universidade Federal do Paraná, pela seguinte banca examinadora:

Prof. Dr. Marcos Gonçalves
Orientador – Departamento de História – UFPR

Profa. Dra. Priscila Vieira
Departamento de História – UFPR

Ma. Gabriela Müller Larocca
Departamento de História – UFPR

Curitiba, 27 de julho de 2017

À gente.

À venir

AGRADECIMENTOS

É sempre um exercício muito bom ser grato a tudo. Aqui agradeço todos os apoios nesta empreitada, assim como as dificuldades. Ambos foram importantes neste processo de formação e conhecimento constante (não só acadêmico).

À sociedade brasileira, mantenedora do ensino público que me acolheu, e tornou possível a feitura deste trabalho e conclusão do curso. À UFPR, aos que a integram e trabalham para manter seu renome, bem como sua missão. Missão de incorporar em seu corpo estratos diferentes da sociedade, que possam produzir conhecimento de retorno para esta. Assim como discutir os usos da ciência, desse campo de lutas constantes.

À minha família. Núcleo duro que sempre me acolheu, dando aconchego e puxões de orelha, quanto à situação. Aos mais próximos e aos distantes. Carrego-os todos os dias em meu coração, gestos e pensamentos. À Kauane Bianchi, cuja companhia só me fez crescer. Obrigado por todas as leituras críticas ao meu trabalho e incentivo permanente.

Minha completa gratidão à equipe do documentário *O Bardo Errante*. Somente com a parceria foi possível a produção deste filme. São vocês: Maria Elisa, Pedro Plaza, Lucas Ferreira, Luciane Carvalho, Mariana Maximino, Jimmy Leão, Celso Landolfi. Agradeço também a Manoel de Andrade, quase outro membro da equipe. Seu apoio constante e receptibilidade tornaram o filme muito mais leve e carregado de beleza. Foi de suma importância a orientação do professor Pedro Plaza para a execução do documentário. Ao Pedro, que discutiu os problemas práticos e teóricos de se fazer um filme, e que nas filmagens mostrou-se virtuoso no trabalho com a equipe. Ao professor Marcos Gonçalves. Numa segunda etapa foi crucial para aprofundar minhas questões e conceitos frente ao objeto, sobre a experiência de exílio e memória. Agradeço seu acolhimento para com este trabalho e contribuição contundente.

A todos os companheiros de faculdade que tanto me apoiaram. Pelas inúmeras conversas, conselhos e piadas provindas da relação cotidiana. Obrigado por acreditarem! Quem diria... Consegui.

"Cantamos por el niño y por todo
y por que algún futuro y por que el pueblo
cantamos por los sobrevivientes
y nuestros muertos quieren que cantemos".

Mario Benedetti

RESUMO

Este relatório tem como objetivo principal descrever a idealização, formulação e desenvolvimento do filme *O Bardo Errante: a Poesia e o exílio de Manoel de Andrade*. O filme documentário aborda o autoexílio do poeta Manoel de Andrade entre os anos 1969-1972. Nesse período, Manoel percorreu 16 países ao longo do continente levando a sua poesia em seus caminhos. No exterior, manteve sua condição como poeta, dando recitais em espaços acadêmicos, sindicatos, teatros, entre outros espaços. O autor dos *Poemas para a Liberdade* compreendia o uso de sua poesia como ferramenta revolucionária, defendendo o papel da arte engajada, no contexto em que vários regimes ditatoriais eram alçados pelo continente latino-americano. Apoiado nos trabalhos de Denise Rollemberg e Luís Roniger, utilizo o *exílio* como categoria de análise metodológica. A partir das definições de Joel Candau, emprego os conceitos *memória* e *identidade* no relato de Manoel de Andrade sobre a década de 70.

Palavras-chave: Documentário; Manoel de Andrade; Poesia Revolucionária; Arte engajada; Exílio; Memória.

RESUMEN

Este trabajo tiene como objetivo principal describir la idealización, formulación y desarrollo de la película, *O bardo errante: a Poesia e o exílio de Manoel de Andrade*. La película trata del auto-exilio del poeta Manoel de Andrade entre 1969 -1972. En este periodo, Manoel recorrió 16 países al largo del continente llevando su poesía en sus caminos. En el exterior mantuvo su condición como poeta dando recitales, en espacios académicos, sindicatos, teatros, entre otros espacios. El autor de los *Poemas para la Libertad* comprendía su poesía como herramienta revolucionaria, defendiendo el papel del arte comprometída con los problemas sociales, en el contexto de varias dictaduras alzadas pelo continente latino- americano. Apoyado en trabajos de Denise Rollemberg y Luís Roniger, utilizo el *exilio* como categoría de análice metodológica. Basado en las definiciones de Joel Candau, uso los conceptos memoria e identidad en el relato de Manoel de Andrade acerca de la década de 70.

Palabras-clave: Documentario; Manoel de Andrade; Poesía Revolucionaria; Arte comprometido; Exilio; Memoria.

SUMÁRIO

INTRODUÇÃO......373

PREÂMBULO......381

UM POETA NO EXÍLIO......382

POESIAS E GUERRILHAS......391

O DOCUMENTÁRIO......395

ETAPAS DE PRODUÇÃO......398

PRIMEIRA SUGESTÃO DE ESTRUTURA......402

ESTRUTURA DEFINITIVA......404

NOS RASTROS DA MEMÓRIA......405

MEMÓRIA AUTOBIOGRÁFICA......408

POR UMA HISTÓRIA PÚBLICA......409

CONSIDERAÇÕES FINAIS......411

ANEXOS......413

ARGUMENTO ESCRITO PARA A PRODUÇÃO DO FILME......433

LISTA DE FONTES DOCUMENTAIS......437

LISTA DE IMAGENS UTILIZADAS......439

REFERÊNCIAS......443

INTRODUÇÃO

O presente relatório discorre sobre o processo de produção do documentário *O Bardo Errante: Poesia e exílio de Manoel de Andrade*. O filme aborda a memória do poeta sobre a sua trajetória de exílio no período de 1969 a 1972. São abordados no relatório problemas atinentes ao *documentário*, como também, as categorias exílio e memória.

Manoel de Andrade nasceu na cidade de Rio Negrinho, em Santa Catarina. Veio para Curitiba sozinho, onde fez o secundário no Colégio Estadual do Paraná e graduou-se em Direito na UFPR. Ele nos disse que foi na Faculdade de Direito que tomou conhecimento das mobilizações políticas e engajamento da juventude contra a ditadura[73]. Manoel começou então a participar das manifestações organizadas pelo movimento estudantil e seus versos incorporaram este ambiente. O poeta começou a expressar um caráter crítico em seu lirismo, que refletia o posicionamento político frente ao contexto histórico.

Um poema em especial, escrito em outubro 1968, foi crucial no destino pelo qual o autor passou. O poema "Saudação a Che Guevara", escrito em homenagem a um ano da morte do guerrilheiro, influiu para torná-lo aos olhos dos agentes do DOPS um inimigo da pátria. Este poema foi mimeografado com a contribuição da Revistaria Ghignone, "seus mil exemplares foram distribuídos em faculdades, sindicatos e centro acadêmicos" [74]. Pouco tempo após a distribuição do poema, em 13 de novembro de 1968, foi promulgado o A-I 5.[75]

---

73 Em entrevista Manoel nos diz: "Em 64 quando houve o golpe militar eu era ainda estudante de direito, e é interessante que eu me politizei na faculdade". In. Anexo 1. Entrevista feita na casa de Manoel de Andrade, p. 1.

74 ANDRADE, Manoel de. *Nos Rastros...* Op. cit., p. 34.

75 O Ato Institucional nº 5, emitido pelo presidente Artur da Costa e Silva em 13 de dezembro de 1968, foi o quinto de dezessete grandes decretos emitidos

Qualquer inclinação à esquerda era motivo de perseguição, a "caça aos comunistas" estava cada vez mais acirrada. Mesmo com uma repercussão modesta, cópias dos panfletos chegaram aos agentes do DOPS em Curitiba. Manoel foi então procurado em janeiro de 1969 no edifício Dom Pedro I da UFPR, onde no período cursava história. Não o encontrando na faculdade, os policiais interrogaram alguns estudantes, incluindo uma amiga de Manoel, Elci Susko, sobre o seu paradeiro, ao que ela disse que ele estava de férias, em uma viagem no Rio de Janeiro[76].

Devido à presença dos agentes da Dops e sentindo-se ameaçado, Manoel decidiu sair do Brasil. Saiu em fuga para o Paraguai por Foz do Iguaçu, onde tinha por indicação de seu colega de faculdade Roberto Requião, algumas referências de contatos que o ajudariam no exterior.

Fontes

Tivemos nesta monografia a possibilidade do uso de variados tipos de documentos. As fontes utilizadas para o documentário foram: as entrevistas gravadas pela equipe do documentário *O Bardo Errante*; o livro de memória *Nos rastros da utopia*; os dois livros de poesia, *Cantares* e *Poemas*

---

pela ditadura militar nos anos que se seguiram ao golpe de estado de 1964 no Brasil. O AI-5 deu início ao período mais cruel da ditadura, fechando o Congresso Nacional, cassando mandatos políticos, amordaçando a imprensa, suspendendo o habeas corpus e quaisquer garantias constitucionais, o que levou à prática generalizada da tortura, do desaparecimento e da morte de centenas de opositores do regime.

76 O autor narra que nesta viagem estava tratando com Moacyr Félix, na época diretor responsável da *Revista Civilização Brasileira*, uma participação sua na série Poesia Viva, recém-lançada por aquela editora. Idem, p. 64.

para a Liberdade; Pasta individual, fundo DOPS/DEAP, de Manoel de Andrade.

As entrevistas foram no documentário, as fontes mais utilizadas e aparentes. O filme é composto basicamente da filmagem das entrevistas. Foram realizadas duas, para ambas tivemos que mobilizar a equipe e equipamentos. No caso das filmagens externas necessitamos de auxílio com o transporte da Universidade. Assim, seria importante que toda a energia canalizada para o momento de filmagem fosse do melhor modo aproveitado para que não precisássemos repetir as filmagens. Caso algo saísse do controle, faltasse algum ponto, teríamos apenas aquela gravação.

Os poemas estão numa linguagem lírica, metafórica. São versos recheados de emoção... Sua natureza é de outra ordem. Os poemas de Manoel certamente trazem um posicionamento político evidente. No entanto, sua legitimação não vem de uma explicação científica, de uma tese acadêmica sobre o mundo. Deste modo, utilizei a poesia como representação do contato do Poeta com as ideias do seu tempo. Quanto ao primeiro livro, *Poemas para a Liberdade*, referia-se à década de 70, marcado pela luta política em sua esfera pessoal. *Cantares*, lançado no início dos anos 2000, traz o distanciamento temporal, uma memória consolidada sobre o próprio passado.

Nos rastros da utopia é um livro que trabalha diretamente a memória do autor. Esse exercício de memória concede ao texto um caráter testemunhal. O mote do texto não é construir uma biografia sobre a sua vida. Manoel vê em sua experiência uma visão crítica, sobre um passado coletivo de movimentação política e utopias. É a testemunha das atividades ideológicas de sua juventude e as implicações de seu engajamento, no ambiente das ditaduras da década de 70 na América Latina.

As fontes do acervo DOPS (Delegacia de Ordem Política e Social), hoje sob a tutela do DEAP (Departamento de Arquivo Público do Paraná), são documentos que exerciam o poder de criminalizar pessoas divergentes à advogada ordem social. A pasta individual de Manoel de Andrade contém sete páginas. Integram os documentos: a ficha de identificação DOPS; uma cópia do poema Saudação a Che Guevara encontrada em 1972; o pedido de Manoel do visto para sair do Brasil, cedido no começo de 1969; a descrição de atividades políticas de Manoel fora do Brasil e após a sua volta.

Para produzir o documentário foi crucial a leitura de *Nos rastros da utopia* como via para compreender o autor, suas ideias e temas recorrentes, quando ele fala de seu passado. Seria o caso de conter nesse relato material o bastante para produzir todo o filme. Ao apresentar o argumento do filme para Manoel a proposta foi a de estruturar uma troca entre o pesquisador e o entrevistado, usando a câmera como mediação. Uma conversa entre gerações para discutir sua experiência de exílio, a poesia engajada na América Latina da década de 70, os movimentos da juventude, o indigenismo.

Documentário

Segundo Fernão Ramos o gênero documentário se diferencia da ficção, pois ele "estabelece asserções ou proposições sobre o mundo histórico" [77]. A ficção também pode estabelecer asserções sobre o mundo histórico, no entanto ela não opera da mesma forma. Quando um espectador vai assistir a um filme ficcional, ele pretende entreter-se com o universo da

---

77 RAMOS, Fernão Pessoa. *Mas afinal... o que é documentário?* São Paulo: Ed. Senac, 2008. p. 22.

ficção e seus personagens, o que difere da expectativa do espectador ao ver um filme documentário, assim como da intenção do autor ou seu produtor de produzir uma narrativa documentária[78]. Ramos estabelece algumas características da narrativa documentária:

> Presença de locução (voz over), presença de entrevista ou depoimentos, utilização de imagens de arquivo, rara utilização de atores profissionais (não existe um star system estruturando o campo documentário), intensidade particular da dimensão da tomada. Procedimentos como câmera na mão, imagem tremida, improvisação, utilização de roteiros abertos, ênfase na indeterminação da tomada pertencem ao campo estilístico documentário, embora não exclusivamente[79].

Em sua origem, o gênero documentário dispunha de uma ligação com as artes de vanguarda do início do século XX. Surge objetivando ser um material de instrução, e/ou elucidativo, quase sempre ligado a uma ideologia ou a um projeto de nação[80]. John Grierson, Robert Flaherty, Dziga Vertov são alguns nomes vinculados aos primórdios desse gênero. Em suas produções era evidente a intencionalidade e consumo de seus filmes. O documentário também não pode ser visto em sua formação distante das instituições, que influenciavam diretamente na idealização do filme por meio do contrato com os diretores[81].

---

78 Idem, pp. 24-25.

79 Idem, p. 25.

80 Idem, p. 65-67.

81 Idem, Ibidem.

Ao acabarmos de ver o filme é importante que tenhamos a impressão de termos adquirido um novo conhecimento sobre o assunto. Não com o estatuto de *verdade*, mas imaginando ter o filme o mesmo estatuto de um ensaio histórico[82]. Assim, não podemos considerar que se trate apenas de uma manipulação da *verdade*. Uma tese sobre o passado pode conter argumentos que não concordamos, proposições polêmicas e nem por isso deixa de ser uma tese. Por isso é equivocado atribuir ao documentário uma expectativa de representação da *realidade*:

> podemos constatar que a verdade possui um leque de fatos que congregamos para servir de base à interpretação. Portanto, uma afirmação como "este filme não é um documentário, ele manipula a realidade", ou "este filme não é um documentário, ele é mera propaganda", dificilmente se sustenta em uma argumentação mais elaborada[83].

Enquanto pensava o filme uma das minhas principais preocupações foi: qual a ética que estaria operando? Isto é, como as vozes do conhecimento serão articuladas na lógica do filme[84]. Que seriam a voz do diretor que registra as falas, as ordena e estrutura o conteúdo dentro da linguagem fílmica, e a do entrevistado, que compartilha o seu conhecimento com a equipe. Escolhi desde a primeira cena mostrar a presença da equipe de filmagem, contudo, durante o filme a única voz que desenvolve a narrativa e explica o exílio de Manoel de Andrade, é o próprio ex-exilado.

---

82   Idem, p. 32.

83   Idem, p. 32.

84   Idem, p. 33-39.

Exílio

Manoel decidiu sair em fuga para o exílio devido à violência, a qual ele e sua família poderiam sofrer. O Poeta não chegou a ser deportado, ou algo do gênero. Ao invés disso se fez exilado. Teve que refazer-se no exterior, onde sua poesia, pode a partir da sua condição de exilado, ser propagada. Luís Roniger observa que a prática do exílio é um fenômeno incorporado por todos os países da América Latina, a partir do tripé punitivo: prisão, desterro ou enterro[85]. O autor atenta sobre o uso do exílio como uma prática política de longa duração, transformando-se em ferramenta importante no princípio do século XIX[86].

> Para Roniger o exilado seria alguém que, devido a uma circunstância, tem o seu deslocamento forçado. Esta categoria suporta várias denotações: Transladação, o desterro, o degredo, migração forçada, asilo, refugiados, a relegação, o exílio interior ou "insílio", distanciamento, expulsão, expatriação, deportação, proscrição, enfim o ostracismo em todas as suas formas[87].

O exílio de Manoel também enquadra-se nessa categoria. Mesmo se tratando de um autoexílio, foi uma forma voluntária de escapar da perseguição ou da violência política

---

85 RONIGER, Luis. "Reflexões sobre o Exílio como tema de investigação: avanços teóricos e desafios". In. QUADRAT, Samantha Viz. (org.). *Caminhos Cruzados: história e memória dos exílios latino-americanos no século XX*. Rio de Janeiro: Ed. FGV, 2011, p. 32.

86 Idem, p. 50.

87 Idem, p. 36.

ou civil[88]. O Poeta foi forçado a deixar o país pela iminência de uma prisão. Foi um exílio político. Este tipo de exílio "passa a estar centrado num hiato nas relações entre cidadania e nacionalidade[89]". Segundo Denise Rollemberg, seria "um modo de afastar/excluir/eliminar grupos ou indivíduos que manifestando opiniões contrárias ao status quo lutam para mudá-lo."[90] Eis o fado que acompanhou a poesia de Manoel de Andrade.

Memória

A produção deste trabalho combina diferentes modos de se chegar ao objeto do filme, a memória de Manoel. Este exercício, ao mesmo tempo em que utiliza uma memória (a do próprio poeta), em si, seu produto soma-se a esta memória. Joel Candau diferencia o trabalho de memória em três movimentos: 1) uma memória do passado: que são as recordações, balanços, avaliações; 2) uma memória da ação: absorvida num presente de evanescente; 3) a memória da espera: que é a das coisas que ainda não ocorreram, dos projetos, esperanças[91].

Falamos sobre o passado. Nossa memória remete à década de 70. Essa capacidade inerente à memória é um de seus principais aspectos: ela carrega um sentimento de duração, afetando "grandes categorias psicológicas, tais como o Tempo e o Eu."[92] Como exemplo, frente a determinismos biológicos, como o envelhecimento, o fisiológico muda, mas a memória se mantém.[93]

---

88   Idem, Ibidem.

89   Idem, p. 42.

90   ROLLEMBERG, Denise. *Exílio. Entre raízes e radares*. Rio de Janeiro: Record, 1999. p. 2.

91   CANDAU, Joel. *Memória e Identidade*. Tradução Maria Leticia Ferreira. São Paulo: Contexto, 2014, p. 60.

92   Idem, p. 61.

93   Idem, p. 79.

Pela faculdade da memória, temos a possibilidade de recordar que tivemos um passado, e:

> É o distanciamento do passado o que permite reconstruir para fazer uma mistura complexa de história e ficção, de verdade factual e verdade estética. Essa reconstrução tende à elucidação e à apresentação de si. De fato, o ato de memória que se dá a ver nas narrativas de vida ou nas autobiografias coloca em evidência essa aptidão especificamente humana que consiste em dominar o próprio passado para inventariar não o vivido [...], mas o que fica do vivido[94].

PREÂMBULO

Na faculdade, as disciplinas, discussões e pesquisas foram decisivas para guiar a área de interesse na monografia. Desde o primeiro ano, o passado recente da América Latina foi o primeiro recorte de interesse. Ver a poesia como uma escolha de investigar o passado – através do cinema – operar o conhecimento histórico, foi um exercício desafiador.

A Semana Acadêmica de História da UFPR de 2014 trouxe como tema a discussão acerca da memória do regime militar brasileiro. Um dos motivos da escolha do tema foi a comemoração dos 50 anos do golpe. Foi convidado para fazer uma fala em um dos espaços o poeta Manoel de Andrade. Tive ali o primeiro contato com ele e a sua poesia, tomando conhecimento de sua experiência de exílio. Neste momento da faculdade, eu tinha responsabilidades no movimento estudantil e utilizava da poesia, lendo e escrevendo, para liberar

---

94 Idem, p. 71.

diversas questões e tensões, decorrentes de qualquer forma de engajamento. A identificação com as bandeiras de Manoel e seu espírito poético foi imediata. Foi ali o ponto de partida para perguntar como se daria uma produção monográfica a partir de um testemunho oral? Quais seriam os principais desafios e possibilidades de aprofundamento desta perspectiva por meio de um filme?

Deste modo, o curso de História Memória e Imagem propõe que os graduandos desenvolvam pesquisas e trabalhos práticos. Visando assim a abranger outras áreas da produção acadêmica, que não somente a da produção de textos. A princípio quando entrei na faculdade não tinha o interesse em produzir materiais fílmicos. Foi na oficina de introdução ao documentário ofertada pelo professor Pedro Plaza, onde iniciei o contato e interesse por essa linguagem.

Uma das preocupações que tive ao convidar os integrantes da equipe foi o de incorporar graduandos ou pessoas já formadas pelo curso de História Memória e Imagem da UFPR. Dividimos as mesmas classes, vislumbramos e discutimos novos meios de se produzir o saber histórico. Reunir pessoas dos primeiros anos deste novo curso, iniciado em 2010, foi uma experiência enriquecedora, não só para esta monografia, mas como algo a se dividir para outros projetos. Em primeiro lugar era necessário um contingente mínimo de pessoas interessadas em entrar na equipe, que garantissem a produção do filme. Em segundo, que mesmo sem uma formação em cinema conseguíssemos oferecer um produto de boa qualidade.

UM POETA NO EXÍLIO

No roteiro do exílio, Manoel de Andrade atravessou 16 países através da América. Em sua trajetória, ele se apresentou em recitais, participou de discussões nos meios acadêmicos, fazendo com que sua poesia circulasse em meios intelectuais como também em alguns espaços para trabalhadores como em sindicatos e teatros[95]. Esse caminhar itinerante contou com a ajuda de diversas amizades e grupos de apoio a exilados que encontrou pelo caminho. Em suas relações, havia uma preocupação eminente em discutir a situação política do continente americano, destacando o ambiente de violência da ditadura brasileira[96].

A maioria de seus poemas produzidos nesse percurso exilar, de 1969 à 1972 continham um viés fortemente político. Isto é evidente nas palavras de ordem, problemas sociais e personagens que eles evocam. Ainda no Brasil, o seu primeiro poema político, escrito em 1965, foi "A náusea"[97]. Este poema reflete com ilustre nitidez a sensação de sentir-se incomodado com inúmeras desigualdades sociais, e o engulho, "o viscoso cansaço de hospedar um coração calado" [98].

Seu poema "A náusea" indica uma condição de ostracismo, ou seja, estar impossibilitado de falar em sua terra natal, de exercer e expressar ideias políticas. Assim, o autor é impedido de propor o seu projeto sócio-político. Como aponta Denise Rollemberg:

> O exilado tem um projeto sociopolítico para a
> sociedade. É a derrota deste projeto, ao mesmo

---

95 Em seu relato é forte a lembrança sobre o recital feito nas minas de estanho da Bolívia, em que teria entrado neste ambiente de trabalho para ler seus poemas. ANDRADE, Manoel de. *Nos Rastros... Op. cit.*, p. 463.

96 A própria condição de intelectual exilado dava a Manoel de Andrade um papel predestinado em seus recitais a falar sobre a Ditadura no Brasil.

97 Anexo 1. Entrevista feita na casa de Manoel de Andrade, p. 2.

98 ANDRADE, Manoel. *Poemas para... Op. cit.*, p.37.

tempo individual e coletivo, ou as dificuldades consideradas intransponíveis para a sua implementação, que faz o exilado[99].

Uma vez no exílio, ele tem de se reinventar. O ambiente é outro. Suas relações afetivas terão que ser a inserção política na cultura do novo país. No exterior ele carrega a sua bandeira, porém, conjunto a isto necessita manter-se economicamente, frente à nova realidade imposta. Além disto, o exílio promove mudanças na própria identidade do exilado. Rollemberg utiliza conceitos de Ana Vasquez e Ana Araujo, vindos da antropologia, para explicar este movimento:

> A distância que faz sofrer é a mesma que permite uma pausa para a reflexão e a aprendizagem, de onde surge uma visão mais clara de si e do projeto pelo qual se lutava. Neste processo, como ensina a antropologia, o olhar do outro, como num "jogo de espelhos", leva a uma melhor compreensão de si próprio[100].

Quando Manoel chegou ao Chile, primeiro país em que se instalou, necessitava ter o apoio do grupo de exilados que lá existia. Precisava demonstrar que era uma pessoa de esquerda, ao invés de mais um espião a serviço da ditadura. Para provar sua inclinação à esquerda mostrou uma edição da *Revista Civilização Brasileira* que levara consigo, onde tinha um poema seu publicado: "Canção para os homens sem face"[101].

---

99 Idem, p.25.

100 Idem, p. 14.

101 O poema foi publicado na *Revista Civilização Brasileira* nº21/22. ANDRADE, Manoel de. *Nos Rastros...* Op. cit., p. 64.

Após apresentar os poemas e relacionar alguns nomes de figuras conhecidas foi acolhido pelo grupo[102].

O conceito utilizado por Denise Rollemberg, para entender as gerações de exilados é pertinente para o exílio de Manoel. Para a autora com o golpe em Abril de 64, "toda uma geração de lideranças ativas na cena política no pré-64 passou a ser perseguida" [103]. Em geral eram experientes na vida política brasileira. Estes exilados são relacionados à identificação com o "projeto das reformas de base, ligados a sindicatos e a partidos políticos legais como o PTB, ou ilegais, como o PCB"[104]. Embora esta geração tenha se estabelecido em vários países, Montevidéu foi o grande polo de concentração numa primeira fase.

Vemos que Manoel participa do que seria uma segunda geração de exilados da Ditadura Brasileira. No geral são exilados que começaram a participar da política no pós-golpe e sentiram o peso da repressão com a promulgação do AI-5. As principais cidades de exílio foram Santiago e Paris[105]. A autora observa que havia um distanciamento latente dos exilados da "geração de 68" com os da "geração de 64", que seriam os perseguidos e deportados imediatamente após o golpe.

> A geração de 1968 está identificada com militantes jovens, extremamente críticos às posições e práticas do PCB, muitos originários do

---

102 Idem, p. 99.

103 ROLLEMBERG, Denise. *Exílio*. Entre raízes... Op. cit., p.31.

104 Idem, Ibidem.

105 Idem, Ibidem.

movimento estudantil, de onde saíram para se integrarem à luta armada em organizações que supervalorizavam a ação revolucionária – de massas ou de vanguarda[106].

Contudo Manoel era um jogral[107], seu coração de bardo fazia com que caminhasse de maneira itinerante declamando seus versos. Os poemas do autor escritos na América Latina tiveram a mesma conotação política que circunscreveu o motivo de seu exílio. Seja em "Liberdade" e "Guerrilheiro", em que exalta a luta armada, ou outros como "Canção de amor à América" no qual exprime seu afeto ao continente Americano[108].

Junta-se à sua motivação política o sentimento de aventura. Assim como Kerouac, em Pé na Estrada[109], Manoel incorpora o espírito aventureiro da época. Em ambos os casos os mochileiros são escritores. Partem com poucas provisões, mas um sentimento de busca pelo novo, por inspiração[110].

Como produto desta aventura política, nasceu seu livro *Poemas para a Liberdade*, que teve sete edições na América Latina. Em sua primeira impressão, feita em formato panfletário em Arequipa, teve o nome, Poemas de América Latina[111]. O autor menciona que estes poemas tiveram as suas impressões

---

106 Idem, Ibidem.

107 Acerca de un poeta comprometido y sus poemas. El Tiempo, Quito, 22 de agosto de 1970. In: ANDRADE, Manoel de. *Poemas para...* Op. cit., p. 152.

108 Idem, p. 118.

109 KEROUAC, Jack. *On the road*: o manuscrito original. Porto Alegre: L&PM, 2012.

110 Anexo 2. Entrevista realizada no Café com bolachas, p.1.

111 ANDRADE, Manoel de. *Nos rastros...* Op. cit., p. 404.

mimeografadas por estudantes e deste modo circularam entre diversos países, principalmente carregados por mochileiros[112]. José Borrero, editor da segunda versão de seu livro, que se deu na Colômbia, escreve:

> Ao conhecer Manoel de Andrade, associei seu nome a uns livretos que há três meses me haviam mostrado dois estudantes argentinos de passagem por Cali. Tratava-se de alguns exemplares mimeografados de poemas revolucionários publicados no princípio deste ano (1970) pela Federação Universitária de Cuzco [113].

Em suas viagens, o poeta procurava espaços em que pudesse dar recitais, principalmente para o público universitário. Na Bolívia, país em que passou por várias cidades dando recitais, lançou uma segunda versão de "Saudação a Che Guevara", em memória ao segundo ano da morte de Che. Manoel assinou a autoria do poema como "El Poeta". O anonimato era um modo de não chamar a atenção do governo local, entretanto, sua estratégia não funcionou. Com a publicação do poema em cartaz ilustrado, e sua disseminação, "El Poeta" foi rapidamente reconhecido como o autor do poema, foi preso e obrigado a deixar o país em 72h [114].

Em seu relato, Manoel exprime a apreensão de que fosse preso no exterior por outro governo e deportado para o Brasil, ou que estivesse sendo vigiado por agentes brasileiros espalhados nos outros países. Quando Manoel estava organizando seus documentos para preencher o processo de anistia,

---

112 ANDRADE, Manoel de. *Nos rastros...* Op. cit., p. 406.

113 ANDRADE, Manoel de. *Poemas para...* Op. cit., p. 139.

114 ANDRADE, Manoel de. *Nos rastros...* Op. cit., p. 231.

lendo sua ficha no DOPS, viu que sua preocupação de ser monitorado não era um exagero. Os recitais dados pelo autor no exterior fizeram com que chamasse a atenção de agentes infiltrados. Em sua ficha no DOPS aparece um resumo de suas atividades na América Latina e da viagem de sua família para visitá-lo no exílio.

Na capa da ficha de identificação do DOPS, aparece a profissão de Manoel como marinheiro. Esta foi a desculpa que ele utilizou para conseguir o visto ao sair do Brasil. Ao pedir para o o delegado do DOPS seu visto, apresentou o poema "Um homem no cais", em que fala sobre a sua vontade de ser marinheiro[115]. Disse ser essa uma vontade sua de infância e que iria sair do Brasil para cumprir esse sonho. No verso de sua ficha aparece o resumo de suas atividades políticas.

Frente ficha do DOPS[116]:

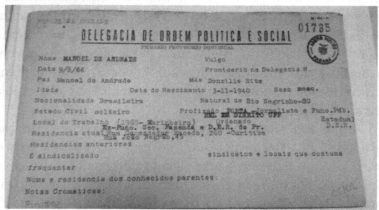

---

115 Idem, p. 62.
116 Fundo DOPS/DEAP, Pasta individual de Manoel de Andrade, n. 2.534, cx. 421.

Verso:

A volta de Manoel para o Brasil trouxe implicações diretas à sua poesia e vida social. Em seu retorno ao país foi novamente procurado pelos agentes do DOPS. Cerceada sua liberdade por medo de algum tipo de repressão, o poeta ficou longe da via literária por décadas. Não somente ficou sem publicar e recitar poemas, mas sem escrevê-los, esquecido de sua "condição como poeta" durante 30 anos.[117] Sua volta para a poesia deu-se somente em 2002.

O processo de (des)exílio[118] é um conceito pensado por Mario Benedetti. Quando de sua volta do exílio, o poeta uruguaio publicou um texto no *El País* de Madrid abordando as dificuldades que um exilado teria ao voltar para sua terra natal. De certo modo, seria voltar para seu passado, ou para traumas do passado. Incorpora o des-exílio, o exercício de

---

117 Anexo 2. Entrevista realizada no Café com bolachas, p. 3.

118 Termo cunhado por Mario Benedetti para trazer o problema da reinserção do exilado à sua comunidade de origem. BENEDETTI, Mario. *"El Desexilio"*. *El País*, Madrid, 18 de abril de 1983.

reatar os laços com os que ficaram e lutaram contra a ditadura. A possibilidade da construção de um projeto para o futuro.

Somente no início da primeira década do ano 2000, Manoel teve seu primeiro livro publicado no Brasil, o *Cantares*[119]. Este livro traz um novo ambiente aos seus versos, distanciado de sua produção na década de 70. Os poemas são preenchidos pela sua memória, a relação com o mar, o sonho de marinheiro e suas bandeiras atuais. O livro é dividido em duas partes, aos que naufragaram, momento em que fala sobre o passado e a parte em que canta para os "Sobreviventes"[120].

Foi somente em 2009 que foi publicada no Brasil sua primeira versão do livro *Poemas para a Liberdade*, feita em edição bilíngue. Primeira ocasião de o público brasileiro conhecer sua produção da década de 70. Em 2014 o autor publicou seu livro *Nos rastros da utopia*, livro que testemunha sua jornada poética na década de 70. Este exercício de memória retoma alguns temas, bandeiras, pensamentos que ele partilhava na época. Assim como nos mostra os escritores e poetas que o influenciaram em sua percepção sobre a América Latina. A obra, ao longo de 912 páginas, aponta um conjunto substancial de pensamentos contemporâneos ao exílio de Manoel, que mesmo em um primeiro momento sendo particulares ao autor, poderiam também ser partilhados por outros jovens.

A projeção do relato de um poeta nos anos da ditadura é uma escolha da voz que queremos ouvir. Se sua posição como intelectual nos dá ferramentas para interpretar o período histórico, são ainda mais seus sentimentos, as poesias – motor e pano de fundo do filme – que representam sua relação com as ditaduras da década de 70 e o exílio.

---

119 ANDRADE, Manoel. *Cantares*. Op. cit.

120 Idem.

POESIAS E GUERRILHAS

A História tem como objeto de investigação o passado. Via de regra os dados importantes do passado derivam de acontecimentos – fatos comprovados – sejam eles de grande ou pequena proporção para uma determinada comunidade. Os relatos oficiais são os mais preservados. A própria lógica desta preservação presume um encadeamento de fatos destinando ao esquecimento projetos que foram vencidos, ora no plano da ação, ou da formulação. Não suponho ser a escrita da história um campo homogêneo. Todavia em nosso caso, visualizamos um modo não dominante da construção do saber historiográfico: um filme documentário, baseado no testemunho direto e poesia do sujeito investigado.

O relato de Manoel, sua poesia e motivação política testemunham um anseio que não ocorreu: o florescer de uma revolução popular latino-americana. Os versos de seu livro *Poemas para a Liberdade* trazem com forte ênfase este sonho. Foram escritos como posicionamento frente ao contexto histórico. No exterior tiveram uma boa recepção, contudo, as mudanças almejadas não foram conquistadas, vide as diversas ditaduras que se mantiveram no decorrer da década de 70 e 80.

Um dos primeiros lugares em que o poeta conseguiu residir e conseguir apoio foi no Chile. País que experimentava os ares de um novo socialismo por vias democráticas. Assim como Cuba, era exemplo de uma guinada à esquerda no continente. No entanto o golpe ocorrido em 1973 é emblemático para sua geração. Muitos intelectuais de esquerda viram ali uma grande derrota, não só do governo democrático de Allende, mas também de toda a democracia popular na América Latina. O socialismo conquistado por via eleitoral perdia para a intervenção direta norte-americana.

Músicas, romances, poemas, peças teatrais, entre outras criações são combustíveis para motivar a ação. Falamos de inspiração. Estado de ânimo. A contemplação de uma obra de arte, que tem o efeito de incidir e transformar a percepção da realidade. O artista conquista seu público ao ganhar sua confiança, faz com que este se torne cúmplice de sua arte, é estabelecida uma empatia. A arte é reconhecida em seu receptáculo: o artista, que em nosso caso é o artista do povo, o jogral. Seus desejos e sonhos são divididos e reacendem em outros corações.

Conjuntamente a empatia do público ocorre à contrapartida do artista. O poeta recebe os anseios de quem o escuta, e torna-se testemunha das aspirações de uma coletividade com grau de coesão mutável. O seu canto se faz ouvir por ser sensível às tensões e pretensões nas quais está imerso. Manoel evidencia esta relação entre público e autor ao tratar da poesia engajada. O poeta diferencia o que seria uma poesia engajada de uma poesia de consumo. Para ele a poesia tem o papel de falar sobre a realidade e a vida do povo, ao invés da poesia de consumo, que recôndita mantém-se alheia aos problemas sociais [121].

É incerto estabelecermos a exata troca de influências que a poesia incide em um dado contexto histórico. No entanto, seria de todo equivocado negar sua importância como meio de expressão, que influi em guinadas de consciência. Voltando à ideia de um estado de ânimo, as expressões humanas, cobertas de emoções são reatualizadas[122], isto é: revivem

---

121 " Yo vengo em nombre del hombre y su agonía". La Prensa Libre, San José, Costa Rica, 14 de dezembro de 1970. In: ANDRADE, Manoel de. *Poemas para...* Op. cit., p. 182.

122 DID-HUBERMAN, Georges. *Que emoção! Que emoção?*. Tradução Cecília Ciscato. São Paulo: Ed. 34, 2016. p. 32.

dentro das gerações mais novas que não dividiram a mesma experiência que os autores. Ter consciência da necessidade de mudanças é em si motivação suficiente para continuar cantando no intuito de traduzir em versos, a expressão dos corações inconformados. O poeta voltado a atuar na sociedade sente-se deste modo mais útil do que se imerso em singulares enigmas metafísicos. A literatura abre voos de interpretação que abarcam tanto os sonhos, quanto as lutas[123]. Quais eram as emoções que faziam com que os jovens da década de 70 apostassem com suas próprias vidas o preço de seus sonhos?

No decorrer desta pesquisa, vimos Manoel como o único poeta brasileiro que viajou o continente Americano declamando poemas políticos na década de 70. Sua viagem que poderia se tornar um fracasso pelo contexto político, foi um dos momentos mais gloriosos de sua produção poética, em sua memória[124]. Um antecedente histórico de Manoel de Andrade, pelo trajeto similar que fez no começo do século XX, foi Manuel Ugarte[125].

---

123 Manoel evoca em suas memórias a importância da poesia revolucionária de nomes como Javier Heraud, Otto René Castillo, Ariel Santibañez. In. ANDRADE, Manoel de. *Nos Rastros...* Op. cit., p. 354.

124 Anexo 2. Entrevista no Café com Bolachas, p.3.

125 Sobre Manuel Ugarte: intelectual argentino (1875-1951), engajado no Partido Socialista e autoexilado em Paris na passagem do século XIX para o século XX. Em inícios da década de 1910 passa a viajar por toda a América Latina participando de debates, congressos, reuniões, entrevistas nos quais o núcleo de sua reflexão é o imperialismo e a denúncia ao que designa de "sistema planetário de Washington". O resultado dessas errâncias nômades pela América Latina é o texto "El destino de un continente", síntese política e cultural das vicissitudes da região no que se rerefe à dominação e predominância de uma anglofilia nas sociedades latino-americanas. Ugarte passa por México, Cuba, Rep. Dominicana, Honduras, El Salvador, Nicarágua, Venezuela, Colômbia, Equador, Chile, Bolívia, Argentina, Brasil. Seu relato sobre as andanças é também um projeto político que visa conferir unidade à política e à cultura

Seu caminhar viandante foi também o da busca por conhecer a história e a cultura das regiões por onde passava. Seu espírito aventureiro o impulsionou, no exterior, a ir ao encontro das forças guerrilheiras de Inti Peredo, guerrilheiro sucessor de Che Guevara. Contudo, antes de chegar a integrar à organização, Inti foi assassinado[126].

Na década de 70 a América Latina passava pelo que o historiador Eric Hobbsbawm coloca como um dos aspectos inerentes aos países de Terceiro Mundo: "Formava uma zona mundial de revolução – recém-realizada, iminente ou possível" [127]. Eram muitas as características partilhadas pelos países latino-americanos. O domínio das elites locais, as condições de trabalho no campo análogas à escravidão, o controle imposto pela interferência norte-americana. O motriz revolucionário foi uma esperança que motivou vários jovens descontentes com a política e as injustiças econômicas. Muitos grupos defendiam que era necessário pegar em armas, com a descrença numa alternativa pacífica de justiça. A poesia era para Manoel sua saída, sua trincheira revolucionária.

Os poemas revolucionários são objetos não identificados. Estão fora do lirismo esperado. É pregar que vale a pena morrer por uma causa. Se você defende uma causa, então a segura com o peso de sua vida. Não estará atrasado experienciando esta existência. Um guerrilheiro armado com poesias é também um agente de mudanças que se entrega tanto quanto um soldado em campo de batalha. Como se o poeta afirmasse – agora

---

latino-americana (línguas, raça, religião etc...), diante do avanço da influência da cultura norte-americana, da exploração econômica e da violência de caráter militarizado. (Nota do orientador)

126 ANDRADE, Manoel de. *Nos Rastros...* Op. cit., p. 199.

127 Para mais, HOBBSBAWM, Eric. *Era dos extremos*: o breve século XX, 1914-1991. São Paulo: Companhia das Letras, p.421.

escrevo e não temo o que possa acontecer, porque negar a arma ao empunhá-la é no exato momento apontá-la para a minha posição – ao invés do campo de batalha. Às vezes o poeta está sozinho com seu caderno coberto de versos e recordações. Mas quando Manoel demonstra ter consciência do que está ocorrendo, vê-se no espelho de uma multidão de pessoas que passam necessidades. A história se renova para o autor. Cria uma ponte com as pessoas que foram vencidas e sua história[128].

Por isso os autores engajados com o ideário de uma sociedade diferente tornaram-se atemporais ao cantar seu tempo. A compreensão das mudanças em longo prazo faz com que o âmbito revolucionário seja mais do que uma bandeira empunhada a qualquer custo, é um estado de consciência.

O DOCUMENTÁRIO

Tivemos como equipe: Maria Elisa (GRR2011) no roteiro, idealização e direção de produção; Mariana Maximiano (GRR2013) como operação de câmera e direção de fotografia; Lucas Ferreira (GRR2011) assistente de fotografia e operação câmera; Celso Landolfi (GRR2013) com a captação de som direto; Pedro Plaza (professor do departamento de história) na produção executiva; Luciane Carvalho (GRR2009) na edição e pós-produção; Jimmy Leão (funcionário público do setor de ciências humanas) com fotografia e auxiliar de produção; Vinícius Rodrigues (GRR2012) na direção geral.

O filme passou por diversas transformações, tanto no uso da linguagem cinematográfica quanto na abordagem conceitual. O trabalho de direção é idealizar, moldar e acompanhar o

---

128 Poema Liberdade. In: ANDRADE, Manoel de. *Poemas para...* Op. cit., p. 110.

crescimento do filme junto à equipe, garantindo de modo mais amplo o seu funcionamento e sua temática. Em nosso projeto, a escolha da duração do filme em curta metragem[129], se deu: em virtude das capacidades produtivas da equipe, a conjectura de uma janela boa para possíveis festivais de curta universitário e ou programas, possibilitar seu uso didático – por ser um filme curto é possível exibi-lo em sua totalidade numa aula – e facilidade de divulgação na internet. Esta escolha, no entanto, fez com que vários trechos da entrevista fossem retirados do filme.

Durante todo o processo houve um aperfeiçoamento mútuo entre o filme e o diretor. Por ser o primeiro trabalho desta natureza ao qual me dedico, o aprendizado sempre parecia ser em dobro, assim como as dificuldades. Há também a preocupação em proporcionar um produto digno do esforço da equipe e hospitalidade do entrevistado.

Ao começar o planejamento do documentário, pensei nas diversas imagens de arquivo sobre eventos históricos que poderiam integrar o vídeo. Dos ambientes que seus poemas incitam, da atmosfera de luta e denúncia. Seriam, em geral, imagens da América Latina e da juventude na década de 70.

Dentro das várias possibilidades elencadas, uma das propostas era relacionar depoimentos de diferentes pessoas sobre o período da ditadura, falando sobre suas próprias experiências. Este esquema de expor a memória do poeta iria relacionar o seu relato do exílio com outros contemporâneos que ficaram no Brasil. Nomes relacionados de Curitiba. Apesar de ser essa uma abordagem instigante, ao ler o seu livro *Nos*

---

129 No Brasil o tempo máximo que o filme deve ter, para ser considerado um curta, são 30 min. Disponível em: <https://ancine.gov.br/perguntas-frequentes>. Acesso em outubro de 2016.

rastros da utopia, e tomar conhecimento de seu longo período de silêncio após voltar do exílio, vi que tratar singularmente das memórias de Manoel seria um trabalho por si complexo. Enquadrar-se-ia num caráter monográfico ao mesmo tempo em que constituía um desafio.

No início da pesquisa, estabeleci contato direto com Manoel. Conversei com ele sobre o interesse em fazer um documentário sobre sua experiência no exílio e felizmente o autor se interessou pela realização do filme. Após conversarmos sobre as diversas ditaduras dos países da América Latina, comecei a refletir, como representar tamanha amplitude de eventos num formato de filme com um tempo restrito?

Durante o processo de produção é necessária uma constante reflexão, de quais são os caminhos para que o filme está apontando. Um dos problemas foi estabelecer uma ética para se abordar a fala de Manoel. Decidi optar em utilizar somente a narração do próprio poeta. É o próprio sujeito que conta e explica o seu passado.

O momento da pré-produção concentra os esforços em garantir com que as filmagens deem certo. Decisões como, os dias da gravação, a sequência em que iremos gravar as tomadas, a escolha do material de filmagem, captação de som e em quais lugares.

O gênero documentário não possibilita algumas previsões que a ficção proporciona, como exemplo, saber o que será dito em cada cena. Este aspecto inerente ao documentário é o de trabalhar com uma probabilidade de fala. Ao entrevistar Manoel me dispus a controlar algo que não podia ser completamente determinado. O assunto em geral não iria mudar, contudo Manoel poderia na hora em que a câmera estivesse ligada escolher o que iria dizer ou esquecer-se de algo.

ETAPAS DE PRODUÇÃO

Idealização e Roteiro

O roteiro foi o que traduziu a pesquisa historiográfica para o formato fílmico. Nosso trabalho foi o de elencar todos os objetos, imagens, lugares e ações que estariam no documentário. Idealizar as cenas, articulando o conhecimento histórico com a linguagem poética. As entrevistas e as asserções sobre o período tiveram como fio de ligação o diálogo entre a memória e a poesia.

Evocamos como o posicionamento político pode trazer problemas. As ideias que foram trabalhadas para o roteiro eram fazer com que o filme fosse produzido a partir de uma abordagem experimental e lírica.

Tivemos uma primeira versão do roteiro, porém não houve uma versão definitiva. A própria lógica da produção do documentário e sua narrativa abriram a possibilidade na montagem, de se criar diferentes estruturas do filme. Todavia, o roteiro foi importante para decidir os temas que seriam abordados, e sugerir caminhos para a montagem final.

Decupagem e Composição

Dentro da decupagem fizemos a descrição detalhada de cada cena. Isto ajuda a instruir a equipe sobre como serão feitas as filmagens na prática. Com esta descrição temos uma consciência melhor de qual o formato que o filme está tomando. Como uma segunda etapa, após o roteiro feito, as cenas tomam um modo mais "palpável". Fizemos um mapeamento do ambiente das filmagens, descrevendo seus ângulos.

Para as tomadas gravadas nos espaços externos fizemos a prévia composição das cenas, pensando nos tons das cores que seriam gravados. O peso dos objetos no plano de fundo das imagens. Os espaços preenchidos e vazios. Era necessário então imaginar o quadro, ver o equilíbrio dentro da composição e a relação lógica entre os elementos utilizados no corpo do filme.

Filmagem

As filmagens foram realizadas em três dias. No momento de filmagem é necessária a atenção às questões de ordem técnica, a fim de garantir que não se perca nada durante o trabalho, nenhum trecho da gravação.

Na semana que antecedeu ao primeiro dia de filmagem combinei com Manoel de ir à sua casa para fotografar alguns documentos, conversar sobre a produção do documentário, e aproveitar o momento para gravar um áudio com ele declamando alguns de seus poemas. Por sugestão do professor Pedro Plaza, optamos em aproveitar este encontro para fazer a primeira rodada de filmagens. Seria uma boa oportunidade de ter materiais extras para um segundo momento de montagem e edição. Conversei com Manoel sobre a disponibilidade de entrar com uma equipe filmando em sua casa, o que ele aceitou. Assim sendo, as filmagens que fizemos em sua casa foram todas gravadas de maneira livre, no "calor da hora".

Este dia que a princípio não contava no roteiro compõe a primeira parte do filme. Aproveitei esta oportunidade para perguntar-lhe sobre questões relativas às lutas do movimento estudantil em Curitiba. Conversamos sobre os primeiros anos da ditadura e o despertar do seu interesse pela política. O poeta falou sobre a promulgação do AI-5, seu poema "Saudação a Che Guevara", e sobre a tensão vivida antes de sua viagem ao exílio. Lá fizemos tomadas bem longas, visando registrar vários trechos que poderiam ser utilizados, ao invés de gravar somente o momento da conversa. Como combinado, ele leu dois poemas para o filme.

Fizemos as tomadas da equipe entrando na casa até a sala em que iríamos conversar. A entrevista em si foi gravada de maneira direta, sendo feita uma pausa, no momento em que o poeta quis mostrar as edições latino-americanas de seu livro *Poemas para a Liberdade*. No pátio de sua casa, numa mesa, expusemos algumas publicações de seus livros, jornais da época e outros papéis. Registramos então o poeta explicando as fontes.

Isto mudou em muito a primeira estrutura do filme, que não contava com essas cenas. Mesmo com o planejamento, algumas oportunidades e exigências atinentes à produção de um documentário trazem mudanças no próprio modo de observar o objeto e possibilidades de apresentá-lo.

A segunda rodada de filmagens foi feita em dois dias consecutivos, numa sexta e num sábado. Na sexta-feira foram feitas as gravações externas que são as tomadas no MON – Museu Oscar Niemeyer –, na Rua Cândido Lopes em frente à Biblioteca Pública e na Rua XV de Novembro, próximo ao relógio da praça Osório.

Sábado foi o dia em que fizemos a entrevista no Café com Bolachas. Para este dia, mandei previamente para o poeta as perguntas que faria, para que ele pudesse pensar nas respostas. As questões desse segundo dia foram divididas em cinco eixos.

1. Sobre a sua viagem no autoexílio. Qual era a motivação do autor em viajar por diversos países e não ficar em nenhum? Como era tratado um

exilado político e suas táticas para conseguir fazer essas viagens?

2. Interculturalidade: quais foram as transformações que o contato com diferentes culturas lhe proporcionaram? Como foi voltar para a realidade brasileira, sob forte repressão política e censura ideológica, após o êxito literário no exterior?
3. Como era estar longe da família, num exílio praticamente solitário?
4. Como era a sensação e recepção nos espaços que se abriam para sua poesia no exterior?
5. Como hoje o poeta vê as lutas da juventude?

Ainda no final da entrevista fiz mais uma pergunta que não estava no script. Se o poeta teria uma nova Utopia, e qual seria.

Edição e pós-produção

Deste modo, os blocos do filme foram pensados a fim de articular as entrevistas com as percepções de continuidade: o perigo, exílio e aventura poética, retorno recôndito ao Brasil, liberdade de expressão atual. Este foi um dos momentos de maior trabalho, inclusive nos aspectos técnicos. Foram diversas semanas indo ao laboratório do curso de *História Memória e Imagem* para conseguirmos chegar à uma versão conclusiva.

Este *documentário* tinha a previsão de ser entregue no final do ano de 2016. Devido ao intenso trabalho que esta parte do filme exigiu e de atrasos no cronograma, devido a movimentações políticas deste ano, tivemos que adiar sua conclusão para o primeiro semestre de 2017.

PRIMEIRA SUGESTÃO DE ESTRUTURA

Esta parte da estruturação do filme, podemos dizer que foi a mais ousada em relação à produção. Era o momento de colocarmos várias ideias no papel, mesmo que algumas não fossem as mais fáceis ou práticas de realizar. A sequência do filme se daria em quatro momentos:

1. Início do filme na praia;
2. Entrevistas, tomadas do poeta caminhando no ambiente urbano;
3. Imagens do poeta no mar;
4. Recital no anfiteatro da UFPR.

1. Um dos temas muito presentes na poesia de Manoel é o mar. Dentro do filme, o mar teria uma ponte direta com sua infância e sonhos. O poeta viveu sua infância no litoral de Santa Catarina, na cidade de Piçarras. Seus olhos seguiam a faina dos pescadores que partiam e voltavam do mar e sonhava um dia ser marinheiro[130]. Sendo assim, o filme começaria na praia. Gravaríamos algumas pegadas na areia ao som de um poema sendo declamado, *O sonho do Semeador*[131]. O poeta seria gravado caminhando na praia ao nascer do sol. Este início faria algumas referências à sua infância. O caminhar (as pegadas) remetendo à sua produção poética, e o desabrochar desta ante a aurora no horizonte. Uma mágica relação à liberdade do poeta no exílio.

2. Aqui o filme seria preenchido pelas entrevistas com o poeta. Traríamos o presente, mostrando a cidade e os

---

130 ANDRADE, Manoel de. *Nos Rastros...* Op. cit., p. 62.

131 ANDRADE, Manoel de. *Poemas para...* Op. cit., p. 70.

ambientes urbanos onde Manoel reside: cenas do poeta caminhando pelas ruas, imagens de prédios, praças, trânsito... Dentro disto, a equipe faria algumas interferências no espaço público, para representar a presença da poesia nas ruas, como algumas intervenções nos muros. Isto incluiria colarmos cartazes com alguns trechos de seus poemas, ou imagens que dialogassem com o tema do filme. Nas partes da entrevista, optamos em utilizar o interior de uma Cafeteria por ser um ambiente informal que sugerisse um tom de conversa. Trata-se em certa medida de um ambiente não controlado. Mesmo havendo uma solicitação prévia para o uso do espaço, o café estava em funcionamento. Isto incluía a presença de outras pessoas utilizando o lugar, comendo, conversando.

3. Neste momento do filme em que o público já conheceria a sua história e sua poesia, seria declamado o poema "Por que cantamos", enquanto o poeta está dentro de um barco de pesca navegando. A câmera filmaria o olhar do poeta fixado, agora não mais para os barcos, porém para o horizonte.

4. A primeira estrutura incluiria algumas tomadas feitas no anfiteatro da Universidade. Este trecho do filme seria tanto para reencenar os recitais produzidos na década de 70, como para trazer o ambiente do primeiro contato do diretor com o poeta, que se deu num anfiteatro do Edifício D. Pedro I.

As filmagens seriam divididas em Curitiba (locais urbanos) e na Reserva Ambiental de Superagui (praia). Curitiba foi escolhida por ser a cidade em que reside o poeta. A escolha de Superagui como uma opção, veio devido à pouca presença de turistas na ilha e proximidade firmada com alguns moradores locais, que facilitariam a recepção da equipe e funcionamento das filmagens.

ESTRUTURA DEFINITIVA

O formato final no qual o filme ficou estruturado foi muito diferente do planejado. A abordagem tomou um caráter mais conceitual, no sentido de abordar problemas que possibilitassem certo grau de aprofundamento histórico e de memória.

1. Apreensão, medo da violência do regime;
2. Exílio, êxito literário;
3. Volta para o Brasil, des-exílio;
4. Memória.

1. No início do filme temos as primeiras cenas que falam sobre o clima de repressão em Curitiba após o AI-5. Manoel declama seu poema "A véspera" no começo do filme. Este foi o poema escrito na noite anterior à sua fuga ao autoexílio. Como enunciado, o tema central aqui é o medo, o sentimento de estar sendo perseguido. A iminência da tortura. As entrevistas desta parte se dão na casa do poeta.

2. Na continuação tratamos do exílio em si. De como foi sair do Brasil com um intuito revolucionário e conhecer outras realidades. Manoel discorre sobre as versões de seu livro no exterior, dos recitais, sobre a juventude da época. Destaca-se a memória do poeta. Sua vontade de cantar os problemas populares, a vida simples. Metade deste bloco é em sua casa e a outra no Café com Bolachas.

3. Num terceiro momento do filme, temos a volta de Manoel para o Brasil. Ele fala sobre a conjuntura política de seu retorno. Voltando para o Brasil em 1972, no governo Médici,

obrigou-se a ficar numa condição clandestina, sem poder trabalhar como advogado ou buscar um espaço editorial para suas poesias. Depois que discorre sobre esse momento de silêncio pelo qual passou, cita os livros que publicou no Brasil a partir do ano 2000. Declama, em seguida, o poema "Soneto do reencontro", que é o único poema colocado integralmente no filme. Este poema reflete o reencontro do poeta com a poesia.

5. O final do filme aborda questões do presente do poeta. O autor fala sobre as coisas que mudaram em sua personalidade, seu jeito de ver o mundo. Essa parte termina com o caminhar do poeta pelas ruas de Curitiba. Ele caminha pela Rua XV de Novembro, a câmera busca o relógio em monumento, na Praça Osório. Corte. Volta à imagem do poeta, desta vez indo embora, misturando-se com as pessoas que atravessam frente à câmera.

NOS RASTROS DA MEMÓRIA

Nos últimos anos foram feitas diversas produções acadêmicas sobre o período do Regime Militar Brasileiro[132]. Governo, partidos, movimentos sociais e ONGs estruturaram diversos projetos destinados a discutir as memórias da ditadura[133] e o acesso aos documentos da época. Estas movimentações,

---

132 PINHEIRO, Milton (org.). *Ditadura*: o que resta da transição. São Paulo: Boitempo, 2014. CONRADI, Carla Cristina Nacke. *"Memórias do sótão"*: vozes de mulheres na militância política contra a ditadura no Paraná (1964-1985), 2015.

133 ARQUIVO NACIONAL; MINISTÉRIO DA JUSTIÇA E CIDADANIA. Projeto Memórias Reveladas. Disponível em: <http://www.memoriasreveladas. gov.br/>. BRASIL. Comissão nacional da verdade. 2012-2014. Disponível em: <http:cnv.gov.br/>. OLIVEIRA, Antônio Narciso Pires de. *Depoimentos para a história*: a resistência à ditadura militar no Paraná. Curitiba: DHPaz, 2014.

que discutem o passado e, sobretudo o estabelecimento de uma memória, são para nós historiadores instantes de extrema importância. Com a discussão nas esferas civis, vê-se a pertinência de produzir pesquisas sobre o período ou com esta temática. A instauração da Comissão da Verdade em âmbito nacional foi nesta medida um bom parâmetro para termos uma noção prévia da quantidade de materiais não abordados. Neste exemplo, a política influencia diretamente na escrita da História. Pessoas que estão vivas e órgãos do Estado são acusados.

Contudo, a memória oficial em nosso país apaga as piores lembranças. As pessoas que sofreram o impacto direto da censura, da violência de Estado e ausência da justiça são reconhecidas em espaços da esquerda, porém essas mazelas são um tabu para um grande público. Em certa medida há um distanciamento entre as pessoas atingidas pelos crimes da Ditadura e a "memória coletiva", onde grande parte da população está imersa.

Joel Candau ao estudar a memória, vê que esta ocupa um papel fundamental na construção de identidades[134]. No caso das retóricas holísticas, que são as evocadas "memórias coletivas", o autor coloca como é impertinente imaginar que exista de fato uma memória experimentada por um grande coletivo, que tenha o mesmo valor para todos, com os mesmos significados e interpretações. Ao que se refere o autor serem este tipo de memórias a criação de uma identidade para um grupo. Isto é, uma parcela, em posição de dominação, reclamando na sua retórica a memória de todo o coletivo. Com isto, esta memória não se dá pela simples recordação do passado, mas pela construção da identidade local. Para Candau

---

134 CANDAU, Joel. *Memória e identidade*. Tradução Maria Leticia Ferreira. São Paulo: Contexto, 2014, p. 18.

seriam memórias fortes aquelas que dão coerência e ajudam a consolidar uma identidade, e memórias fracas, aquelas que influenciam para um desmantelamento, fragmentação, de uma identidade[135].

Pequenos grupos em relação à totalidade da população brasileira carregam os traumas e o fardo de suas perdas. São estes 21 anos de ditadura uma disputa intensa de memória entre aqueles que se levantaram contra o regime e aqueles que o defenderam ou foram coniventes. Os abusos da violência não foram esquecidos pelos que sofreram. No mesmo compasso, existe uma concepção que acredita que não houve crimes, quando muito, justificam o uso da repressão como meio de estancar um levante comunista.

Além disso, para a maior parte da população, falar de um estado de exceção punitivo, infelizmente soa como uma constatação do comum. Os genocídios no campo quanto nos aglomerados urbanos ainda são corriqueiros, talvez como um dos mais antigos elementos presentes nas relações sociais no Brasil[136]. No regime militar brasileiro, intelectuais como Manoel de Andrade sofreram os efeitos da violência de Estado e ausência de democracia. Agindo para garantir o efetivo poder das elites locais, os agentes da repressão paulatinamente ganharam carta branca para fazer valer a lei, culminando no AI-5 a legitimação do Estado em julgar e executar acusados de subversão. No acirramento ideológico, simples reivindicações progressistas poderiam fazer com que manifestantes fossem considerados terroristas, com pena equivalente a seu grau de periculosidade.

---

135 Idem, p. 44.

136 NASCIMENTO, Abdias do. *O genocídio do negro brasileiro*: processo de um racismo mascarado. Rio de Janeiro: Paz e Terra, 1978.

A democracia, à qual somos muito gratos, é imprecisa e inconstante, enquanto a violência é considerada sempre uma ferramenta possível. A Lei da Anistia brasileira foi incompleta, inadimplente, continuou a dar carta branca aos crimes cometidos pela própria ditadura. Pelo processo de redemocratização experimentado no Brasil, os militares envolvidos em crime de lesa-humanidade foram abonados[137]. No caso brasileiro, a memória sobre a ditadura soma-se com a ausência dos torturadores nos tribunais. Diferente do que ocorreu no caso da ditadura argentina, em que vários algozes foram julgados e condenados à prisão. A Anistia brasileira foi orquestrada pelo governo militar e sustentada por seu partido, a ARENA, enquanto a oposição foi impedida de participar deste processo[138]. Indesejável então (para alguns setores da sociedade) é retomar as memórias sobre um momento tão lúgubre. Enquanto isto, grande parte população, incluindo uma elite política, omite esse passado.

MEMÓRIA AUTOBIOGRÁFICA

A memória autobiográfica é um tipo de produção que mistura afetos, interpretações e experiências únicas pela qual o narrador passou. Trabalhar com uma memória oral é um problema historiográfico pouco abordado. A memória estabelece um papel de reconciliação com o passado. Mais do que isso, é a memória que possibilita a existência de uma identidade, o reconhecimento do Eu[139].

---

137 GRECO, Heloísa Amélia. *Dimensões funcionais da luta pela Anistia*. Belo Horizonte: Tese: Departamento de História da FAFICH/UFMG, 2003.

138 GRECO, Heloísa, Amélia. *Dimensões funcionais...* Op. cit., p. 271.

139 CANDAU, Joel. *Memória e Identidade...* Op. cit., p.18.

Quando Manoel de Andrade escreveu suas memórias, em *Nos rastros da utopia,* ele estava em um momento diferente de sua vida. A razão temporal deve ser levada em conta na interpretação deste texto. Quando o livro foi lançado, em 2014, tinham-se passados mais de 40 anos desde que saíra em seu autoexílio. O poeta tinha, diante de si, uma nova paisagem social e ideológica. Dentre as transformações externas políticas, passaram-se os anos de chumbo, ocorreram as lutas pela anistia, a esperança da esquerda com a ascensão do Partido dos Trabalhadores e sua chegada ao poder.

O livro resgata a utopia que o poeta sonhou em sua juventude. É evidente ao analisarmos a volta de Manoel para o Brasil, de que a política no regime militar traçou barreiras intransponíveis em sua carreira, fazendo com que não pudesse continuar como poeta e jornalista ou exercer a advocacia. O caminho que teve de trilhar em silêncio durou décadas. Seu relato testemunhal, escrito após o lançamento de seus livros de poesia no Brasil, exprime essa busca, por uma reconciliação com uma identidade totalmente silenciada na década de 70. Seus versos e sua voz, como intelectual, somente puderam ser ouvidos nos países hipano-americanos.

Por uma história pública

Uma das preocupações em todo momento, desde o planejamento até a pós-produção foi fazer com que o produto final se tornasse acessível para um grande público. O consumo e utilização de vídeos documentários podem-se dar de diversas formas: como material didático em aulas, grupos de discussão, fruição individual. A partir da alta difusão de materiais pela internet, abriu-se uma grande janela de comunicação em nível global. Assim, nossa intenção foi manter o documentário num modo que melhor demonstrasse os problemas de investigação, sem por isso, deixar de despertar o interesse do público não acadêmico.

Um grande revés na produção historiográfica é tratar questões que não suscitam o interesse de um grande público, como é falar sobre a Ditadura. É difícil referir-se ao período sem incidirmos em esquemas carregados de preconceitos. Tais como Caroline Lemes observa em sua dissertação que aborda o cinema sobre o período da ditadura[140]. A autora vê o uso recorrente da imagem do jovem revolucionário, guerrilheiro, conjuntamente a um viés de imaturidade, falta de teoria política e irresponsabilidade.

Há uma linha da história que há alguns anos tem voltado suas produções para o que seria uma História Pública[141]. Sabemos que existe um consumo massivo da História: revistas especializadas, filmes, hinos, canções. Contudo, muitas vezes os responsáveis por estas produções não são da área, sendo utilizada a divulgação do conhecimento do passado como um shopping de curiosidades e ou divertimento.

Como nos diz Sara Albieri no mesmo compêndio[142], é necessário que os membros da Academia reconheçam estes espaços de publicação, ao invés de restringirem-se somente à participação em artigos científicos ou revistas especializadas. Isto se justifica tanto na intenção de aproximar e tornar público

---

140 LEME, Caroline Gomes. *Ditadura em imagem e som: trinta anos de produções cinematográficas sobre o regime militar brasileiro.* São Paulo: Ed. Unesp, 2013, p. 119.

141 LIDDINGTON, Jill. *O que é História Pública o público e seus passados.* In: ALMEIDA, Juniele Rabêlo de; ROVAI, Marta Gouveia de Oliveira (org.). *Introdução à História Pública.* São Paulo: Letra e voz, 2011, p. 31.

142 Idem, p.25.

o que está sendo produzido na Academia, quanto de tornar as produções ditas públicas com maior grau de aprofundamento crítico e teórico.

Nos últimos anos, têm sido produzidos vários materiais de memória e história, sobre a ditadura brasileira, que estão a tornar público este passado. Uma das pesquisas que num primeiro momento obteve um grande desdobramento foi o projeto Brasil Nunca Mais [143,] publicitando as adversidades e ilegalidades da ditadura. Tratamos de um passado em disputa. Essa disputa é de tal modo intensa, quanto as suas influências no tempo presente. Para este embate, o manifesto trabalho trouxe as recordações de um revolucionário armado com poemas.

CONSIDERAÇÕES FINAIS

Contudo, diferente do que vemos em outros depoimentos sobre o exílio, em que a experiência foi vivida como um momento muito penoso, para Manoel, esta memória ocupa um espaço de muito carinho em suas recordações. Conversando com o autor, ele nos diz que foram os anos fora do Brasil, os seus momentos mais gloriosos como poeta. No exterior, ele pode soltar o seu grito de protesto, e fazer o que aqui seria impossível frente à censura e à perseguição política. Foi principalmente no Peru, na Bolívia e na Colômbia que o poeta pode encher os teatros universitários com milhares de jovens interessados em ouvir o seu canto libertário de bardo errante. [144]

---

143 ARNS, Paulo Evaristo (org.). *Brasil, nunca mais*. Petrópolis: Vozes, 1985.

144 ANDRADE, Manoel de. *Nos Rastros...* Op. cit., p. 433.

A poesia de Manoel, assim como o próprio autor, passou por diversas mudanças no intervalo da publicação de seus livros, primeira versão de *Poemas para a Liberdade* (1969), e *Cantares* (2007). Hoje, o poeta não vê a luta armada como uma via eficaz de mudança. O trecho final do documentário traz, marcadamente, mudanças da concepção de mundo do poeta[145].

Para querer trabalhar o exílio de Manoel de Andrade não quis reduzir suas adversidades a problemas amplos relacionados à conjuntura histórica. Centrei o interesse de pesquisa à experiência singular de exílio pela qual passou o poeta e o problema de sua volta para a realidade brasileira em 1972, o que podemos chamar, utilizando Mario Benedetti, do processo de "des-exílio".[146]

O processo de (des)exílio de Manoel possui um tom emblemático. Seu tempo de exílio foi de 1969 a 1972. Voltando ao Brasil em 1972, o poeta diz ter se esquecido de sua condição como poeta. Ele não deixou somente de publicar, relata que ficou por décadas sem escrever ao menos um poema. Somente em 2002 recuperou a veia poética. Poderíamos dizer então, que estes 30 anos fazem parte do seu processo de retorno do exílio. Todavia, a análise historiográfica seria imprecisa neste caso, para responder quais são os motivos que fizeram com que Manoel parasse tantos anos de produzir poemas.

Com a finalização deste trabalho monográfico e seu depósito no banco de dados da Universidade, indica-se a

---

145 "Quando cheguei na Bolívia em Setembro de 69 eu queria ser guerrilheiro, mas hoje não acho que é pelas armas que se deve mudar o mundo. Fui compreendendo que nem mesmo as mais belas ideologias e nem as grandes religiões conseguiram mudar o homem de fora pra dentro, acho que a gente muda de dentro pra fora". Anexo 2. Entrevista no Café com Bolachas, p. 2.

146 BENEDETTI, Mario. *Desexilio*. Op. cit.

possibilidade do desenvolvimento desta temática, que pode trazer por meio audiovisual, perspectivas de como trabalhar a memória, os usos da poesia visando a compreender um contexto histórico – tendo em vista estabelecer uma ponte com o grande público, e seus espaços de evasão. Mantendo o exílio como objeto de análise, ver o caráter comparado das ditaduras na América Latina[147], o "des-exílio", processo de retorno para o local de origem, depois de terminado o momento de maior repressão política. E estabelecendo laços de continuidade, observar os diversos tipos de ostracismo atual, o "insílio" (o exílio interno) dentro do próprio país.

ANEXOS

1. Entrevista feita na casa de Manoel de Andrade[148]

Vinícius: Manoel, lembro-me daquele dia em que você falou sobre os 50 anos da ditadura. Foi um momento muito bom e muito importante. Às vezes pensamos que outros intelectuais paranaenses deveriam ter sido convidados para debater o assunto com os alunos de História e assim tudo ficou meio apagado. Sabemos de alguns professores que militaram, mas não temos um referencial de quem lutou pela ditadura lá.

---

147 RONIGER, Luis. Op. cit., p. 56.

148 Os textos das duas entrevistas feitas para a composição do curta metragem são muito mais amplos que suas partes auditivas contidas no filme. Pelos limites de duração e o formato adotado, vários trechos tiveram que ser cortados e recolocados em outra ordem. Aqui, o conteúdo de ambas as entrevistas está contido em sua integridade e na sequência original. As adequações escritas que foram feitas em relação ao áudio correram em cumprimento às prescrições editoriais, transformando algumas expressões da linguagem coloquial em norma culta.

Então acho que essa nossa conversa é para tornar pública essa tua memória. O curitibano tem uma mentalidade bem conservadora e eu creio que é preciso mostrar que culturalmente não é só isso, que há pessoas diferentes e uma riqueza de informações por trás do esquecimento. Inclusive ontem eu estava folheando o livro *Ditadura abaixo*, da Teresa Urban, que você deve ter.

Manoel: Sim, sim, tenho.

Vinícius: Você tinha convivido com ela até...?[149]

Manoel: Não, eu não tive uma amizade fraterna com ela, mas a gente se encontrava em alguns eventos de esquerda e algumas comemorações. Num deles ela me deu seu livro autografado.

Vinicius: Eu vi um manifesto que ela pôs no livro e tem o teu nome.

Manoel: Tem, exatamente.

Vinícius: de 68.

Manoel: Sim, exatamente.

Vinicius: Então... Hoje é mais um clima de conversa descontraída. Não será com aquelas perguntas para abordar o teu trajeto na América Latina como um fato único, diferenciado, que não era uma luta armada, mais que, poeticamente, era armada também. Mas hoje é pra falar como foi estar no Brasil naquela

---

149 Teresa Urban, jornalista, escritora, ambientalista e autora do livro *Ditadura abaixo*, faleceu em Curitiba, em 26 de junho de 2013.

década de 60. Você fazia parte do movimento estudantil e do caso Suplicy também?

Manoel: Sim. Em 64, quando houve o golpe militar eu era ainda estudante de direito. Na verdade me politizei na faculdade, porque as faculdades, as universidades naquele tempo, realmente vivenciavam a politização. Aquela época era uma época em que as ideologias de esquerda estavam todas acesas no mundo. A Revolução Cubana foi em 1959 e ela acendeu a fogueira ideológica no continente inteiro, e quando houve o golpe de 64, até aquela época, a minha poesia era uma poesia descomprometida, mas o processo histórico obrigou-nos a tomar uma posição. Mesmo como intelectual. E foi a partir daí que comecei a dar um caráter político aos meus versos. Em 1965 teve uma noite de poesia no Teatro Guaira. A Faculdade de Jornalismo da PUC, os alunos da Faculdade, realizaram A Noite da Poesia Paranaense. Estavam lá 13 poetas, inclusive essa grande poeta paranaense, a Helena Kolody. Estava lá o João Manoel Simões, estava lá o Paulo Leminsky, e eu era um dos convidados. Fui o único poeta que apresentei um poema com caráter político, todos os demais não. O poema se chama "A náusea". Naquela época a ditadura ainda não havia promulgado o AI-5, que saiu em 1968. Era ainda o começo do processo da repressão. Não havia tanta rigidez e por isso escrevi aquele poema. Veja você, tem um trecho que diz assim: "Saberás entre tantos conter tua loucura somente nas rimas destes versos, ou irás colar o teu escarro no pátio agressivo dos quartéis". Isto num recital público era realmente um desafio. Foi o primeiro poema político que escrevi e aproveitei o evento, lá, entre outros poemas, para fazer desses versos um protesto contra o regime militar.

Pois é..., então a partir daí meus poemas passaram a ter todo esse caráter político. Veio em seguida a "Canção para os homens sem face" que depois foi publicado na *Revista Civilização Brasileira*. A Civilização Brasileira, que era dirigida pelo Ênio Silveira, era a maior editora da época e publicava um livro por dia. Era uma editora francamente comprometida com a esquerda e os grandes ensaístas de esquerda eram publicados pela Civilização. Então a saída do meu poema, em dezembro de 68, deu um destaque nacional à minha poesia.

Vinícius: Foi a "Canção para os homens sem face"?

Manoel: Exatamente.

Vinícius: Isso era em conjunto com a revista *Forma*?

Manoel: Não.

Vinícius: Estes intelectuais estavam aqui no Paraná? A Civilização Brasileira é do Rio, não é?

Manoel: É, do Rio de Janeiro.

Vinícius: Você tinha um contato com eles? Como era?

Manoel: Eu mandei esse poema e o Moacyr Félix, que também era um poeta, e era o editor da *Revista Civilização Brasileira*, publicou. Já o Ênio Silveira, que depois foi preso e esteve preso várias vezes, era o proprietário da editora. E o poema teve algumas repercussões no Brasil. E depois disso inclusive eles me chamaram, porque iam lançar uma série chamada Poesia Viva, e em cada lançamento quatro poetas participavam. Eu ia entrar no número dois da Poesia Viva, mas daí, em outubro de 68 uma bomba explodiu na sede da Editora, depois veio o

AI-5, foi abortada aquela programação e não saiu o livro com os meus poemas. Anos depois que voltei ao Brasil, a Revista Encontros com a Civilização Brasileira, sob a direção de Ênio Silveira e a editoria de Moacyr Félix, em janeiro de 1980, abre a edição de número 19 publicando o meu longo poema "Canção de amor à América".

Essa "Canção de amor à América" teve também alguma repercussão no Brasil. Foi publicada em 10 de junho daquele ano em São Luís, no jornal *O Estado do Maranhão*, por indicação de Ferreira Gullar e o escritor Wilson Martins, que era o grande crítico literário da época, autor da *História da Inteligência Brasileira*, numa resenha que publicou em 02 de agosto do mesmo ano no Jornal do Brasil, referiu-se ao meu poema como "um dos belos poemas do nosso tempo".

Pois é, veja, o golpe de 64 veio mas a gente ficou mais ou menos livre. Era chamada a ditadura branda e nós continuamos fazendo protestos de rua. Em 68 quando fez um ano da morte do Che, em 8 de outubro, fiz o poema ao Che, mostrei para o José Ghignone, que era o dono da livraria Ghignone, na época em que ela estava ainda na rua XV de novembro e ele mandou fazer essas 4 mil cópias, que foram distribuídas. O poema foi mimeografado e distribuído em centros acadêmicos, em diretórios estudantis, em sindicatos.

Vinícius: Essa motivação para escrever o poema foi sua? Era um tributo que você estava fazendo ao Che Guevara, ou foi alguém que...?

Manoel: Não..., foi inspiração minha.

Vinícius: Você não participava de nenhum coletivo, não é? Como apareceu no teu livro.

Manoel: Participava de que...?

Vinícius: De um coletivo, partido...

Manoel: Não, não, nunca participei. Eu apenas era um intelectual engajado com o ideário de esquerda, e daí..., depois, este poema, esses panfletos começaram a ser distribuídos em novembro e começo de dezembro e em 13 de dezembro veio o AI-5 e tudo mudou. Você sabe que tudo mudou, e depois passei a ser procurado porque o poema pregava a luta armada e tive que fugir do Brasil. Foi isso. Esse o motivo que me levou a sair do Brasil meio que rapidamente, fugindo. Eu relato tudo isso no meu livro.

Vinícius: Você pode ler a "Véspera" já que você tocou no assunto da fuga?

Manoel: Na véspera de minha saída do Brasil eu estava em casa e na iminência de, de repente chegar ali o pessoal, os agentes do Dops e me prenderem, escrevi este poema que vou ler aqui para você. Chama-se "Véspera", e diz assim:
[Manoel declama o poema "Véspera"].

Vinícius: A poesia é mesmo a palavra mais essencial, forte. Dá pra sentir a situação, o contexto em que foi escrito.

Manoel: Realmente, é o pânico que você está sentindo..., era o pânico que senti naquela noite ao imaginar que eles pudessem chegar ali e me levar, porque, naqueles dias, Vinícius, as pessoas estavam simplesmente desaparecendo. Alguns não apareceram nunca mais. Era realmente algo ameaçador, era o pânico terrível que senti e tive a felicidade de colocar isso neste poema.

Vinícius: E você ali escreve que teus versos só irão aparecer num momento de liberdade, quando os crimes chegarem ao banco dos réus. Dê uma ideia sobre isso...

Manoel: Ah sim, este poema é um pouco profético. Meus poemas iam para as gavetas, eram clandestinos, por serem políticos se escondiam nas gavetas, até que esse livro foi publicado em 2009 e esses poemas todos vieram à luz, aqui no Brasil. Na América Latina eles já haviam sido publicados. A liberdade veio, mas os crimes da ditadura ainda não foram para o banco dos réus.

Vinícius: Manoel, sobre o poema "O caminhante e seu tempo". No documentário a gente tinha pensado nele. Ali você também escreve profeticamente. É um viandante que observa e escreve projetando o seu sonho. Por isso foi um poema selecionado para revelar a tua trajetória. Se puder comentar isso um pouquinho também...

Manoel: É isso mesmo. Veja, Vinícius, quando saí do Brasil fui daqui, atravessei o Paraguai, a Argentina e cheguei no Chile. Fiquei um período no Chile, inclusive lá eu viajei pro sul para conhecer a vida dos índios araucanos (hoje chamados mapuches) e depois que voltei pra Santiago, e escutei e li nos jornais: "Voltaremos às montanhas". Era uma declaração de Inti Peredo, que havia escapado da guerrilha do Che. Ele conseguiu escapar, foi pra Cuba e estava voltando, dois anos depois, pra refazer a guerrilha na Bolívia. E eu pensei, pois é, o que estou fazendo aqui no Chile? A maioria dos exilados estava lá, alguns trabalhando em organismos internacionais, como a Cepal, outros dando aula nas universidades, enfim, estavam todos mais ou menos encaminhados, e o interesse deles era ficar no Chile, porque o Chile estava realmente passando por transformações ideológicas interessantes. Logo depois, um ano depois, o socialismo iria vencer democraticamente as eleições e Allende iria subir ao poder. O Chile era naquela época uma "terra prometida" para os refugiados do continente, de muitos países que estavam com problemas. Pois bem, e eu, mas eu pensei... não, vou pra Bolívia, eu queria entrar na guerrilha.

Vinícius: Combater mesmo? Pegar em armas?

Manoel: Exatamente. Eu cheguei à Bolívia em setembro de 69 e uma semana depois o Inti Peredo foi assassinado em La Paz, e daí tudo mudou. A própria organização se desfez e eu tive que mudar os meus planos. Então me convenceram que eu era mais importante como poeta do que como guerrilheiro. Que eu devia correr a América e cantar tudo o que estava acontecendo naquela época, porque a América era uma trincheira só, aberta. Desde daqui, do Uruguai, onde os Tupamaros estavam realmente estruturando a sua grande organização, até o México. Era uma trincheira de luta contra as oligarquias agrárias, contra as burguesias urbanas, que defendiam apenas seus interesses, seus privilégios, e o Imperialismo norte-americano que estava aqui, realmente comandando tudo isso e as ditaduras começavam a surgir na América Latina com a repressão. Então, (disseram-me) que eu devia cantar tudo isso, e foi isso o que fiz. Eu saí, percorri o continente inteiro, e este poema, "O caminhante e seu tempo", dá um pouco a ideia disso, desse meu longo caminhar pela América Latina em que me torno

realmente um Bardo Errante. Bardo era aquele poeta que na antiguidade ia de cidade em cidade para dizer os seus versos. E eu fui esse bardo errante pela América Latina. O poema "O caminhante e seu tempo" diz assim:
[Manoel declama o poema "O caminhante e seu tempo"].

Vinícius: É muito profundo... É um documento lírico, o testemunho de um tempo.

Manoel: Então..., era realmente isso aí. Você que leu a meus livros sabe que toda minha poesia é essa itinerância pelos caminhos, porque isso estava um pouco também no meu sentimento de busca, por querer conhecer todos os caminhos do mundo, as cidades, os povos do mundo. Toda a minha trajetória pela América Latina é esta busca de novas paisagens...

Vinícius: Uma passagem que ficou bem marcante no livro é quando você fala do Titicaca, que você atravessa numa segunda classe. E fica descrevendo as ilhas.

Manoel: Ahh..., essa beleza. Exatamente, a descrição do Titicaca. Porque o Titicaca é uma paisagem deslumbrante. É uma paisagem maravilhosa você ter um lago salgado a quatro mil metros de altura. E é uma região cercada pela história milenar de povos que ali, em sua volta, viveram grandes civilizações. O berço da civilização Incaica está ali, em volta do lago Titicaca. Mas não só o Titicaca, não. Não sei se você leu aquela minha descrição de Machu Picchu.

Vinícius: Machu Picchu? Sim, você dormiu lá...

Manoel: Dormi, na cidade, e ninguém podia dormia lá, era proibido. Mas me escondi lá em cima, na hora da saída, e passei a noite no meio das ruínas e foi deslumbrante o que senti, foi mágico o que eu pressenti. A descrição que faço foi aquilo que eu realmente senti: você estar deitado no teu saco de dormir, olhando as estrelas, e sabendo que ali, ali viveram pessoas. Ali quem sabe houvesse uma outra dimensão da vida. E aqueles que lá viveram quem sabe estivessem numa dimensão mágica ali, me observando. É isto mais ou menos o que me era intuído..., que eu podia estar sendo observado ali. Porque era tão misterioso você estar ali. Era algo que não te sugere medo, mas sugere todo um mistério, algo novo na tua sensibilidade. Estar sozinho numa região à noite sem ninguém e tudo aflora à mente, como um pressentimento das coisas.

Vinícius: Acho que é bem diferente da gente ler um poema. Eu li alguns, várias vezes, mas é bem diferente você falar. Algo que hoje em dia eu gostaria de assistir. Um recital onde se pudesse ouvir a tua poesia...

Manoel: É isso. Vocês têm que me convidar pra dar um recital, porque a grande diferença que encontro na juventude de hoje e na juventude que conheci na década de 70, na América Latina, é o amor que a juventude tinha pela poesia. Entende? Isto por um lado, e por outro, porque a juventude daquele tempo tinha uma visão crítica de tudo e todos. A maioria das juventudes, era engajada ideologicamente. Tanto que quando você chegava num lugar, você era acolhido por esta solidariedade e pelo gosto da poesia.

Vinícius: Chamavam aqui de cidade universitária.

Manoel: Aqui, Curitiba, era assim chamada, naqueles anos, e na Argentina era Córdoba a cidade universitária, onde dei recitais quando, na minha ida para o Chile, passei por lá.

Vinícius: Então, você tem como ler um poema daquela época? A "Canção para os homens sem face", ou um outro que você citou...

Manoel: São poemas muito longos, Vinícius. Meus poemas são muito longos e... mas tenho um poema... Vocês têm um tempo, neste documentário? Tenho um poema que chama-se "Liberdade". E um poema interessante e bem mais curto. Posso ler aqui, claro..., mas então vamos lá. Chama-se "Liberdade" e o escrevi no México em 1971.
[Manoel declama o poema "Liberdade"]

2. Entrevista realizada no Café com Bolachas.

Vinícius: Manoel, obrigado de estar aqui com a gente fazendo o documentário. Trouxe algumas perguntas pra gente discutir rapidinho e trazer um pouco mais sobre o teu livro, sobre o que você escreveu lá e o que você passou. E, como uma primeira pergunta, queria saber o que te motivava a percorrer esses diversos países. Qual era o sentimento que fez com que você continuasse nesse caminhar?

Manoel: Olha, eu sempre fui assim..., uma ave de arribação. Quando era jovem eu queria até ser marinheiro e sempre quis conhecer todos os caminhos, as cidades, os povos do mundo. Agora..., o que me fez realmente percorrer toda a América Latina foi minha própria condição de poeta errante em busca sempre de novas paisagens, novas expressões humanas, as histórias de luta na América Latina, enfim, novas inspirações para escrever meus versos e declamá-los de cidade em cidade.

Vinícius: Nesse caminho que você percorreu de cidade em cidade, e aprendendo mais, conhecendo novos poetas, como os exilados políticos do Brasil eram recebidos, nestes lugares em que você passou?

Manoel: A América Latina nos anos 70 estava incendiada de ideais, e um fato que a gente notava é que a juventude estava muito comprometida com todo esse tempo, seja através do movimento estudantil ou das organizações de esquerda. Na verdade ela foi a protagonista dos sonhos na busca de uma nova sociedade. E eu encontrei nesse meio meu espaço. E era assim também que os outros exilados, também latino-americanos, eram acolhidos e envolvidos num abraço solidário por todos eles. O movimento estudantil, a juventude latino--americana, era muito receptiva a todos aqueles que estavam motivados por um sonho, por um ideal. Era uma juventude que estava muito politizada, que gostava de poesia e admirava aqueles que realmente se comprometiam, fosse ele um guerrilheiro ou fosse um poeta revolucionário, como era o meu caso.

Vinícius: E você teve uma ajuda para viajar, havia algumas pessoas que te apoiavam, como era?

Manoel: Quando saí daqui do Brasil, eu saí fugindo. Saí com pouco dinheiro mas logo que cheguei no Chile os exilados políticos me ajudaram. Eles tinham lá uma "caixinha", e aqueles que já estavam bem colocados contribuíam. Passaram a me ajudar mensalmente com esta "caixinha" que era um apoio financeiro aos exilados que chegavam. Depois eu saí do Chile, fui pra Bolívia e Peru, corri a América Latina inteira e os estudantes começaram a mimeografar os meus poemas em edições panfletárias e me doavam uma parte, e eu, nos recitais que dava, vendia esses livretos. Depois que meu livro *Poemas para a Liberdade* começou a ser publicado em vários países, e houve sete edições na América Latina, eu o vendia nos recitais e era com isso que realmente me mantinha, e até porque eu era muito bem recebido, era convidado muitas vezes pra me hospedar na casa ou de intelectuais de esquerda, ou de estudantes, e tudo isso realmente facilitou a minha vida ao longo do continente.

Vinícius: Essa tua vida no continente, tanta gente que você conheceu, cidades, países, recitais, palestras, debates..., o que esses contatos culturais mudaram em termos de experiência humana?

Manoel: Eu acho que a nossa existência é uma busca constante. É uma busca e um reencontro, com a vida, consigo mesmo, e todo aquele que tem uma consciência crítica sempre cresce, amadurece, no contato com o meio em que vive, com o tempo em que ele atua. E por isso a gente muda. "Todo cambia", como diz, "tudo muda" como diz a Mercedes Sosa, nos versos daquele poeta e compositor chileno Júlio Navarro, "Todo Cambia", música belíssima essa..., e eu também mudei. Quando cheguei à Bolívia, em setembro de 69, eu queria ser guerrilheiro, mas hoje não acho que é pelas armas que se deve mudar o mundo. Fui compreendendo que nem mesmo as mais belas ideologias e nem as grandes religiões conseguiram mudar o homem de fora pra dentro. Acho que mudamos de dentro pra fora e que as grandes chagas da alma humana ainda são o orgulho e o egoísmo. Penso que a grande, a melhor mudança que o ser humano pode fazer é transformar o orgulho em humildade e o egoísmo em amor. Nas minhas vivências, em todos os livros que escrevi, nos poemas que compus, existia esse compromisso com o ideal, com uma nova sociedade. Naquele tempo, os nossos exemplos eram a Revolução Cubana, era o socialismo no Chile com a vitória do Allende, em 1970. E todos os recitais que dei, sobretudo na Bolívia, no Peru, na Colômbia, na Costa Rica, em El Salvador, alguns para mais de três mil estudantes, na verdade, representaram os momentos mais belos, os dias mais gloriosos da minha vida como poeta, na minha trajetória pela América Latina.

Vinícius: Sim. Muito bonito deve ter sido participar de tudo isso. E quando você voltou para o Brasil? Conte como foi sair de uma realidade em que você era reconhecido e ter que ficar aqui, silenciado. Como foi isso pra você?

Manoel: Eu voltei para o Brasil numa época, talvez uma das épocas mais cruéis da Ditadura. Era a época da Guerrilha do Araguaia e a repressão do governo do Garrastazu Médici tinha chegado aos níveis mais altos de crueldade, na prática da tortura e dos assassinatos. Era a época que se chamou "os anos de chumbo". E eu acabei buscando a minha invisibilidade social de certa maneira, porque logo que cheguei os agentes do DOPS começaram a me procurar e eu entrei na clandestinidade. Mas depois disso eu casei (novamente) e fui trabalhar justamente duma forma itinerante, como vendedor, porque não pude exercer minha profissão, nem de jornalista, nem como advogado. Transferi a minha OAB para Santa Catarina, mas lá a repressão também continuava. Eu trabalhava de uma forma itinerante, de cidade em cidade e nunca ninguém sabia onde eu estava. Daí, passaram-se os anos, veio a abertura democrática e eu pude começar a viver uma vida mais..., me socializar mais. Quanto à minha..., passei trinta anos afastado da literatura e só voltei a publicar em 2007 quando foi lançado aqui o meu livro *Cantares* e depois em 2009, esse livro *Poemas para a Liberdade* que tinha tido várias edições na América Latina e pode ser publicado aqui numa edição bilíngue. Anos depois eu resolvi escrever a minha história dos anos que passei na América Latina, e saiu esse livro aqui, de 912 páginas, que conta toda a minha trajetória ao longo do tempo que passei no autoexílio na América Latina.

Vinícius: E nesse autoexílio como era estar sem a tua família? Não saber como eles estavam aqui.

Manoel: A família. Olha, era sempre difícil estar longe dela, sobretudo na época do Natal. A gente sente muita falta daqueles momentos, da festa e tal. Mas eu sempre me correspondia, a correspondência era muito constante e o que me ajudava a matar a saudade, Vinícius, é que eu tinha uma atividade muito grande, muito constante. Tinha um relacionamento social, ideológico também, muito intenso com todo mundo. E também porque as minhas viagens me oportunizavam o conhecimento de coisas belíssimas, de caminhos fascinantes. Então tudo isso, essa América Latina, extraordinária do ponto de vista das grandes paisagens, dos povos que a compõem, da herança indígena, tudo isso me absorvia muito e isso ajudava a amenizar naturalmente a minha saudade da família e do Brasil.

Vinícius: Queria saber um pouquinho sobre os recitais que você fez. Sei que alguns foram para grandes plateias. Era no circuito estudantil? Quem ia te ouvir? Como que se dava isso? Eras bem recebido com teus poemas?

Manoel: Aqueles foram os momentos mais venturosos da minha vida na América Latina. Sobretudo, como já te adiantei, pela mocidade. A mocidade daqueles anos era realmente uma juventude muito politizada. E que amava poesia. Então isto trazia uma receptividade muito grande aos meus recitais e também os estudantes eram atraídos pelo fato de eu ser um poeta estrangeiro, um brasileiro fugido da pátria, um exilado. Por tais razões você recebia um apoio muito grande. Então foi tudo isso que fez com que aqueles anos fossem anos de grande beleza, pela própria ideologia que comandava a juventude, as lutas guerrilheiras que em toda a parte armavam suas trincheiras contra o Imperialismo, contra as burguesias urbanas, contra as oligarquias, contra os grandes latifúndios. A história daqueles anos trouxe pra mim um significado muito marcante e meus recitais eram realmente motivo de grandes polêmicas, de debates muito interessantes sobre a situação política em que se vivia na América Latina. Foram momentos assim que me trouxeram uma riqueza muito grande, cujas reflexões estão justamente neste livro aqui (Manoel mostra o livro *Nos rastros da utopia*). Este livro conta esses anos todos ao longo de 16 países.

Vinícius: Voltando a um importante capítulo do teu livro, como a gente estava conversando antes, já que ele meio que sintetiza o livro inteiro e põe tanta beleza no que você veio dizer ao falar dessa esperança, e que é o espírito do teu livro *Nos rastros da utopia*. Ali você fala dessa mudança política e econômica que o continente passou e vê a América Latina como um lugar também de futuro. Um jeito esperançoso mesmo de ver a América Latina. E como você vê a juventude dentro destas novas lutas? Tem uma mensagem para os jovens, uma que lhes traga esperança?

Manoel: A América Latina que conheci nos anos 70 era também um mar tumultuoso. Pelas lutas sociais e políticas. Um mar onde navegava soberanamente o poder intervencionista do imperialismo norte-americano por um lado, e por outro lado também navegavam os interesses, privilégios das oligarquias agrárias, das burguesias urbanas, comprometidas com as grandes ditaduras militares que oprimiam o continente. Eram na verdade três forças reacionárias contra as quais lutavam aqueles que também tentavam cruzar este mar tormentoso com a luz de seus sonhos, seus ideais em busca de uma sociedade socialista. Eram os movimentos guerrilheiros, as organizações de esquerda, o movimento estudantil. Na verdade você tinha diante de si uma América Latina que vinha de quinhentos anos de exploração e de colonialismo, numa luta desigual entre opressores e oprimidos. Se nós tivéssemos que pintar uma imagem da América Latina daqueles anos, você teria que fazê-lo com as cores desbotadas do subdesenvolvimento, reflexo de uma economia incipiente, primária, baseada na agricultura e na mineração, reflexo dos índices alarmantes de pobreza, reflexo da instabilidade social e da repressão que crescia assustadoramente nas ditaduras que comandavam o poder no continente. Então eu, no caso, um caminhante, ao longo de todos estes caminhos e diante de uma história de quinhentos anos, o que me impressionou? Dois fenômenos me impressionaram: primeiro foi justamente, como já adiantei, a movimentação da juventude, na sua luta contra o latifúndio, contra a exploração do trabalho, contra a violência política, contra as ditaduras, contra o Imperialismo. E outro, era a condição do indígena, a condição milenar, secular, digamos assim, do indígena explorado, esquecido. Do indígena expulso das suas terras em todo o continente. Eram duas imagens muito tristes, quer dizer, esta do indígena muito triste, e a outra da luta da juventude em busca de uma sociedade mais justa e libertária. Aqueles anos eram os anos da Guerra Fria e o mundo estava polarizado entre o capitalismo defendido pelos

Estados Unidos e pela OTAN, e o comunismo, o socialismo, defendido pela União Soviética e pelo Pacto de Varsóvia. Aqui na América Latina, os Estados Unidos mantinham a vigilância cruel sobre tudo, para que uma nova Cuba não surgisse no continente. Porque a Revolução Cubana pegou o Imperialismo de surpresa e então é claro que Washington não queria uma nova Cuba no seu quintal. Era assim que o Henry Kissinger se referia à América Latina, como o quintal dos Estados Unidos. E o continente todo estava dominado pelas forças reacionárias da burguesia e pelas ditaduras militares, aqui no Brasil; no Uruguai com Bordaberry; na Argentina com Videla; no Chile com Pinochet, na Bolíva com Banzer; na Nicarágua com Somoza, na Guatemala com Ozório Arana; enfim, quase todo o continente estava envolvido por regimes militares. Existiam dois regimes militares que eram progressistas, nacionalistas, que era no Peru com general Velasco Alvarado, que teve a ousadia de enfrentar o Imperialismo, nacionalizando as petroleiras de Brea e Parinas, fazendo a reforma agrária e estabelecendo relações diplomáticas com Cuba, com os países da União Soviética e com a China Maoísta. Era uma ditadura, era um regime militar, mas ele fez isso. E no Panamá também com o general Omar Torrijos, que saiu pelo mundo inteiro em busca de apoio para reconquistar o canal do Panamá que estava em poder dos americanos. Fez a reforma agrária, apoiava o Movimento Sandinista na Nicarágua e os movimentos de liberação na América Latina. Então era assim..., a América Latina era isso..., uma disputa. Era uma trincheira de luta porque os movimentos guerrilheiros estavam organizados em toda parte. Aqui, no Brasil; no Uruguai, com os Tupamaros; com os Montoneros e o ERP na Argentina; o MIR no Chile; Hugo Blanco, no Peru; Camilo Torres, na Colômbia; além do Che que havia já estado lá, na Bolívia; Douglas Bravo, na Venezuela; os Sandinistas, na Nicarágua; Turcios Lima, na Guatemala; Lucio Cabañas, no México. Todo o continente era uma trincheira aberta de luta e foi nesse ambiente histórico que eu vivi e onde havia dois grandes protagonistas, que eram justamente o movimento estudantil – como houve aqui em 68, não só aqui, mas que no mundo inteiro teve uma importância grandiosa de luta – e as organizações guerrilheiras. Foi nesse contexto que desenvolvi toda a minha atividade poética e cresci ideologicamente, como já te falei. Esse livro é o resultado de tudo isso (Manoel mostra o livro *Poemas para a Liberdade*).

Quanto à juventude que você me perguntou, acho que a juventude mudou muito em relação àquele tempo. No que me toca, por exemplo, a juventude de hoje, já não aprecia a poesia como eles apreciavam. Penso que a globalização, com esse viés consumista, acabou alienando muito, não só a juventude, mas o mundo inteiro. O mundo se tornou um grande bazar de fantasias e são poucos aqueles que têm uma visão crítica diante de tudo isso. Agora..., eu acho que a despeito da preocupação com as aparências nós temos que acreditar na juventude. Creio que o que houve em 2013, (os protestos contra o aumento das tarifas no transporte público, contra a repressão policial, os gastos públicos para os eventos da Copa do Mundo, a corrupção etc...) foi algo extraordinário, quer dizer, quando se dá uma bandeira ao jovem, ele sai e vai à luta. Acho que há muitas bandeiras que ele pode empunhar. Entende? A bandeira do meio-ambiente, a luta contra o preconceito étnico e racial, a luta contra a violência, a luta contra o terrorismo, a luta pela ética na política, são muitas as trincheiras que convocam a juventude.

Vinícius: Uma última pergunta, essa era a sua Utopia na década de 70. Qual é a sua nova maneira de pensar o mundo?

Manoel: Veja..., os poetas... Qual é o DNA dos poetas? São os sonhos, não é? Então eu continuo sonhando. Sonhando com um mundo melhor, com uma sociedade igualitária e mais justa. Mas há muitas coisas que nos abalam atualmente. Por exemplo, eu sempre fui um homem de esquerda, mas agora, aqui no Brasil, o fisiologismo pelo poder político, a corrupção de suas lideranças e a incoerência ideológica envergonharam a esquerda. Então a gente fica meio perdido, porque infelizmente houve muitos equívocos, muitos sonhos que nós acreditávamos que podiam se realizar e que acabaram em decepção. É difícil prever o que virá ante a crise do socialismo e o avanço da cultura de direita. Creio que atualmente a América Latina está vivendo o fim de um ciclo, o populismo está em crise e o que virá por aí somente a história é que vai nos dizer nos próximos anos. São tempos difíceis. As ideologias que herdamos não resolveram os problemas sociais do mundo e por isso mesmo já não motivam a juventude. O mais grave é que não temos novos paradigmas para substituí-las. O que te posso dizer é que é preciso continuar sonhando, independente das ideologias. Contudo, acredito também que é preciso não só repensar a esquerda, mas buscar um ideário fundamentado numa profunda consciência crítica em relação à realidade social e política, numa pedagogia que eduque o caráter, que desperte valores morais e espirituais que priorizem a conquista e o respeito à dignidade humana.

Vinícius: Muito obrigado, Manoel.

Manoel: Obrigado a você.

ARGUMENTO ESCRITO PARA A PRODUÇÃO DO FILME

Documento apresentado para a equipe e o poeta

Durante os anos da Ditadura Militar Brasileira (1964--1985), milhares de pessoas sofreram interferências graves do regime em suas vidas particulares. A censura perseguia os indivíduos que defendiam valores contrários à ditadura e que tivessem qualquer inclinação à esquerda, mesmo que não fossem agentes políticos organizados. O poeta Manoel de Andrade é o exemplo de um intelectual que teve seu caminho interrompido pela censura, a qual atingiu tantos pensadores críticos de seu tempo.

Na América Latina a ofensiva contrarrevolucionária mostrou sua face nas diversas ditaduras militares instaladas durante a década de 1960 e 1970. Nesse panorama, mesmo sem ser militante de uma organização revolucionária, Manoel foi incriminado por sua rebeldia em relação ao momento de feroz ataque às lutas populares. Por seu caráter combativo, atraiu os olhares dos agentes da ditadura, fazendo com que fosse procurado pela publicação panfletária de seu poema "Saudação a Che Guevara", que o tornou aos olhos dos militares um *comunista, inimigo da pátria* que *pregava a luta armada*. Com a instituição do AI-5, em dezembro de 1968, o chamado *golpe dentro do golpe*, a repressão e a censura aumentaram vertiginosamente. Nesse novo espectro de buscas e apreensões, Elci Susko, amiga de Andrade, foi abordada pelo delegado regional da Polícia Federal, na Faculdade de Sociologia, onde estudava, para informar o paradeiro do autor do poema que se espalhara no meio estudantil. Após saber que corria riscos se continuasse no Brasil e compreendendo que a fuga retiraria de certa forma a ameaça sobre sua família, Manoel decidiu sair do país levando apenas uma mochila como bagagem. Na época Manoel era estudante de História e trabalhava como assessor de imprensa da Secretaria Estadual da Fazenda. Deixou tudo para trás: a carreira de advogado recém-formado, seu trabalho como jornalista, o sonhado curso de História, a esposa, a filha de cinco anos, e seus fraternos amigos do coração e da literatura.

Sua produção poética nos anos de autoexílio remete à sua trajetória como um caminhante incansável, aos ambientes e ouvintes que esta obra alcançou. Nessa trajetória, como um *bardo errante*, que se estendeu por dezesseis países, ele contou com a solidariedade de exilados políticos, dos amigos que fez nas suas viagens e diversos contatos que proporcionaram que sua poesia, politicamente comprometida, fosse ouvida em universidades, teatros, galerias de arte, festivais de cultura, congresso de poetas, sindicatos e até mesmo fosse declamada no interior das minas de estanho da Bolívia.

A problemática em nosso projeto surge da relação entre a arte engajada, especificamente a poesia, e os governos ditatoriais na América Latina, com destaque para o regime militar brasileiro. Por se tratar de uma poesia com viés político, Manoel de Andrade também sofreu perseguições fora do Brasil, como na Bolívia, no Peru e na Colômbia, onde foi preso e expulso. Através deste projeto, será feito um filme documentário resgatando as memórias da sua peregrinação pelo continente. Destacaremos os laços pessoais feitos durante a viagem, a repercussão de sua poesia e os sentimentos por estar exilado longe da família, do trabalho e de seus amigos. A partir disso, levantaremos discussões sobre a importância da arte engajada, sobre o contexto político e cultural da América Latina na década de 70, e sobre as repressões e censuras ocorridas nas ditaduras. Será um curta-metragem de caráter experimental, onde a entrevista com o poeta será intercalada com a leitura de alguns poemas. A representação imagética interpretará conceitos e sentimentos que seus poemas nos trazem.

Vinicius Rodrigues Mesquita; Maria Elisa Sonda,
Curitiba 2016

LISTA DE FONTES DOCUMENTAIS

O BARDO errante: Poesia e exílio de Manoel de Andrade. Direção: Vinícius Rodrigues Mesquita. Curitiba: Departamento de História da UFPR, 2017. 1 filme (27 min), color.

ANDRADE, Manoel de. *Nos rastros da utopia:* uma memória da América Latina nos anos 70. São Paulo: Escrituras, 2014.

ANDRADE, Manoel de. *Poemas para a Liberdade.* São Paulo: Escrituras, 2009.

ANDRADE, Manoel de. *Cantares:* poemas. São Paulo: Escrituras, 2007.

Fundo DOPS/DEAP. Pasta individual de Manoel de Andrade, n. 2.534, cx. 421.

ANDRADE, Manoel de. "A América Latina nos rastros de Manoel de Andrade" (entrevista por Felipe Kryminice). In: Hispanista, n. 64. Disponível em: <http://www.hispanista.com.br/revista/artigo511.htm>. Acesso em: dez. 2016.

LISTA DE IMAGENS UTILIZADAS

Cartaz "Nunca mais! Mortos e desaparecidos". Grupo tortura nunca mais. São Paulo: 1989. Disponível em: <https://www.flickr.com/photos/armazemmemoria/11873554725/in/album-72157639625552444/>. Acesso em fevereiro de 2017.

Cartaz "Mortos sem sepultura" Comitê Brasileiro de Anistia. 1979. Disponível em: <https://www.flickr.com/photos/armazemmemoria/11873840983/in/album-72157639625552444/>. Acesso em fevereiro de 2017.

Cartaz "Contra la represión y las torturas en Brasil". Jornada Internacional de Solidariedad con el Pueblo y los Estudiantes del Brasil en lucha contra la Dictadura Militar. Disponível em: <https://www.flickr.com/photos/armazemmemoria/11965605296/in/album-72157639625552444/>. Acesso em fevereiro de 2017.

Fotografia "Passeata 1966". Acervo pessoal de Manoel de Andrade.

Fotografia "Prêmio Esso de Jornalismo 1968". Edson Jansen. Disponível em: <http://paranaextra.com.br/premio-esso-de--jornalismo-edson-jansen-morre-aos-69-anos/>. Acesso em fevereiro de 2017.

Fotografia "Marchers for Allende". James N. Wallace. Santiago, Chile, 1964. Disponível em: <https://www.loc.gov/item/2004666289/>. Acesso em fevereiro de 2017.

Fotografia "Salvador Allende votando en las elecciones parlamentarias de 1973". Biblioteca del Congresso Nacional de Chile. Disponível em: <https://commons.wikimedia.org/wiki/Salvador_Allende#/media/File:SalvadorAllende1973.jpg>. Acesso em fevereiro de 2017.

Reportagem "Manoel de Andrade: La voz de um poeta sin patria". Acervo pessoal de Manoel de Andrade.

Reportagem "Yo vengo en nombre del hombre y su agonia...". Acervo pessoal de Manoel de Andrade.

Livro "Poemas para la libertad – edição equatoriana". Acervo pessoal de Manoel de Andrade.

Livro "Canción de amor a América y otros poemas". Acervo pessoal de Manoel de Andrade.

Reportagem "Un acto cultural en memoria de los desastres del Perú se realizó ayer". Acervo pessoal de Manoel de Andrade.

Reportagem "Recital de poesía". Acervo pessoal de Manoel de Andrade.

Fotografia "Manoel em Puno com 3 poetas peruanos". Acervo pessoal de Manoel de Andrade.

Fotografia "Manoel em boca da mina de estanho – Bolívia maio de 1970". Acervo pessoal de Manoel de Andrade.

Gravura "Burning a Peruvian to make him tell where the gold is". John William Orr. Peru, 1858. Disponível em: <https://www.loc.gov/item/91789760/>. Acesso em março de 2017.

Fotografia *"Mexican revolution, 1913 to 1914: poorly dressed Indians standing in a row"*. 1914. Disponível em: <https://www.loc.gov/item/2006685902/>. Acesso em março de 2017.

Fotografia *"Indian family in Brazil posed in front of hut – 3 bare-breasted females, baby and man with bow and arrow"*. Brasil, 1890-1923. Disponível em: <https://www.loc.gov/item/2001705617/>. Acesso em março de 2017.

Fotografia *"Peruvian Indian. Muleteer"*. Peru, 1868. Disponível em: <https://www.loc.gov/item/2006679708/>. Acesso em março de 2017.

Documento "Delegacia de Ordem Política e Social – Fichário Provisório individual – Manoel de Andrade". Paraná, 1960. Fundo DOPS/DEAP, Pasta individual de Manoel de Andrade, n. 2.534, cx. 421.

SENTINELS of silence. Direção: Robert Amram. [S. l.]: Producciones Concord; Enciclopaedia Britannica Educational Corporation, 1973. 1 filme (18 min), 16mm, color. Disponível em: <https://archive.org/details/sentinelsofsilence>. Acesso em março de 2017.

Filme "1936 South America". Prod: Arthur & Kate Tode, 1936. 19 min, p&b. Disponível em: <https://archive.org/details/upenn-f16-0431_1936_South_America>. Acesso em março de 2017.

Filme "Andean Archeology". J. Alden Mason, 1952. Disponível em: <https://archive.org/details/upenn-f16-4018_1952_Andean_Archeology>. Acesso em março de 2017.

REFERÊNCIAS

ALMEIDA, Juniele Rabêlo de; ROVAI, Marta Gouveia de Oliveira (orgs.). *Introdução à História Pública*. São Paulo: Letra e Voz, 2011, pp. 19–49.

AMADEU, Maria Simone Utida dos Santos [et. al.]. *Manual de normalização de documentos científicos de acordo com as normas da ABNT*. Curitiba: Ed. UFPR, 2015.

AUMONT, J. *A Estética do filme*. Campinas, SP: Papirus, 1995.

ARQUIVO NACIONAL; MINISTÉRIO DA JUSTIÇA E CIDADANIA. Projeto Memórias Reveladas. Disponível em: < http://www.memoriasreveladas.gov.br/>.

BENEDETTI, Mario. "El Desexilio". In. *El País*, Madrid, 18 de abril de 1983.

BERNARDET, Jean-Claude. *Cineastas e imagens do povo*. São Paulo: Companhia das Letras, 2009.

BRASIL. AGÊNCIA NACIONAL DO CINEMA. Sistema Ancine digital. Disponível em: <https://ancine.gov.br/.> Acesso em outubro de 2016.

BRASIL. Comissão Nacional da Verdade. 2012–2014. Disponível em: <http://www.cnv.gov.br>.

CANDAU, Joel. *Memória e Identidade*. Tradução Maria Leticia Ferreira. São Paulo: Contexto, 2014.

CARDOSO, Ciro Flamarion; VAINFAS, Ronaldo (orgs.). *Novos domínios da história*. Rio de Janeiro: Elsevier, 2012.

CONRADI, Carla Cristina Nacke. *"Memórias do sótão"*: vozes de mulheres na militância política contra a ditadura no Paraná (1964–1985). 2015.

DHPAZ, Sociedade. Depoimentos para a História. A resistência à Ditadura Militar no Paraná, Manoel de Andrade. Disponível em: <http://www.dhpaz.org/dhpaz/depoimentos/detalhe/52/eu-era-um-poeta-engajado-um-militante-da-poesia-e-me-transformei-em-refugiado>.

EISENSTEIN, Sergei. *A Forma do Filme*. Rio de Janeiro: J. Zahar, 2002.

GALEANO, Eduardo H. *As veias abertas da América Latina*. Rio de Janeiro: Paz e Terra, 1987.

GALLO, Carlos Artur; RUBERT, Silvania (orgs.). *Entre a memória e o esquecimento*: estudo sobre os 50 anos do Golpe Civil-Militar no Brasil. Porto Alegre: Ed. Deriva, 2014.

GRECO, Heloísa Amélia. *Dimensões fundacionais da luta pela Anistia*. Belo Horizonte: Tese: Departamento de História da FAFICH/UFMG, 2003.

HOBSBAWM, E. J. *Era dos Extremos*: o breve século XX, 1914-1991. São Paulo: Companhia das Letras, 1995.

KEROUAC, Jack. *On the Road*: o manscrito original. Porto Alegre: L&PM, 2012.

LEME, Caroline Gomes. *Ditadura em imagem e som*: trinta anos de produções cinematográficas sobre o regime militar brasileiro. São Paulo: Ed. Unesp, 2013.

MARIÁTEGUI, José Carlos. *Sete ensaios de interpretação da realidade peruana*. Tradução Felipe José Lindoso. São Paulo: Expressão Popular: Clacso, 2010.

MOTTA, Rodrigo P. Sá. *As universidades e o regime militar*: cultura política brasileira e modernização autoritária. Rio de Janeiro: Zahar, 2014.

NICHOLS, Bill. *Introdução ao documentário*. Campinas: Papirus, 2012.

OLIVEIRA, Antônio Narciso Pires de (org.). *Depoimentos para a História*: a resistência à ditadura militar no Paraná. Curitiba: DHPaz, 2014.

PINHEIRO, Milton (org.). *Ditadura*: o que resta da transição. São Paulo: Boitempo, 2014.

PUCCINI, Sérgio. *Roteiro de documentário*: da pré-produção à pós-produção. Campinas: Papirus, 2012.

RAMOS, Fernão Pessoa. *Mas afinal... o que é mesmo documentário?*. São Paulo: Ed. Senac, 2008. pp. 21-87.

ROLLEMBERG, Denise. *Exílio. Entre raízes e radares*. Rio de Janeiro: Record, 1999.

RONIGER, Luis. "Reflexões sobre o Exílio como tema de investigação: avanços teóricos e desafios". In: QUADRAT,

Samantha Viz. (org.). *Caminhos Cruzados*: história e memória dos exílios latino-americanos no século XX. Rio de Janeiro: Ed. FGV, 2011, pp. 31-61.

URBAN, Teresa. *1968 Ditadura Abaixo*. Ilustração Guilherme Caldas. Curitiba: Arte & Letra, 2008.

TACHIZAWA, Takeshy; MENDES, Gildásio. *Como fazer monografia na prática*. Rio de Janeiro: Ed. FGV, 1999.

VIEIRA, Maria do Pilar de Araujo; PEIXOTO, Maria do Rosario da Cunha. *A pesquisa em História*. São Paulo: Ática, 2003.

Sobre o autor

Obras do autor

- *Poemas para la Libertad*
  Comité Central Revolucionário Universidad Mayor de San Andrés – La Paz, 1970

- *Canción de amor a América y otros poemas*
  A.G.E.U.S y Promoción Cultural Universidad de El Salvador – San Salvador, 1971

- *Poesía latinoamericana* – Antología Bilingüe
  Latin-American Poetry – Bilingual Anthology
  (Coletânea de Autores) Epsilon Editores de México – Bogotá, 1998

- *Próximas palavras*
  (Coletânea de Autores) Quem de Direito – Curitiba, 2002

- *Cantares*
  Escrituras Editora – São Paulo, 2007

- *Nos rastros da utopia*
  Escrituras Editora – São Paulo, 2014

Impresso em São Paulo, SP, em maio de 2018,
com miolo em off-white 63 g/m² nas oficinas da Forma Certa.
Composto em Minion Pro, corpo 12 pt.

Não encontrando esta obra nas livrarias,
solicite-a diretamente à editora.

Escrituras Editora e Distribuidora de Livros Ltda.
Rua Maestro Callia, 123 – Vila Mariana – 04012-100 – São Paulo, SP
Tel.: (11) 5904-4499 / Fax: (11) 5904-4495
escrituras@escrituras.com.br
vendas@escrituras.com.br
www.escrituras.com.br